유아교사를 위한

논리 및 논술

김희수 · 하정연 · 최정선 공저

동 문 사

들어가는 말

대학의 사명은 사회 변화를 적극적으로 수용하여 미래 사회가 요구하는 인재를 양성하고 창조적 지식을 생산하는 데 있다. 지식과 정보가 홍수처럼 밀려오고 하루가 다르게 급변하는 21세기 사회 변화에 대응하기 위해 오늘날 세계의 대학들은 다양한 개혁을 추진하고 있다. 대학교육이 보편화되고 대중화됨에 따라 대학은 사회 곳곳에서 다양하게 활동할 수 있는 새로운 능력을 지닌 창조적인 인재양성에 중점을 두고 있다.

이같이 대학 교육의 목표와 방향이 변화하고 있음에도, 대학에 입학한 많은 학생은 변화의 중심에서 방향을 잃고 표류하는 모습을 볼 수 있다. 그 원인은 여러 가지가 있겠지만, 그중 하나가 지식정보사회의 상징물이 되어버린 스마트폰이 아닌가 싶다. 아무리 매체가 발달하고 장비가 발달해도, 그것을 운영하고 조작하는 것은 사람이다. 사람이 글을 통해 생각을 담아내고, 정제하고, 창조적인 대상물을 창출해 낸다.

그런데 요즘 학생들은 글을 통해 무엇을 창출해 내려는 능력을 키우기보다, 스마트폰에 있는 지식을 끄집어내어 사용하는 데 익숙해져 있다. 스마트폰에 손가락만 터치하면 수 없는 정보들이 쏟아져 나오고, 정보를 쉽게 얻을 수 있기 때문이다.

그러다 보니, 글을 접촉하고 생각을 농축시키는 행위인 문장 완성능력이 현저히 떨어진다. 자신의 생각을 담아낼 온전한 문장구성조차 버거워 한다. 매 학기 과제물을 제출받아 평가를 해보면 절반 이상의 학생들이 맞춤법, 띄어쓰기, 논리적 문장 구성에 오류가 있다. 대학생의 과제라고 말하기엔 너무 부끄러운 수준의 글이다. 장차 유아교사가 될 학생들에게 선제적으로 논리 및 논술능력을 길러주는 게 시급하다. 또, 이를 기초로 유아의 논리교육을 담당할 수 있는 교사역량을 길러주는 것도 중요하다.

이에 필자는 올바른 글쓰기를 통해 예비유아교사들의 변화를 이끌어내야겠다고 마음먹었다. 이 책은 스마트폰에 익숙해진 대학생들이 글쓰기를 통해 논리 및 논술능력을 향상시키는 데 목적을 두고 『논리 및 논술』 교재를 집필하기로 결심했다. 글쓰기와 읽기를 선호하지 않는 학생들로 하여금 어떻게 하면 글쓰기에 대하여 '흥미롭게 생각하도록 글을 구성할 것인가?, 그리고 글쓰기 능력을 어떻게 하면 체계적으로 끌어 올릴 것인가?'에 초점을 맞췄다. 그래서 우선 글쓰기의 기초가 되는 문장의 이해를 높이는 데 역점을 두고자 했으며, 다음으로 학생이 문장의 이해를 근간으로 직접 문제를 해결하도록 문제해결식 논리 및 논술 교육내용을 구성하였다.

이 책의 집필 목적은 예비유아교사들이 대학생활 간 미래사회가 요구하는 지식과 정보를 체계적으로 축적하고 생산하는 글의 기초 능력을 기르는 데 두었다. 따라서 예비유아교사들이 이 책을 마치고 나면 논리적인 글쓰기 및 유아 논리교육 지도에 자신감을 가질 수 있다. 이 책은 모두 3부 12장으로 구성하였다. 제1부에서는 유아교사의 논리 및 논술의 기초적 이해를 위한 쉬운 내용으로 구성하였고, 제2부에서는 유아교사들이 글을 논리적으로 분석하고 작성하는 능력을 기르도록 문제해결식 방법으로 내용을 구성하였고, 제3부에서는 앞서 공부한 내용을 기초로 유아의 논리·논술 교육 활동이 가능하도록 현장과 연계된 실천적 내용을 담았다.

참고로 1~10장은 문단 활동을 하고 있는 김희수 교수가, 11장은 아동문학 전문가인 최정선 교수가, 12장은 유아생태교육 전문가인 하정연 교수가 분야별 전문성을 갖고 집필하였다.

필자들은 유아교사가 갖춰야 할 논리 및 논술능력 함양을 위해 보다 유익하고 다채로운 내용을 담을려고 무던히 노력했다. 하지만 막상 탈고를 하고 나니, 부분적으로 미흡한 점이 못내 아쉬움으로 남는다. 앞으로 미흡한 점은 독자 여러분의 의견을 수렴하여 적극 보완해 갈 것임을 약속드린다.

작은 바람이 있다면, 이 책이 예비유아교사들의 논리 및 논술능력을 기르는 데 조금이라도 보탬이 되었으면 한다.

그동안 이 책이 나오기까지 양질의 자료 제공을 해주시고 조언을 아끼지 않으신 신규호 문학평론가, 바른문장쓰기추진본부의 이호일 박사, 그리고 한국21문인협회의 안도섭 고문과 여러 작가님들에게 깊은 감사를 드린다. 또한, 출판환경의 어려움에도 좋은 책으로 빛을 보게 해주신 동문사 대표님과 관계자 여러분에게도 심심한 감사의 마음을 전한다.

2017년 8월

저자 대표 김 희 수

차 례

| PART 03 | 유아를 위한 논리·논술교육의 실제

PART 01

유아교사를 위한 논리·논술의 기초

제1부 유아교사를 위한 논리 및 논술의 기초에서는 '논리 및 논술'과목에 대하여 예비유아교사 및 현장교사가 반드시 이해해야 할 논리 및 논술의 기초 이론을 제시하고 있다. 1장에서는 논리적 사고, 비판적 사고가 왜 필요한지를 구체적으로 제시하고 있으며, 2장에서는 논리적 사고와 비판적 사고의 주장을 뒷받침하기 위한 근거 제시의 방법과 절차를 상세히 소개하고 있다. 3장에서는 논술의 배열, 논술문의 작성요령, 논술문 작성의 오류 등 실제 논술문 작성과 관련된 기술적 문제를 다루고 있다.

제1부는 본 교재의 전체를 총괄 이해하는 장이 될 수 있도록 종합 개념의 관점에서 연구 고찰하여 제시하였다.

제1부를 마치고 나면, 논리 및 논술교육의 개념을 충분히 이해함으로써, 제2, 3부를 수월하게 접근할 수 있다.

논리: 생각의 법칙

세부 내용	• 논리의 개념과 필요성 이해하기 • 논리적 사고의 구성과 논리적 사고단계 이해하기	
학습 목표	• 논리의 개념과 필요성을 설명할 수 있다. • 논리적 사고의 구성과 논리적 사고단계를 적용할 수 있다.	
단계	교수 · 학습 활동	자료
도입 단계	• 학습동기 조성 – 논리적 사고가 왜 필요한지를 생각하여 말해보기 – 논리적 사고의 단계에 대하여 말해보기	
전개 단계	• 논리의 개념과 필요성 설명하기 • 논리적 사고의 구성과 성향을 설명하기 • 논리적 사고능력 및 논리적 사고단계 적용하기	연습문제 유인물
정리 단계	• 수업 마무리 및 정리 – 논리적 사고의 중요성 인식 및 이해	

1. 논리의 의미

논리에 대한 의미를 살펴보면, 논리(logic, 論理)란 '말에 관한 것'으로 '말의 이치를 따지는 것'이다. '논리'에 해당하는 영어 'logic'은 '말'을 뜻하는 희랍어 'logos'에서 유래하였으며, 한자 '論理'는 '말의 이치'를 의미한다.

'논리'는 사고나 추리 따위를 이치에 맞게 이끌어가는 과정이나 원리로서 이치(理致), 원리(原理), 조리(條理), 법칙(法則), 규칙(規則)을 의미한다. 이를 알기 쉽게 압축 표현하면 다음과 같다.

논리의 개념

- 말이나 글의 짜임새
- 사고나 추리의 원리
- 생각이 지녀야 할 형식이나 법칙
- 사물의 이치나 법칙성

참고로 논리에 대한 개념을 Lipman, Sharp와 Oscanyan(1980)은 다음 세 가지의 의미가 있다고 하였다. 첫째, 논리란 형식논리를 의미하며, 문장 구조와 문장 사이의 연계를 지배하는 법칙을 의미한다. 둘째, 논리는 근거를 제시하는 것으로서, 말하고 혹은 행한 무엇인가에 대한 근거를 찾고 그 근거를 평가하는 의미이다. 마지막으로, 논리란 합리적으로 행동하는 것을 의미하는데, 이는 합리적인 행동 기준에 관심을 둔다는 것이다. Fisher(1987)는 어떤 주장, 신념, 정보의 출처에 대한 정확성, 타당성, 정의하기, 오류 확인, 속성과 구성요소 확인, 관계 양상 및 구조 파악, 요점과 요지 및 의도 파악을 말한다고 하였다.

이를 종합해 볼 때, 논리란 생각을 통해 이뤄짐을 알 수 있다. 인간은 사고하는 존재이다. 여기에서 '사고'란 목적이 있는 정신활동으로, 문제를 제기하거나 해결하고, 결정을 내리며, 사물을 이해하는 정신적 과정이라고 볼 수 있다. 사고하는 힘은 우리가 살아가는 동안 당면하게 되는 많은 문제를 해결하게 하고, 각각의 의미를 추구하도록 함으로써 발전된 삶을 영위케 하는 위대한 힘이다. 이러한 '사고'는 '논리적'일 때 설득력을 더한다. 그렇다면 '논리적 사고'가 무엇인지에 대하여 좀 더 구체적으로 살펴보자.

2. 논리적 사고

1) 논리적

'논리적(logical, 論理的)'이란, 논리의 법칙에 들어맞는 것으로 추리(reasoning, 推理)의 형식에 적합하다는 것이다. 이는 논리를 펴는 데 있어서 빈약하지 않고 모순과 비약이 없는 상태로, 생각하고 탐구하고 논쟁하는 다양한 상황에서 요구되는 어떤 이치, 또는 규칙이 지켜지는 상태를 말한다(김영실 · 윤진주, 2012).

일반적으로 어떤 주장들이 무리 없이 일관성 있게 주장될 때 '논리적'이라고 하며, 이치에 맞게 근거를 대고 생각하며 행동하는 사람을 '논리적인 사람'이라고 한다. 더욱이 논리적으로 사고하고 판단하면서 정당한 근거를 제시하여 설명할 때 '논리 정연하다'라고 한다. 예컨대, '사람은 선천적으로 선하다'고 믿는 사람은 '선천적으로 악하다'를 인정해서는 안 된다. 이것이 바로 논리가 요구하는 '말의 이치'이다. 만약에 '사람은 선천적으로 선하다'고 맏는 사람이 '사람은 선천적으로 악하다'를 인정한다면 '논리'에 모순이 있기에 '비논리적'이라고 한다. 하지만 '논리적이다' 또는 '비논리적이다'

라는 판단은 하나의 문장으로 결정되는 것이 아니라, 여러 문장간의 연결관계에서 결정해야 한다.

2) 논리적 사고

'논리적 사고(logical thinking, 論理的 思考)'란 지적 인간으로 성장하는 데 바탕이 되는 논리에 적합한 사고로, 추리나 판단을 논리적 추리형식에 들어맞게 사고하는 것이다. 인간이 어떤 말이나 글에 담겨 있는 원리를 분별하고 원인과 결과를 연결하는 원칙을 생각해내기 위해서는 '논리적 사고'를 해야 한다(김영실 · 윤진주, 2012). 예컨대, '사고의 전개과정에서 작용하는 전후 주장과 근거 사이의 관계가 올바르게 되어 있는가'를 성찰하는 것이다.

그림 1-1 논리적 사고 전개과정

'논리적 사고'는 인간이라면 누구나 가지고 있다. 인간은 사고하는 존재로, 문제를 발견하고 해결하는 과정을 통해 성장한다. 지적인 인간으로 성장 · 발달하기 위해서는 기본적으로 생각하고 분별하는 이치를 인식해야 한다. '얼마나 논리적으로 사고하는가?'는 논리적 사고를 계발하기 위하여 '얼마만큼 노력했는가?'에 의해 좌우된다.

'논리적 사고'를 하기 위해서는 다양한 경험과 정보를 바탕으로 사물을 주의 깊게 살펴서 내면의 질서까지 꿰뚫어 볼 수 있는 '통찰력', 현상의 원인을 파악하는 '분석력', 객관적인 근거를 들어 따질 수 있는 '비판력'이 필요하다.

3) 논리적 사고력

'논리적 사고력(logical thinking ability, 論理的 思考力)'은 주장과 근거, 원인과 결과, 사실과 해석을 구분할 줄 알고, 이에 근거하여 글을 쓰거나 읽을 수 있는 고도의 인지적 사고능력이다. 논리적으로 사고한다는 것은 분산되고 정리되지 않았던 생각을 명확한 규칙과 기준에 따라 범주화하고 종합적으로 판단하는 것이다. 이는 논리적 규칙이나 이치, 즉 논리적 과정에 적합하면서 오류가 없도록 생각하는 것이다. 결과적으로, 인간은 당면한 문제를 해결하기 위해서 '논리'에 기초하여 '논리적'으로 생각하고 행동할 수 있는 '논리적 사고'를 하게 되면 '논리적 사고력'이 향상된다.

논리적 사고력

- 논리적 규칙이나 이치, 즉 논리적 과정에 적합하면서 오류가 없도록 생각하는 것
- 합리성과 객관성을 기반으로 오류가 없도록 사고를 전개시키는 과정
- 원인–결과, 또는 결과–원인의 인과관계를 이끌어내는 과정적 절차
- 주어진 현상을 이용하여 체계적인 관계를 파악하는 능력
- 자료를 수집·분석·종합하여 자신이 지닌 기존의 지식과 통합하고 표현하는 고등정신능력

논리적으로 사고하는 사람은 다양한 문제점을 찾아낼 수 있다. 예컨대, 글을 읽으면서 타당한 근거를 제시하지 않은 채 주장만 한다거나, 인과관계를 잘못 파악해 엉뚱한 결론을 제시한다거나, 적절한 해석 없이 사실만 나열한다거나, 사실 속에 의도를 교묘히 숨겨 놓는 등의 문제점을 지적해낸다. 이러한 '논리적 사고력'은 단시일 내에 길러지는 것이 아니라 체계적이고 지속적인 훈련으로 길러질 수 있다.

4) 논리적 사고의 필요성

논리적 사고는 인간이 살면서 다양한 문제를 접하게 된다. 이때 문제점을 냉철히 판단하고 논리적으로 해결할 수 있는 능력을 기르기 위해 논리적 사고는 필요한 것이다. 논리적 사고의 필요성에 대하여 여섯 가지만 제시하면 다음과 같다(김영실 · 윤진주, 2012).

(1) 인간은 생각하는 존재이다

인간은 자신이 옳은지, 어떻게 하는 것이 바람직한지를 판단하면서 산다. 이러한 과정에서 인간은 문제를 해결하기 위해서 자신이 놓여 있는 상황을 고려하게 된다. 이는 현실을 직시하고 문제를 해결하기 위하여 근본 원인을 다각적인 측면에서 고려하여 그 대안들을 순위화하기 위해서이다. 그러므로 문제를 어떤 관점으로 생각하느냐에 따라 행동도 달라지는데. 이러한 과정에 논리적 사고가 필요하다.

(2) 인간의 삶 자체가 문제해결의 연속이다

논리적 사고는 일상생활과 밀접한 관계가 있다. 사실 일상생활 자체가 일련의 문제해결과정이다. 일상생활에서 앞에 놓인 여러 문제를 제한된 시간 내에 해결하기 위해서는 무엇부터 할 것인지 합리적으로 결정하고 조직적으로 계획을 세워 처리해야 한다. 다른 사람의 동의가 필요한 경우에는 신뢰할 만한 근거를 제시하면서 이치에 맞는 말로 설득해야 한다. 즉, 사람의 삶 자체가 문제해결과정의 연속으로 당면한 문제를 합리적이고 효율적으로 해결하기 위해서는 논리적 사고가 필요하다.

(3) 논리적 사고는 창의성의 바탕이다

논리적 사고가 상상력을 빈곤하게 만든다고 한다. 그러나 논리가 단단한 사람이야

말로 창조적인 상상력을 발휘할 수 있다. 실행과 분리된 상상은 관념에 그칠 수밖에 없다. 또한, 생각해낸 그 무엇이 논리에 어긋나는 황당한 것이라면 창의적이라고 할 수 없다. 현실로까지 이어질 수 있는 창조적인 상상만이 의미 있게 받아들여질 수 있다. 그러므로 창의적 사고를 하기 위해서는 논리적 사고가 뒷받침되어야 한다. 이런 측면에서 창의성은 '무엇'의 문제가 아닌, '어떻게'의 문제가 된다. '무엇'이 아무리 새로운 것이라도 이에 대한 '어떻게'가 논리적으로 뒷받침되어야 그 창의성은 인정받게 된다.

(4) 논리적 사고는 생각의 고리를 연결해 준다

논리적 사고는 학습능력 향상과도 밀접한 관련이 있다. 바다가 푸른색을 띠는 이유가 바닷물이 파란색만을 흡수하지 못하고 반사하기 때문이라는 것을 알고 있다면, 빛의 반사로 사물의 색이 결정된다는 것을 깨닫게 된다. 이러한 지식으로 사과가 빨간색인 이유도 추리할 수 있다. A에 대한 사고과정에서 얻게 된 지식이나 익혀진 사고방식을 B의 상황으로 전환(switchover)하는 것이다. 즉, 논리적 사고는 지식과 정보, 그리고 그것에 대한 생각을 다른 상황으로 전환해 하나의 흐름을 만들어 준다.

(5) 논리적 사고는 호기심을 자극한다

논리적 사고과정에서 무엇보다 중요한 것은 어떤 현상에 대한 호기심이다. 선천적인 호기심에서 출발하여 자신이 아는 정보들을 비교하고 그 정보가 과연 타당한지 고민하고 추론하며 확인하는 깊은 사고과정을 거치게 된다. 만약에 푸른 바다를 보고 바다가 푸른 이유가 궁금하지 않았다면 사과가 빨간색인 이유도 궁금하지 않을 것이다. 하지만 호기심은 단순히 어떤 현상을 보는 것만으로 생기지 않는다. 아주 단순하게라도 현상들의 공통점과 차이점을 볼 수 있을 때, 호기심도 생기게 된다.

(6) 논리적 사고는 변화하는 환경에의 적응력을 키워준다

우리가 사는 세계는 예측하기 어려울 정도의 속도와 범위로 변화하고 있다. 과거에는 인쇄된 매체를 통하여 환경에 적응하였다면, 현대사회에서는 영화, 비디오, 광고, 사진 등의 복합적인 매체가 전달하는 의미를 분석하고 이해해야 환경에 적응할 수 있다. 현대 정보화 사회에서 쏟아지는 정보들을 수집하여 문제를 해결하기 위해서는 논리적 사고가 필요하다.

5) 논리적 사고 구성

흔히 논리적으로 사고하는 것이 자연스럽고도 어려운 일로 인식되는 이유는 그 안에 다음과 같은 여러 사고 기능들이 포함되어야 하기 때문이다. 즉, 주장하고자 하는 의미를 명확히 하는 일, 평가 준거를 명확히 하는 일, 정보원의 신뢰성을 평가하는 일, 사실·의견과 판단을 구분하는 일, 증거의 신뢰성·정합성·충분성을 평가하는 일, 다양한 관점에서 따져 보는 일, 상치 사항을 인식하는 일, 함의 및 결말을 탐색하는 일 등이다. 이 같은 사고 기능들을 기초로 논리적 사고의 요소를 제시하면 다음과 같다(주강식, 1995).

논리적 사고의 요소

요소	내용
초점에 맞추는 능력	문제 파악 및 문제 해결 전략의 탐색, 목표의 설정
정보의 수집 및 조직능력	필요한 정보 수집 및 조직
분류 및 분석능력	순서화하기, 분류하기, 비교하기, 대조하기, 정의하기, 오류 확인, 속성과 구성요소 확인, 관계 양상 및 구조 파악, 요점과 요지 및 의도 파악
추론적 사고와 논증능력	유추적 사고, 역유추 사고, 귀납적 논리 전개, 연역적 논리 전개, 문제해결 및 결론 도출
비판적 사고능력	진위 판단, 가치 판단의 준거 설정과 그 적용

이 같은 논리적 사고의 기능과 요소들을 크게 묶어 범주화한다면 논리적 사고는 논리적 사고능력과 논리적 성향으로 구성되었다고 볼 수 있다(박찬옥 외, 2012).

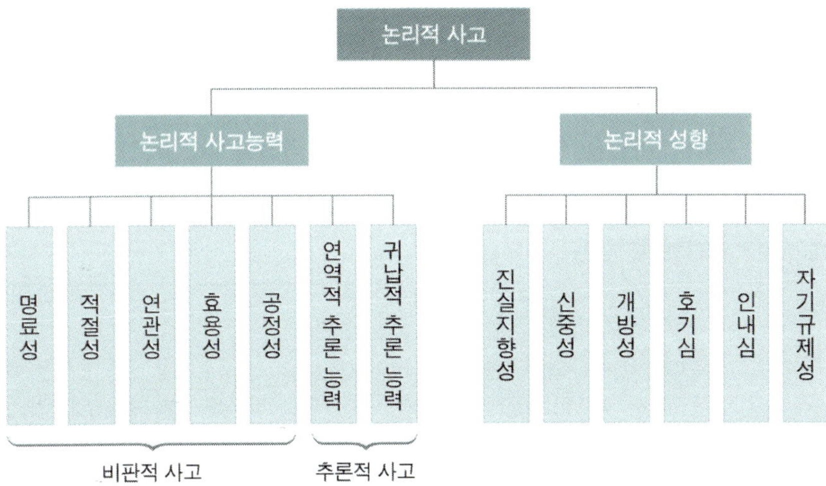

그림 1-2 논리적 사고 구성

(1) 논리적 사고능력

논리적 사고능력은 크게 비판적 사고와 추론적 사고로 이루어져 있다. 비판적 사고는 주어진 자료에 제시된 주장들이 어떤 이유 때문에 정당화되는지를 판단할 뿐만 아니라, 그 판단이 적용되는 사고의 모든 과정에서 증거를 제대로 사용하였는지, 개념을 올바르게 사용하였는지, 방법을 제대로 적용하였는지, 여러 가지 관련준거를 제대로 적용하였는지, 맥락을 잘 고려하였는지 등의 측면을 고려하여 판단하는 것이다. 추론적 사고는 어떤 전제로부터 결론을 이끌어 내는 추론의 과정을 모순 없이 법칙에 맞게 이끌어 내는 지적 능력을 말한다.

비판적 사고는 명료성, 적절성, 연관성, 효용성, 공정성의 요소로, 추론적 사고는 연역적 추론능력, 귀납적 추론능력의 요소로 나누어 살펴볼 수 있다. 특히, 추론적 사고를 비판적 사고의 하위개념으로 보는 경우도 있으나, 연역적 추론은 전제들 속에 암묵적으로 들어가 있는 내용을 결론에서 명시적으로 밝혀 준다는 점에서, 또 귀납적 추론은 전제들 속에 포함되어 있지 않은 새로운 지식을 결론으로 확보하여 지식을 확장시켜 준다는 점에서 강조될 수 있다.

논리적 사고능력의 개념을 살펴보면 다음과 같다(박찬옥 외, 2012).

논리적 사고능력의 개념

구분		개념	예
비판적 사고	명료성	사고하려는 주제와 진술의 내용이 무엇인지 분명히 지각하는 능력: 감정, 기분, 심상, 소원을 나타내는 표현적 언어와, 옳고 그름과 관계된 인지적 언어를 분별하고 명료하게 사용할 수 있어야 함.	'실수로 친구의 인형 옷을 찢었을 때, 사실대로 잘못을 털어 놓을 것인가, 숨길 것인가'에 대해 토론하는 상황에서… "나는 잘못을 숨기는 것은 조금 나쁜 것 같아." ➲ '조금~ 한 것 같다'라는 표현은 명료한 표현이 될 수 없다.
	적절성	적절한 근거를 갖추고 주장에 대한 올바른 평가를 내릴 수 있는 능력: 증거의 사용에 있어서 관련성, 신뢰성, 충분성, 반증 가능성을 검토하여 증거를 제시해야 함	"친구에게 솔직히 말하지 않으면, 친구가 더 화를 낼 수 있어, 그냥 그럴 것 같아." ➲ '그냥 그럴 것 같아'라는 말은 주장에 대한 근거가 될 수 없다.
	연관성	낱낱의 관념들을 서로 맞물리면서 조화를 이루게 하고 연결하는 능력: 적절한 논증을 찾아 의미를 이해하고 구조와 기본 원리를 파악하는 것이 중요함	"나는 예전에 동생한테 껌을 주기 싫었는데, 그냥 동생이니까 다 준 적 있어, 그래서 마음이 너무 속상했어." ➲ 진행되고 있는 주제와 연관성이 없는 경험을 이야기 하고 있다.
	효용성	정보나 견해가 현실적인 기준에 비추어 보았을 때, 얼마나 유용한가를 평가하는 능력	"친구 몰래, 인형을 집에 가져가 엄마한테 꿰매 달라고 하면 돼." ➲ 현실적으로 유용하지 않은 방법을 말하고 있다.

구분		개념	예
	공정성	내용의 일반화가 가능한가를 판단하는 능력: 어떤 사고나 표현이 다른 사람이 수용할 수 있는 내용인가를 판단할 수 있어야 함	"인형 옷을 찢었다고 친구한테 말하면, 친구가 화를 낼 테니까, 말하지 말고, 그 대신 친구한테 예쁜 인형도 사주고 목걸이도 사주면서 잘해주면 돼." ➲ 사실을 숨기려는 생각은 공정하지 못하기 때문에 모든 사람이 수용할 수 없다.
추론적 사고	연역적 추론 능력	널리 알려진 일반적인 사실이나 원리로부터 그 안에 소속되는 특수한 사실을 밝혀내는 능력: 삼단논법이 대표적임	① 우리 반 친구들은 모두 바느질을 못한다. ② 혜진이는 우리 반 친구이다. ③ 그러므로 혜진이는 바느질을 못한다. ➲ '우리 반 친구들은 모두 바느질을 못한다.'라는 일반적인 사실로부터 특수한 사실을 밝혀내고 있다.
	귀납적 추론 능력	관찰과 실험에서 얻은 특수한 사실로부터 보편적 진리를 추론해 낼 수 있는 능력	① 부모님께서 거짓말을 했다가 들통이 난 적이 있다. ② 내 친구도 선생님께 거짓말을 했다가 들켰다. ③ 내 동생도 나에게 거짓말을 했다가 혼이 났다. ④ 그러므로 '대부분의 거짓말은 사실대로 밝혀지고 만다. ➲ 거짓말에 대한 여러 사람의 경험에서 보편적 진리를 추론해 내고 있다.

(2) 논리적 성향

논리적 사고능력 못지않게 중요한 것이 정의적 특성인 논리적 성향이다. 정보화 시대를 살아가는 현대인들은 감각적인 멀티미디어에 길들여져 느낌으로 정보를 수용하지만, 어떠한 주장에 대하여 깊이 따지고 생각하고자 하는 경향성이 낮다고 할 수 있다. 이는 생각할 수 있는 능력이 없는 것이 아니라, 생각하고자 하는 마음이 점점 없어지고 있다고 해석될 수도 있다. 논리적 사고능력이 있어도 논리적 성향에 문제가 있어서 그 능력을 제대로 발달시키거나 활용하지 못하게 되는 경우도 발생할 수 있기에 논리적 성향은 논리적 사고의 중요한 하위 범주라고 볼 수 있다.

논리적 성향은 다음과 같이 여섯 가지 개념으로 구분할 수 있다(박찬옥 외, 2012).

논리적 성향

구분	개념	세부 특성
진실 지향성	발견한 내용이 자신의 이익이나 선입견에 반하더라도 사고를 정직하고 객관적으로 수행하는 성향	• 정직하게 생각해 보았을 때 변경하는 것이 옳다고 생각될 경우 기꺼이 자기의 견해를 제고(再考)하고 수정하려는 의향 • 논쟁에서 이기려고 하기보다는 진실을 추구 • 오랜 신념을 버리는 두려움을 기꺼이 극복하고자 함
신중성	성급하게 판단하거나 결정하지 않고, 판단에 앞서 신중하게 생각하는 성향	• 잘 알고자 함 • 판단을 내리는 데 있어서 신중하고 사려 깊음
개방성	자기 자신이 편견을 가지고 있을 가능성을 민감하게 고려하면서 다양한 견해에 대해 알고자 하는 성향	• 다른 사람의 의견을 이해함 • 타인의 비판에 대한 열린 마음 • 소수의 의견 고려 • 대다수의 문제의 정답이 하나가 아닐 가능성을 인정
호기심	다양한 문제에 대해 관심과 호기심을 가지는 성향	• 넓은 범위의 이슈들에 관해 끊임없이 호기심을 가짐 • 다양한 문제에 대한 관심
인내심	끝까지 포기하지 않고 생각하는 성향	• 문제가 해결될 때까지 생각함 • 적절한 정보를 찾을 때까지 부지런히 노력함
자기 규제성	쟁점의 핵심에서 벗어나지 않기 위해 자기 자신의 사고과정을 점검하고 관리하는 성향	• 다양한 관점을 고려했는지 점검 • 당면한 관심의 대상에 주의를 집중할 것을 고려함 • 타인에 대한 영향까지 고려함

(3) 논리적 사고의 정교화

논리적 사고를 정교화하기 위하여 '육하원칙'을 적용할 수 있다. 이를 구체적으로 살펴보면 다음과 같다(김천희, 2003).

육하원칙에 따른 생각의 유형

구분	생각의 유형
누가 (who)	• '누가' 문제를 일으키고 있는가? • '누가' 이 아이디어 때문에 영향을 받을 것인가? • '누가' 이 아이디어를 실현할 것인가?
언제 (when)	• '언제' 이 문제가 발생했는가? • '언제' 이 아이디어를 실현할 것인가? • '언제' 이 아이디어가 생겼는가?
어디서 (where)	• '어디서' 이 문제가 일어나고 있는가? • '어디서' 이 아이디어를 실천할 것인가?
무엇을 (what)	• '무엇이' 문제인가? • '무엇이' 해결할 수 있는 아이디어인가?
어떻게 (how)	• '어떻게' 이 문제가 일어났는가? • '어떻게' 이 아이디어를 실현할 것인가? • '어떻게' 하면 아이디어가 효과 있을 것인가?
왜 (why)	• '왜' 이러한 문제가 일어났는가? • '왜' 이 아이디어가 적절한가? • '왜' 이 아이디어가 효과 있을 것인가? • 그 '이유'는 무엇인가?

3. 비판적 사고

1) 비판적 사고의 개념

일반적으로 비판(critique, 批判)이란 하나의 주장을 깊이있게 이해하고 제대로 파악하기 위하여 사물의 옳고 그름이나 잘됨과 잘못됨을 검토하여 평가·판정하는 것을 말한다(김광수, 2002). '비판적 사고(critical thinking, 批判的 思考)'는 상위수준의 논리적 사고로, 어떤 주제나 주장 등을 깊이 있고 다각적으로 이해하기 위하여 분석·종합·평가하는 능동적인 사고를 의미한다(김희진·박은진, 2008). 즉, 어떤 견해를 받아들일지, 또는 어떤 행위를 할지 결정하기 위해 논리적 구조와 의미를 파악하고, 개념, 증거, 준거, 방법, 맥락 등을 고려하여 최선의 판단을 내리고자 할 때 작용한다(한국교육과정평가원, 2001).

'비판적 사고'는 가능하면 많은 사람의 폭넓은 동의를 얻을 수 있는 방향으로 최선의 주관적 판단을 내리고자 할 때 기능하는 분석적이고 종합적인 추론능력이다(김광수, 2002). 타인의 주장을 의식적으로 반대하기 위하여, 즉 반대를 위한 반대를 하는 감정적인 과정이 아니다. 모두가 '예'라고 할 때, '왜, 예'일까?, '정말로, 예'일까를 따져 물어서 문제를 뒤집어 보고 파헤쳐 보는 과정이다. 문제의식을 느끼고 타인의 주장을 옹호하거나 반대하는 논증의 과정을 거치면서 자신만의 분명한 비판적 사고를 할 수 있게 된다(김영실·윤진주, 2012).

2) 비판적 사고의 목적

비판적 사고를 하는 목적은 주장이 조리 있고 설득력이 있는지를 판단하기 위하여 제시된 논증이 논리적이고 일관성 있는지를 검토하고 옳은지를 따져보는 것이다. 다른 사람의 주장을 무조건 비난하려는 것이 아니라, 논리적으로 옳고 그름을 따져 더욱 깊고 폭넓게 이해하려는 것이다. 이렇게 옳고 그름을 따지는 과정을 통해 통찰력과 분석력은 자연스럽게 터득된다.

3) 비판적 사고의 단계

비판적 사고는 논제(thesis)와 주장의 이유를 명료하게 드러나게 하는 사고능력이다. 비판적 사고를 하기 위해서는 사고의 단계마다 'so what?'(그래서 하고 싶은 주장이 뭐지?), 또는 'why so?'(왜, 그렇게 말할 수 있지?)에 대하여 끊임없이 고민해야 한다. 비판적 사고는 논제확인, 논거확인, 논증확인의 세 단계를 거친다(이재훈, 2008).

(1) 1단계: 논제 확인하기 – 그 주장이 '무엇'인지 비판하기

'무엇'에 대한 주장인지 비판하기 위해서는 먼저 논제부터 정확히 파악해야 한다. 어떤 주장이 있다면, 그것이 무엇에 관한 주장인지를 분명히 파악해야 논점을 잃지 않는 비판이 된다. 논제를 정확하게 파악하려면 논제에 사용된 핵심 용어가 서로 다른 의미로 사용되지는 않았는지, 모호하지는 않았는지 등을 확인해야 한다.

(2) 2단계: 논거 확인하기 – '왜' 그 그렇게 주장하고 있는지 비판하기

'왜' 그렇게 주장하고 있는지를 비판하기 위해서는 그 주장이 옳다는 근거로 제시된 논거를 검토해야 한다. 만약 주장이 정당하더라도 논거가 타당하지 못하다면 진정한 의미의 비판이 될 수 없다. 그렇게 주장하는 이유가 논리적 절차를 따르고 있는지, 아니면 단정적인 주장으로 단순히 나열되어 있는지를 확인해야 한다.

(3) 3단계: 논증 확인하기 – '어떻게' 주장하고 있는지 비판하기

'어떻게' 주장하고 있는지를 비판하기 위해서는 그 주장을 뒷받침하는 논증을 검토해야 한다. 즉, 그와 같은 전제 때문에 입증되고 있는 결론을 받아들여도 되는지를 확인해야 한다.

'So What? / Why So?'와 'MECE' 논리 만들기

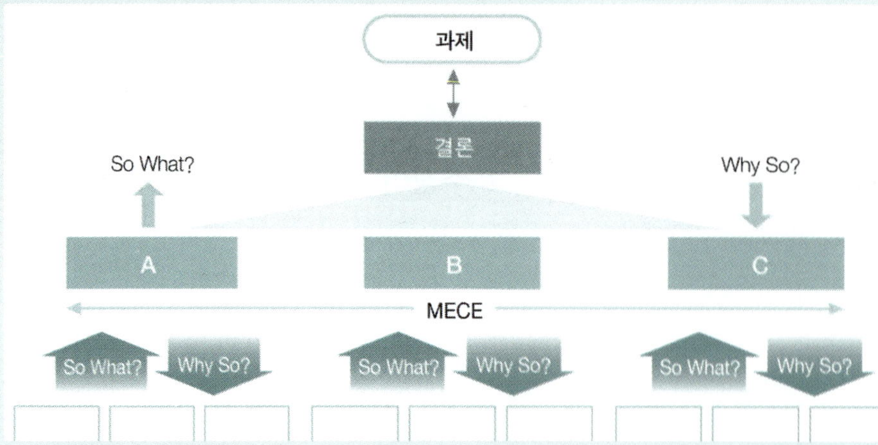

- MECE(Mutually Exclusive and Collectively Exhaustive)
  어떤 사항과 개념이 중복도 없고 누락됨도 없는 부분의 집합으로 전체를 파악하려는 과정이다.
- So What? / Why So?
  근거들을 통해 'so what?(그래서 하고 싶은 주장이 뭐지?)' 함으로써 적절한 주장(결론)을 이끌어내는 것이다. 이 주장이 적절한지 다시 'why so?(왜, 그렇게 말할 수 있지?)'하여 주장의 타당성을 검토할 수 있다.

✍ 논리란, 결론을 장점으로 두고 세로 방향은 'so what?/why so?'로, 가로방향은 MECE (Mutually Exclusive and Collectively Exhaustive)의 관계로 결합되어 작용한다. 논리의 근거가 되는 자료는 반드시 어떤 사항과 개념의 중복되거나 누락이 없는 부분의 집합으로 전체가 파악되어야 하며, 근거와 결론 사이에는 'so what?/why so?' 관계가 성립되어야 한다.

출처: 김영철 역(2009).

Chapter 02

논증: 근거의 제시

세부 내용	• 논증의 개념과 필요성 이해하기 • 논증의 구성요소, 유형, 오류에 대하여 이해하기	
학습 목표	• 논증의 필요성과 개념을 설명할 수 있다. • 논증의 구성요소, 유형, 오류를 이해하고 구분할 수 있다.	
단계	교수 · 학습 활동	자료
도입 단계	• 학습동기 조성 - 논증이 왜 필요한지를 생각하여 말해보기 - 논증을 어떻게 할지를 말해보기	
전개 단계	• 논증의 개념과 필요성 설명하기 • 논증의 구성요소를 이해하기 • 논증의 유형과 오류를 이해하고 적용하기	논증 연습 문제
정리 단계	• 수업 마무리 및 정리 - 논증에서 오류를 범하지 않는 태도의 중요성 강조	

1. 논증의 의미

논증(reasoning, 論證)이란 '증명하는 일'로 어떤 주장을 근거에 의거 증거를 제시하며 논리적 이치를 따질 수 있는 말 묶음을 의미한다. 이를테면, 추론이 언어적으로 표현된 것이다. 주어진 사실(근거, 논거, 전제)을 나타내는 문장과 새로운 사실(주장, 논지, 결론)을 나타내는 문장으로 구성되며, 논리적 평가의 대상이 되는 말 묶음인 것이다.

논증이란

- 논증 = 주어진 사실(근거, 논거, 전제) → 추론 → 새로운 사실(주장, 논지, 결론)

논증에 대하여 좀 더 이해를 돕기 위해 설명을 하면 다음과 같다. 정상모(2004)는 좀 더 조직적인 체계로 언어를 정보적, 표현적, 지시적, 질문적 언어로 나누어 논리와 관련된 언어를 정보적 언어로 설명한다. 정보적 언어를 구성하는 기본단위는 명사인데, 두 개의 명사가 문법적 연결사로 결합하면 명제가 된다. 명사와 명제에 대응하는 사고과정상의 용어는 각각 개념과 판단이다. 개념(concept, 槪念)이란 일정한 대상이 갖는 우연한 속성들을 버리고 공통의 본질적 속성들을 추상하여 종합한 사고 단위다. 그리고 두 개념이 결합하여 하나의 판단을 이룬다. 판단(judgement, 判斷)은 사고의 대상에 대하여 그것이 무엇이라고 단정하는 사고형식이다. 즉, 사물, 현상, 사상, 언어 등의 성격, 관계, 상태 등에 대해 단적으로 또는 제한적으로 무엇이라고 긍정 또는 부정하는 사고형식을 말한다. 따라서 판단은 최소 두 개 이상의 개념으로 성립한다. 판단이 객관적 사태에 대한 사고 작용인 까닭에 판단과 사태 사이에 일치 여부 문제가 발생한다. 일반적으로 판단이 객관적 사태와 일치하면 참(옳은, truth) 판단이고, 그렇지 못하면 거짓(그른, false) 판단이라 규정한다. 달리 말하면, 명사와 명제는 각각 개념과 판단의 언어적 표시다(이상욱 외, 2009).

개념과 판단의 언어적 표시

- 개념(명사) + 개념(명사) = 판단(명제)
- 판단(명제) + 판단(명제) = 추론(논증)

둘 이상의 명제들이 결합하여 성립하는 언명인 기술, 설명, 그리고 논증은 정보적 언어의 3대 진술형식이다. 정보에 관한 우리의 언명은 이들 중 하나 또는 둘 이상이 함께인 형태로 구성된다. 기술(description, 記述)은 명제들의 집합으로 대상의 이러저러함을 밝히거나(묘사하거나) 보고하는 문장이다. 기술은 시간 또는 위치관계의 측면에서 명제들이 서로 병렬로 연결되어 있다. 설명(explanation, 說明)은 사실이 어떠함을 말하는 명제와 사실의 원인과 결과를 들어 나타내는 형식의 문장이다. 이러한 맥락에서 논증과 추론을 연결하여 설명한다. 논증(arguement, 論證)이란 한 명제의 참이 다른 명제들로부터 지지가 되는 관계를 가진 명제들의 집합, 혹은 주장과 그 근거로 된 진술이다. 이때 지지되는 명제 혹은 주장을 결론(conclusion, 結論)이라고 하며, 결론을 지지하는, 즉 그것의 근거를 이루는 명제를 전제(premise, 前提)라고 부른다(이상욱 외, 2009).

2. 논증의 목적

논증의 목적은 합리적인 이유와 근거를 들어 논리적 이치에 적합한 결론을 내리는 데 있다. 이러한 목적을 달성하려면 합리적인 근거와 이유를 들어 결론을 제시하는 논증을 해야 한다. 예컨대, 유아발달의 원인을 양육(nurture)이라고 주장한다면, 환경이나 경험의 영향이 절대적이라는 논증은 설득력이 있다. 반대로, 발달의 원인을 유전(nature)이라고 주장한다면, 논증의 과정은 달라져야 한다(김영실 · 유진주, 2012).

1) 정당화하기

타인을 설득하기 위해서는 말하고자 하는 바가 정당해야 한다. 설득은 비판적 이성의 힘으로 상대방에게 이유를 제시하여 자신의 주장을 받아들이게 하는 것이다. 이때 상대방을 설득하기 위해서는 말하고자 하는 주장에 대한 근거가 정당해야 한다. 논증은 자신의 주장을 정당화시키는 데 필요한 가장 객관적이면서도 적합한 방법이다.

2) 합리화하기

자신의 주장을 정당화하기 위해서는 합리적인 이유를 제시해야 한다. 사람들은 때때로 어떤 주장을 받아들일 때, 그 이유가 합리적인지 비합리적인지 판단하려고 한다. 합리적인 이유는 사람들의 감정이나 주변의 상황에 의지하지 않고 비판적 사고에 의해 제시되는 원인과 근거이다. 논증을 통해 '내가 왜 그 주장을 받아들여야 하는지'에 대한 합리적인 이유를 제시받을 수 있다.

3. 논증의 구성요소

논증을 이루는 글은 그것의 구성 요소들을 쉽게 판단할 수 있도록 적절한 접속부사(지시어)를 사용한다. 꼭 그런 것은 아니지만, 대체로 논증은 전제와 결론을 확인시켜 주는 낱말이나 구절을 포함한다. 그래서 전제임을 암시하거나 나타내는 낱말을 '전제 지시어'라 하고, 결론임을 암시하거나 나타내는 낱말을 '결론 지시어'라 한다. 논증을 확인하고, 그 논증의 전제와 결론을 확인할 때는 바로 이 전체 지시어와 결론 지시어를 활용하면 편리하다. 이 지시어들은 논증이 포함하는 진술의 부분이 아니다. 오히려 지시어들은 결론이나 전제를 소개하는 것이다.

전제 지시어와 결론 지시어

전제 지시어	결론 지시어
~ 하므로(since) 왜냐하면(for) ~ 때문에(because) ~ 라는 상황이라면(given that) ~ 라는 이유 때문에(for the reason that) ~ 을 보니(seeing that)	그러므로(therefore) 따라서(thus) 그러니까(hence) 결과적으로(consequently) 다음과 같은 결론으로(We may conclude that) 그래서(so) 그 결과는(It follows that) 그런 까닭에(accordingly)

이제 논리와 논증의 관계를 살펴보자. 논증이란 주장과 근거가 포함된 말 묶음이고, 그래서 논리적인 이치를 따질 수 있는 말의 단위이다. 즉, 논증에는 주장이 포함되어야 하고, 그 주장을 뒷받침하는 근거가 포함되어야 한다. 논증이 논리적인 이치를 따질 수 있는 말 묶음이라 하는 이유는 논증의 근거가 주장을 얼마나 잘 뒷받침하느냐를 따질 수 있기 때문이다. 이러한 내용을 다루는 학문을 논리학이라고 한다.

한편, 다양한 상황에서 다양한 목적을 위해 추리를 이용할 수 있는 것처럼, 우리가 논증을 구성하는 데는 결정, 설명, 예측, 설득의 네 가지 목적이 있을 수 있다. 그 목적은 대략 다음과 같다.

논증에서 결정, 설명, 예측, 설득력

구분	내용
결정	우리는 결정하기 위해 논증을 구성한다. • 전제 1: 내 인생을 통하여 나는 유아교육에 관심을 가져왔다. • 전제 2: 유아교육 분야에는 매력적인 직업기회가 많다. • 결론: 그러므로 나는 유아교사가 되는 쪽으로 노력할 것이다.
설명	우리는 설명하기 위해 논증을 구성한다. • 전제 1: 집을 나서려는 순간 갑자기 급한 전화가 와서 시간이 소요되었다. • 전제 2: 교통사고 때문에 예기치 않은 교통정체가 있었다. • 결론: 그러므로 나는 약속시간에 늦었다.
예측	우리는 예측하기 위해 논증을 구성한다. • 전제 1: 어떤 운전자는 고속국도에서 제한속도가 100km건 110km건 그보다 더 빨리 달릴 것이다. • 전제 2: 차 사고는 과속 때 일어날 가능성이 높다. • 결론: 그러므로 경부 고속국도의 110km 제한속도는 자동차 사고의 증가를 가져올 것이다.
설득	우리는 설득하기 위해 논증을 구성한다. • 전제 1: 과도한 음주는 간암을 일으킬 수 있다. • 전제 2: 부모가 음주를 하는 아이들은 커서 음주에 빠질 가능성이 많다. • 결론: 그러므로 아이가 있는 부모는 음주를 삼가야 한다.

4. 논증의 유형

무엇인가에 대하여 논증하기 위해서는 첫째, 언어사용의 오류를 범하지 말아야 하며, 둘째, 연역과 귀납에 대한 기본 법칙을 이해해야 한다. 즉, 연역논증은 논리에 대한 논리를 추구하는 사고이며, 귀납논증은 확률적 사고라는 기본 원리를 알아야 한다. 이러한 기본 원리에 대한 이해를 바탕으로 논리와 사실의 관계를 판단하게 되면 논리와 사실이 언제나 일치하지 않음도 깨닫게 된다. 논증의 유형은 다음과 같이 구분된다(김영실 · 윤진주, 2012).

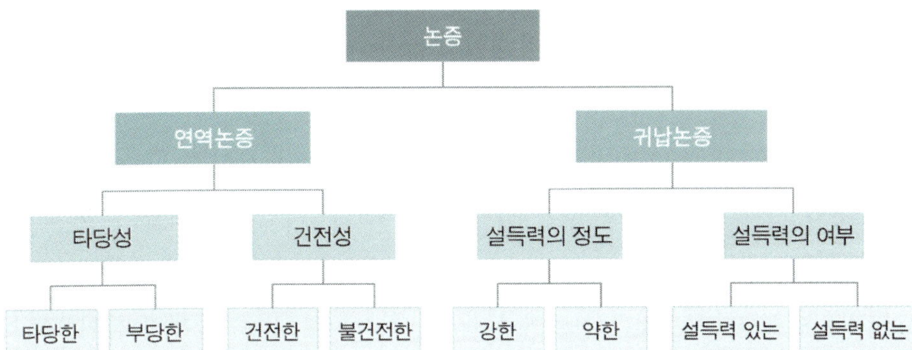

그림 2-1 **논증의 유형**

1) 연역논증

(1) 연역논증의 의미

연역법은 결론이 진리라는 것을 밝히기 위한 증명적 논증법이어서 타당성을 추구한다. 연역논증은 전제가 참이면 결론도 참임을 필연적으로 보장해 주는 논증법으로, 미리 법칙을 세우고 여러 가지 경우를 법칙에 대입하여 결론을 도출한다. 이미 법칙이 정해져 있고, 모든 것이 그 법칙에 맞추어져 있기 때문에 애초에 법칙이 올바르다면 결론은 항상 옳다. 만일 '왜'라고 질문한다면, 애초에 법칙이 잘못된 것이기 때문에 순환논증의 오류에 빠지게 된다. 그러므로 연역논증에서는 '왜'라는 질문을 할 수 없다.

연역논증 (예시)

- 눈이 내리는 날은 교통사고가 자주 발생한다.
- 오늘 눈이 내린다.
- 그러므로 오늘 교통사고가 발생한다.

✍ 참고) 논리학자들이 주로 관심을 갖고 연구하는 영역
전제의 참이 결론의 참을 보장하는 논증
일반적 사례로부터 개별적 결론을 도출할 수 있는 논증
순환논증의 오류를 범할 위험성이 있는 논증

이처럼, 연역논증은 일반적인 사실에 근거하여 개별적인 사실을 도출한다. "눈이 올 때 교통사고 자주 발생한다."라는 일반적인 사실에 근거하여 "오늘 눈이 내리기 때문에 교통사고가 발생한다."라는 개별적인 사실이 도출된다. "눈이 내리는 날 교통사고가 자주 발생한다."는 것은 사실이기 때문이다. 이것이 바로 전제의 참이므로 '건전한 논증"이기도 하다. 그러므로 연역논증은 일반적으로 참인 사실을 가지고 타당한 논증을 거쳐 하나의 개별적인 사실을 이끌어낼 때에 적용한다.

(2) 연역논증의 타당성과 건전성

올바른 연역논증을 하기 위해서는 그 주장을 뒷받침하는 근거의 타당성과 건전성을 확인하는 것이 필요하다.

① 타당성

논증을 평가하는 첫 번째 방식은 논증의 타당성(validity)을 확인하는 일이다. 논증의 타당성은 전제를 참이라고 가정할 때, 그 가정된 참으로부터 결론이 참으로 도출되면 타당한 논증이 된다. 즉, 타당한 논증이란 전제가 참이면 결론도 반드시 참이 되는 논증이다.

연역논증에서는 '옳은 논증'과 '옳지 않은 논증' 대신 '타당한 논증'과 '부당한 논증'

이라는 용어를 사용한다. '모든 사람은 죽는다.'와 '소크라테스는 사람이다.'라는 두 전제가 모두 참이라면 '소크라테스는 죽는다.'라는 결론은 참이다. 이처럼, 어떤 논증의 전제가 참이면서 그 결론이 거짓일 수 없다면 연역적으로 타당하다고 한다. 그러나 전제가 거짓일지라도 결론이 참으로 귀결할 때 그 논증 자체는 타당할 수 있겠지만, 이러한 거짓의 논증을 '부당한 논증'이라 한다.

타당한 연역논증과 부당한 연역논증

구분	내용		
타당한 연역논증	• 모든 사람은 죽는다. • 소크라테스는 사람이다. • 그러므로 소크라테스는 죽는다.	➔	모든 A는 B이다. C는 A이다. 그러므로 C는 B이다.
부당한 연역논증	• 모든 죽는 것은 사람이다. • 소크라테스는 사람이다. • 그러므로 소크라테스는 죽는다.	➔	모든 A는 B이다 C는 A이다. 그러므로 C는 B이다.

② **건전성**

논증이 타당하다면, 그 논증을 평가하는 두 번째 방식은 논증의 건전성(soundness)을 확인하는 일이다. 건전성은 사상이나 사물 따위의 상태가 한쪽으로 치우치지 않고 정상적이며 위태롭지 않은 것을 말한다. '모든 사람은 도덕적이다.', '그러므로 유진이는 도덕적이다.'라는 논증은 형식적으로 타당하다. 그러나 '모든 사람이 도덕적'이라는 내용이 과연 참인지 생각해 봐야 한다. 사람이지만 도덕적이지 않은 한 사람만 있어도 '모든 사람은 도덕적이다.'라는 명제는 옳지 않다. 그러므로 이 논증은 형식상 타당하지만, 내용상으로 건전하지 못하다.

건전한 논증이 되기 위해서는 기본적으로 타당한 형식을 갖추어야 하며, 내용상 모든 전제가 참이어야 한다. 다음의 예시는 형식적으로는 타당하지만, 내용상으로는 건전하지 않다.

불건전한 연역논증 (예시)

• 모든 사람은 도덕적이다.		모든 A는 B이다.
• 유진이는 사람이다.	➔	C는 A이다.
• 그러므로 유진이는 도덕적이다.		그러므로 C는 B이다.

2) 귀납논증

(1) 귀납논증의 의미

귀납법은 여러 가지 경우를 통해 결론을 도출하는 비증명적 논증법이다. 귀납논증은 전제가 결론을 뒷받침하는 정도에 의해 결정되기 때문에 가능한 전제의 개연성을 높여야 한다. 사례가 많으면 많을수록 개연성이 높아져 결론의 정확도는 올라간다. 그러나 전제의 참이 결론의 참을 보장하지 못할 수 있으며, 결론이 번복될 가능성이 존재한다.

귀납논증은 '왜'라는 질문에 답할 수 있다. 물론 '왜'에 대한 대답이 비합리적일 경우에는 성급한 일반화의 오류를 범할 수 있다.

귀납논증 (예시)

- 동물 A는 까마귀이고 검다.
- 동물 B는 까마귀이고 검다.
- 동물 C는 까마귀이고 검다.
- 동물 D는 까마귀이고 검다.
- 그러므로 모든 까마귀는 검을 것이다.

✍ 참고) 전제가 참이라면 결론이 참일 가능성이 높은 논증
개별적 사례로부터 개별적 또는 일반적 결론을 도출할 수 있는 논증
귀납논증에는 명확한 옳고 그름의 판단기준이 없으며 강함과 약함 정도로 판단
성급한 일반화와 오류를 범할 수 있는 논증

(2) 귀납논증의 강함과 약함

올바른 귀납논증을 하기 위해서는 그 주장을 뒷받침하는 근거에 대한 설득력의 강도와 그 여부를 확인하는 것이 필요하다.

① 설득력의 강도

귀납논증은 설득력의 강도에 따라 '강한 논증'과 '약한 논증'으로 구분된다. 강한 귀납논증은 전제가 참일 때 결론이 참일 개연성이 높은 논증이고, 약한 귀납논증은 전제가 참일지라도 결론은 참이지 않을 것 같은 논증이다. 간혹, 강하게 거짓의 결론이 도출되는 논증이 성립될 수 있다. 강하다고 해서 결론이 모두 참이지는 않는다.

귀납논증에서는 사례의 질적 구성이 중요한 변인으로 작용하므로 귀납논증을 강하게 만들려면 사례 수를 늘려서 개연성을 높여야 하며, 전제(사례)와 결론(일반화) 사이에 실질적인 연관성이 강해야 한다.

강한 귀납논증과 약한 귀납논증

구분	내용
강한 귀납논증	• 다람쥐 반의 인원은 15명이다. • 15명 중 무작위로 지명한 13명이 춥다고 한다. • 그러므로 아마도 나머지 2명도 추울 것이다.
약한 귀납논증	• 다람쥐 반의 인원은 15명이다. • 15명 중 무작위로 지명한 2명이 춥다고 한다. • 그러므로 아마도 나머지 13명도 추울 것이다.

② 설득력의 여부

귀납논증은 설득력의 여부에 따라 '설득력이 있는 논증'과 '설득력이 없는 논증'으로 구분된다. 설득력이 있는 논증은 강하고 참인 전제를 가진다. 전제가 참이면서 강한 설득력이 있는 귀납논증은 구체적인 사실을 가지고 결론을 이끌어내는 상황에서 그 가치가 발휘된다.

5. 논증의 오류

논증에서 흔히 범하는 형식적 또는 비형식적 오류들이 있다. 이들에 대하여 살펴보면 다음과 같다(김영실 · 윤진주, 2012).

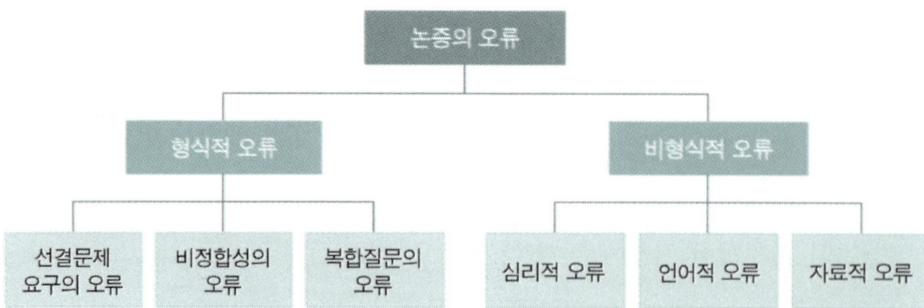

그림 2-2 논증의 오류

1) 형식적 오류

형식적 오류에는 선결문제 요구의 오류, 비정합성의 오류, 복합질문의 오류가 있다. 이들을 살펴보면 다음과 같다.

형식적 오류

구분	내용
선결문제 요구의 오류	• 결론에서 주장하고자 하는 바를 전제로 제시하는 경우와 있지도 않은 전제로부터 결론을 도출하려는 경우에 발생하는 오류 • 주장만 되풀이될 뿐, 전제에서 진전된 말이 전혀 없는 경우 ✍ 예시) 착한 아이는 다른 아이를 괴롭히지 않아. 다른 아이를 괴롭히는 아이는 착한 아이가 아니야. 오류의 이유) 앞문장과 뒷문장의 내용이 같음
비정합성의 오류	• 전제 자체가 모순일 때 발생하는 오류 • 전제에 모순이 은밀하게 내포되어 있어서 결론이 타당하게 여겨지지만, 자세히 분석하면 전제 자체가 잘못된 경우 ✍ 예시) 아르헨티나 사람들은 영어뿐만 아니라 스페인어도 안다. 그러므로 아르헨티나 국정교과서는 영어와 스페인어 혼용으로 제작되어야 한다. 오류의 이유) 아르헨티나 사람 중 영어는 알지만, 스페인어를 모르는 사람이 있기 때문에 "영어뿐만 아니라 스페인어도 안다."라는 전제가 모순이다.
복합질문의 오류	• 전제에서 서로 다른 두 개 이상의 질문이 복합적으로 제시되어서 긍정도 부정도 할 수 없는 경우에 발생하는 오류 • 단순하게 "예" 또는 "아니오"로 대답할 수 없는 복합질문에 상대방이 부주의하게 "예" 또는 "아니오"로 대답하게 되는 경우 ✍ 예시) 교사: "이제부터 다른 친구를 괴롭히지 않을 거지?" 은비: "예"(그럼, 지금까지 선생님 몰래 다른 친구를 괴롭혔다는 말이냐?") "아니오"(그럼, 계속 다른 친구를 괴롭히겠다는 말이냐?") 오류의 이유) 이제까지 다른 친구를 괴롭히지 않은 사람은 이 질문에 "예" 또는 "아니오"로 대답할 수 없다. 이것은 두 개의 전제("지금까지 다른 친구를 괴롭혔다."와, "앞으로도 계속 다른 친구를 과롭히겠다.")가 포함된 질문이기 때문이다.

2) 비형식적 오류

비형식적 오류에는 심리적 오류, 언어적 오류, 자료적 오류가 있다. 이들에 대하여 살펴보면 다음과 같다.

비형식적 오류

구분	내용
심리적 오류	• 자신의 주관적인 감정이나 의지로 상대방을 설득시키려 할 때 발생하는 오류 ✍ 예시) 너무 피곤해서 짜증을 내지 않을 수 없었어요. 온종일 아이를 돌봐 본 사람 아니고서야 누가 그때의 저를 이해하겠습니까? 오류의 이유) 동정심을 유발하여 자신이 짜증을 내는 것을 정당화시키고 있다.
언어적 오류	• 단어나 구를 부주의하게 사용하거나 잘못 이해하는 데서 발생하는 오류 • 기준이 없이 "크다", "많다"와 같은 상대적인 개념이 논증에서 사용되는 경우 ✍ 예시) 쥐는 동물이다. 그러므로 큰 쥐는 큰 동물이다. 오류의 이유) "크다"라는 개념은 적용되는 대상에 따라 의미가 달라지는 상대적인 개념이다. 쥐가 크다고 해도 동물로서는 크다고 할 수 없으므로 부당한 논증이다.
자료적 오류	• 논리적으로 아무런 관련이 없는 전제들로부터 어떤 결론을 이끌어낼 때 발생하는 오류 • 전후관계를 잘못 이해하여 앞의 사건을 원인으로 단정하고, 뒤의 사건을 그 결론으로 잘못 추리하는 경우 ✍ 예시) 까치가 우는 것을 보니 반가운 손님이 오려나 보다. 오류의 이유) 반가운 손님이 오는 원인을 잘못 판단하고 있다. 단순히 시간상 전후관계에 놓여 있는 반가운 손님이 오는 것과 까치가 우는 것을 판단하여 인과관계가 있는 것처럼 과대 일반화하였다.

Chapter 03

논술: 논증의 언어적 표현

세부 내용	• 논술의 개념과 논술능력의 구성요소 이해하기 • 논술의 모형과 배열, 논술문 작성법, 평가방법 이해하기	
학습 목표	• 논술의 개념과 구성요소를 설명할 수 있다. • 논술의 모형과 배열, 논술문 작성법, 평가방법을 알 수 있다.	
단계	교수 · 학습 활동	자료
도입 단계	• 학습동기 조성 – 논술의 중요성과 구성요소를 생각하여 말해보기 – 논술 작성시 마음가짐을 어떻게 할지 생각해보기	
전개 단계	• 논술의 개념과 구성요소 설명하기 • 논술의 모형과 배열을 이해하고 적용하기 • 논술문 작성법, 평가방법을 이해하고 적용하기	
정리 단계	• 수업 마무리 및 정리 – 논술에 대한 중요한 의미를 갖도록 강조	

1. 논술의 의미

논술(writing, 論述)이란 논리적이고 창의적 사고를 논증형태로 진술하는 것으로 논리적 절차와 과정이 중시되는 행동이자 사고의 표현을 의미한다(이재훈, 2008). 즉, 어떤 주제를 분석하여 그것에 대한 자신의 의견이나 주장을 내세우고 합리적으로 다른 사람을 이해시키려는 글쓰기이다. 이는 하나의 사건이나 문제를 이해하는 것에서 끝나는 게 아니라 그 문제의 구체적인 해결방법을 남이 생각하지 못한 새로운 관점에서 서술해야 한다. 논술을 통하여 평가할 수 있는 요소는 창의력, 문제 해결력, 비판력, 판단력, 통합력, 정보 수집력, 분석력 및 표현력 등 고등사고기능을 평가할 수 있다(서울시 교육청, 2010).

논술은 형식상 일반적인 글쓰기의 원리가 적용된다. 하지만 발견한 문제를 언어라는 매개체를 통하여 논리적이고 창의적으로 표현하기 위해서는 일반적인 글쓰기의 원리뿐만 아니라 논리적인 글쓰기의 원리도 알아야 한다. 제2부에서는 글쓰기 전반에 대하여 체계적으로 다루고 이해하고자 한다.

논술의 핵심은 논점과 쟁점 파악이다. 논술은 반대의견 속에서 자신의 주장을 정리하고 상대방의 의견을 논리적으로 반박하는 것이기 때문에 이러한 논리적 설득과정에서 논점과 쟁점이 우선 파악되어야 한다(김영실 · 윤진주, 2012).

논증이란

논점

1) 논점은 논의하고 있는 문제의 핵심적인 부분으로 논술문에서 논의의 초점을 의미한다.
2) 논점은 자신이 작성하는 논술문의 방향이기 때문에 일관성이 유지되어야 한다.
3) 논술문에서 자신의 견해를 결정했다면, 그 주장에는 구체적이고 정확한 논점이 있어야 한다.

쟁점

1) 쟁점은 서로 다른 의견이 충돌하여 대립하는 것을 의미한다.
2) 쟁점은 서로 다투는 중심축으로, 대립하는 주장 중의 하나를 선택했다면 상대방의 의견을 이성적인 관점에서 비판해야 한다.

2. 논술의 교육적 목표

논술에서의 교육적 목표는 다음과 같다(중앙일보 에듀라인, 2011.6.17.).

① 세상에서 일어나는 일을 크게 보는 안목을 기르고, 상황에 대한 분별력을 갖추게 하려는 데 있다.
② 양질의 책을 많이 읽어 인류의 정신 · 역사 · 문화적 자산을 공유하게 하여 시민으로서 공통의 감각을 유지하도록 하는 데 있다.
③ 인간사의 중요한 문제들에 대해서는 견해가 엇갈리는데, 그 이유를 통찰하고 스스로 주관을 세워 균형감각을 유지하는 데 있다.
④ 자기 나름의 견해가 정립되었으면 다른 의견도 있을 수 있다는 사실을 고려해 자기 생각을 조리 있게 표현함으로써 공동체 생활에 적극적으로 참여할 수 있도록 하는 데 있다.

3. 논술능력의 구성요소

논술의 기본적인 구성요소는 학자에 따라 견해가 조금씩 다르나, 종합해 보면 기본적인 구성요소는 다음과 같다(김영실·윤진주, 2012).

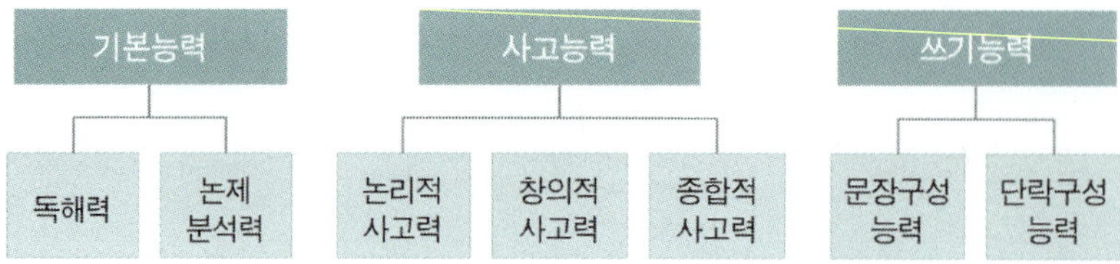

그림 3-1 논술능력의 구성요소

1) 기본능력

기본능력에는 독해력, 논제 분석력이 있다. 이들 능력에 대하여 살펴보면 다음과 같다.

기본능력

구분	내용
독해력	• 독해력은 텍스트의 정보를 이해하고 지식이나 정보를 찾아내어 새로운 의미로 구성하는 능력이다. 글을 잘 쓰기 위해서는 잘 읽는 능력이 중요하다. 글을 효과적으로 읽기 위해서는 글의 중심내용, 즉 글의 논지가 무엇이고 그것을 뒷받침하는 논거가 무엇인지부터 파악해야 한다. 독자는 배경지식을 바탕으로 주어진 자료를 주관적으로 이해하기 때문에 제시문에 대한 해석은 독자마다 다를 수 있다. 그러나 제시문에서 공통으로 주장하는 내용을 파악하기 위해서는 제시문에 나타난 지식과 정보를 찾아내어 해석하는 독해력이 필요하다. • 독해력을 키우는 방법으로는 다양한 종류의 책을 정확하게 많이 읽어보는 것이 가장 중요하며, 읽어가면서 중간마다 글의 내용을 요약하거나 스스로 글의 내용과 관련된 질문을 만들어보는 것이 효과적이다(서울시 교육청, 2007).

구분	내용
논제 분석력	• 논제 분석력은 제시문의 논제가 무엇인지 정확하게 파악하는 능력이다. 논제는 논술문을 작성할 때 일관성 있게 논의하는 논술의 주제이다. 논제가 무엇인지 정확하게 분석하는 것은 논술문의 시작이자 끝으로 실제 논술문의 작성에서 매우 중요하다. 논제를 정확하게 파악하지 못하면 글의 방향을 설정하는 데 어려우며, 글을 쓰는 데도 일관성이 사라져 설득력을 잃게 되어 심한 경우에는 '배가 산으로 간다.'는 말처럼 제시된 논제와는 전혀 다른 글이 되기도 한다. • 그러므로, 논제를 분석하는 데 있어서 '이것도 좋고, 저것도 좋다.'는 식의 중도적인 입장은 자신의 논점을 흐리게 하는 요인이 된다. 상대 주장의 장점에 대한 언급도 자신의 주장을 강화하거나 자신이 하는 주장의 약점을 보완하는 근거로 사용해야 한다.

2) 사고능력

사고능력에는 논리적 사고력, 창의적 사고력, 종합적 사고력이 있다. 이들 능력에 대하여 살펴보면 다음과 같다.

사고능력

구분	내용
논리적 사고능력	• 문제를 발견하고 주어진 주제에 대해 자기 생각을 논리적으로 전개하기 위하여, 자신이 주장하고자 하는 바를 타당한 근거로 논증할 수 있는 능력을 말한다.
창의적 사고능력	• 창의력 사고력은 문제해결과정에서 그 방법이 새로우면서도 기존의 해결내용보다 더 좋은 근거를 제시하는 능력을 말한다. 기존의 방법보다 우수해야 한다.
종합적 사고능력	• 종합적으로 문제를 검토할 줄 아는 능력이다. 문제가 되는 상황은 여러 요인 간에 복합적인 관계가 존재하므로, 문제를 검토하기 위해서는 종합적으로 사고할 줄 알아야 한다. 예) 문제에 대한 분석력, 통찰력, 논리적 서술 능력, 비판적 읽기 능력, 문제 해결력, 인식력 등

3) 글쓰기 능력

글쓰기 능력에는 문장구성능력, 단락구성능력이 있다. 이들 능력에 대하여 살펴보면 다음과 같다.

쓰기능력

구분	내용
문장구성능력	• 문장구성능력은 정확한 문법규칙에 기초하여 문장구성요소들을 적절히 결합해 올바르게 표현하는 능력이다. 적절한 어휘를 선정하고 내용전개에 어울리는 문장 표현이 중요하다. 언어규칙을 적용하는 능력, 적절한 어휘사용능력, 정확한 문장구사능력, 제시된 텍스트를 적절하게 응용하는 능력, 논술에 적합한 문체구사능력 등이 요구된다. • 문장구성능력을 향상시키기 위해서는 문장을 간결하게 써보거나, 다양한 형식의 글쓰기 연습을 해보고, 다 써놓은 문장을 다시 읽고 다듬으며 고쳐쓰는 자세를 습관화해야 한다(서울시 교육청, 2007).
단락구성능력	• 단락구성능력은 자신의 생각을 조리있게 하나의 완결된 문장을 구성하는 능력이다. 단락은 글을 내용상으로 끊어서 구분한 하나하나의 토막이다. 내용의 통일성과 일관성을 유지하면서 단락 중심으로 글을 전개해야 한다.

4. 논술의 모형과 배열

1) 논술의 모형

논술에서 논증의 모형은 매우 중요하다. 논증은 흔들리지 않도록 두 개의 닻을 내려야 한다. 그 닻 중 하나는 바로 근거이며, 필요하다면 전제에도 닻을 내려야 한다. 하지만 독자가 그러한 요소를 받아들이지 않는다면 논증은 성공할 수 없다. 근거는 명확하게 제시해야 한다. 독자와 가정을 공유한다면 전제에 대해 굳이 이야기할 필요는 없다. 하지만 논쟁적인 주제를 다룰 때는 전제에 대해 진술해야 한다. 우리가 알아야 할 점은 실제 독자의 생각은 우리가 생각하는 것과 상당히 다르다는 것이다. 그래서 생각하는 것보다 훨씬 더 명확하게 이야기하는 게 현명한 전략이 될 것이다.

논술에서 체계적인 논증의 모형을 제시하면 다음과 같다.

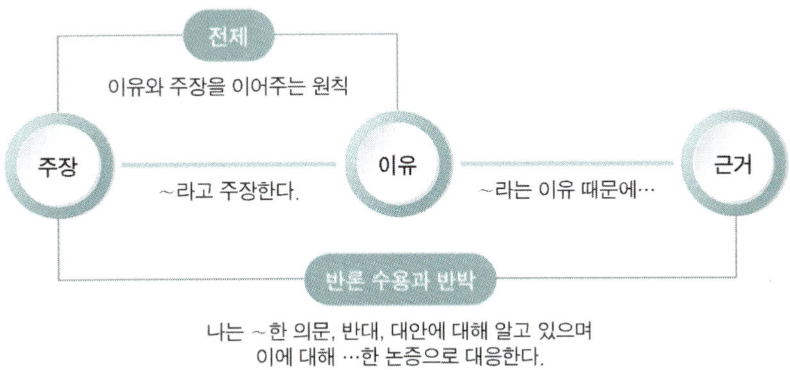

그림 3-2 **논술에 있어서 논증의 모형**

2) 논술의 배열

논술에서 논증요소를 배치하는 순서는 여러 가지가 있을 수 있다. 여기에서는 논술문의 기본배열법인 '서론-본론-결론'의 구조를 이해하는 데 중점을 두고자 한다. 논술에 배치하는 논증요소의 순서는 '주장+이유+근거'다. 주장에 무게가 있을 때는 이유가 많이 필요하므로 '이유+근거'를 필요한 만큼 덧붙인다. 문제와 그 해법을 진술하는 서론과 그 주장을 다시 한번 풀어쓰는 결론 사이에 이들을 끼워 넣는 배치 형식이다. 단순화한 논증계획의 구조는 다음과 같다(이상욱 외, 2009).

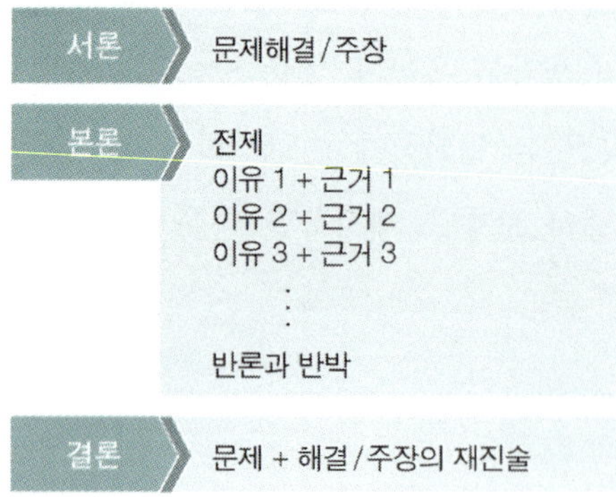

그림 3-3 **단순화한 논증계획 구조**

(1) 서론

논술 전체에 대한 인상은 처음 읽는 서론 부문에 의해 결정된다. 논설이 훨씬 잘 이해되고 더 관심을 기울일 수 있게 하기 위해서는 서론에서 문제와 그에 대한 해법 진술이 명확해야 한다. 그래서 서론은 도입부, 공감대, 문제, 해법의 핵심 네 요소로 구성된다.

① 도입부

재미있는 에피소드, 놀라운 사실, 인용으로 글의 첫머리를 시작하여 독자의 시선을 끄는 전략 부분이다. 해법이 필요한 문제만 제시해도 충분히 관심을 끌 수 있지만, 글의 첫머리에서 문제와 관련한 핵심 개념을 더 분명하게 드러낸다면 크게 도움이 된다. 자연과학, 사회과학 분야의 글쓰기에서는 잘 쓰지 않지만, 인문학에서 많이 쓴다. 반면에 일반 대중을 위한 글쓰기에서는 거의 모두 도입부가 나온다. 논증이 추구하는 핵심주제를 소개할 때, 특히 명백하고 구체적인 사례를 통해 문제를 재현해서 보여 주고자 할 때 도입부는 매우 큰 효과를 발휘한다.

② **공감대**

독자가 문제를 심각하게 받아들이도록 만드는 글의 맨 처음을 장식하는 장치다. 이것은 곧바로 뒤집기 위해 진술하는 것이다. 실용문제에서는 독자가 동의할 수 있는 공감대를 제시하고 나서 우리는 '무언가 변했다'고 진술함으로써 이를 뒤집는다. 진술을 뒤집을 때는 '하지만', '그러나'와 같이 앞에서 말한 것을 뒤집거나 한정하는 말을 이용하여 현 상태를 불안하게 만든다. 실용문제에서는 '독자가 쉽게 받아들일 수 있으면서 글쓴이가 바로 뒤집을 수 있는 것'이면 무엇이든 공감대로 쓸 수 있다. 개념문제에서는 대개의 사람이 옳다고 믿는 지식이 완전하지 못하거나 잘못되었다고 진술함으로써 공감대를 만들어 낸다.

③ **문제**

모든 서론의 핵심적인 문제를 진술하는 부분이다. 문제를 정확하게 진술하려면 문제의 불안정한 조건과 이에 따른 실질적인 손실이나 지적인 결과를 진술해야 한다. 따라서 문제는 불안정한 조건과 그 조건에서 기인한 손실이나 결과 두 부분으로 구성된다. 그러나 같은 구조인 것 같지만, 문제의 종류에 따라 그 구조에 들어가는 내용은 다르다.

실용문제의 경우에는 불안정한 조건은 손실이 나타나는 모든 상황, 조건, 사건이 될 수 있다. 손실은 '~그래서 어쨌다고?'라는 질문에 대답하는 내용이다. 이 대답은 언제나 불행, 고통, 우울, 손해와 같은 형태로 나타난다. 글쓴이는 물론 독자들도 피하고 싶어 하는 것이다.

개념문제의 경우에는 불안정한 조건은 언제나 지식의 어떤 틈새나 이해의 부족이다. 그 틈새의 결과가 '그래서 어쨌냐고?'라는 질문의 해답이다. 그 해답은 언제나 또 다른 지식의 틈새나 이해의 부족으로 나타난다. 하지만 이는 처음 질문에서 자연스럽게 이어지는 결과이며, 처음 질문보다 훨씬 중요한 내용이다.

④ 해법

핵심문제가 나오면 독자들은 대개 그에 대한 해법이 무엇인지 간단하게나마 알고 싶어 한다. 따라서 서론 끝부분에는 반드시 해법의 요점이 나와야 한다. 실용문제의 해법은 어떤 행동을 하도록 호소하거나 암시하는 것이고, 개념문제의 해법은 어떤 질문에 대한 대답이다. 즉, 나머지 논증에서 해법에 도달하는 데 사용할 몇몇 핵심 개념을 소개하는 최소한의 문장이다.

문제유형에 따른 서론구조

논증 유형	서론
개념문제/문제제기 논증 ✍ 문제가 존재한다는 것을 보여주기 위한 논증	• 도입부+공감대+문제(불안정 조건+주장)
실용문제 / 문제해결 논증 ✍ 문제를 해결하기 위한 논증	• 도입부+공감대+문제(불안정 조건+손실)+해법 주장

그러나 서론의 구조를 간단하게 세 구조로 설명하는 경우도 있다. 서론은 대개 탐구해야 할 물음이나 문제를 제기하고 그 문제가 야기되는 배경을 소개하며 해결책을 제시하는 글의 시작 부분이다. 그래서 서론은 '배경-문제-해결책'의 구조로 이루어진다. 이 중 배경과 관련해서는 독자의 주의를 끌 만한 요소들을 제시하는 것이 좋다. 그런 요소들로는 개인이나 집단의 일화, 적절한 인용, 놀랄만한 통계나 기술, 일반적으로 알려지거나 승인되는 진술이 아닌 대담한 진술 등이 제시된다. 그 다음에 핵심문제가 제시되고, 이 핵심문제에 대한 답이나 해결책을 표현하는데, 이것을 논제(thesis statement)라고 한다.

(2) 본론

논술의 본론은 논제의 주장을 뒷받침함으로써 서론에서 제기한 핵심 물음에 구체적으로 답하는 중간 부분이다. 논제가 어떤 주장에 대한 범주들을 제공한다면 본론은 개별 문단을 통해 각각의 범주에 대해 논의를 하는 영역이다. 각 문단에서 각 범주의 신호임을 나타내면서 그 문단의 핵심 관심사를 가리키는 문장을 제시하면 유용하다. 그 문장을 주제문(topic sentence)이라고 한다. 주제문은 무엇보다도 독자에게 글의 조직이나 구성을 명료하게 이해하게 해준다. 그리고 필자의 입장에서도 그 문단의 주제, 즉 하위범주에 머무르게 하는 데 도움이 된다. 주제문이 없으면 필자는 주제를 잃어버리고, 헤매기 쉬우며, 그래서 독자를 혼란스럽게 한다. 혼란에 빠진 독자는 필자가 말하는 것을 이해하지 못할 것이다.

각 문단에서 주제문의 내용을 설명하거나 주제문의 근거나 이유로 작용하는 문장이다. 이러한 문장들을 뒷받침문장(supporting sentence)이라 한다. 이런 주제문과 뒷받침문장들은 서로 결합해 논증을 이룬다. 논증이란 전제와 결론으로 이루어진 진술들의 집단이다. 그래서 주제문이 결론이라면 뒷받침문장들은 그 결론에 대한 근거나 이유 역할을 하는 전제들이다. 즉, 논설문에서 본론의 각 문단들은 전제와 결론으로 이루어지는 논증이라는 것이다.

(3) 결론

결론은 논술의 전제 내용을 정리하는 부분이다. 그러므로 서론을 활용하여 논제를 재진술하고, 쟁점이나 함의나 귀결을 진술하면서 행동방침을 요구하는 내용을 적은 논술의 마지막 부분이다. 논제의 재진술은 가능한 한 가장 간단한 형태로 하면 된다. 서론을 활용하여 결론을 다음과 같이 정리할 수 있다.

- 주요 주장의 핵심을 진술(또는 재진술)함으로써 결론을 시작한다(서론에서 주요 주장을 쓰지 않았을 때는 여기서 처음 진술한다).

- '그래서 어쨌냐고?'라는 질문에 가능한 한 새로운 방식으로 대답함으로써 이 문제가 왜 중요한지 설명한다.
- 앞으로 해결해야 할 다른 질문이나 문제들, 아직 밝혀지지 않은 문제를 진술하라. 어떤 점을 덧붙여야 하는지 자신의 논증이 어떤 부분에서 불완전한지 덧붙인다.
- 도입부에서 던졌던 에피소드, 사실, 인용을 다시 언급하며 글을 마친다. 이것을 종결부라고 한다.

논술의 배열(서론-본론-결론)에 따라 다음의 글을 읽고 논술문 개요 작성을 이해해 보자.

논술문 (예시)

지방대학 변화와 혁신만이 살길이다

지금은 변화와 혁신의 시대다. 2015년을 기점으로 2020년까지 학령인구는 30만명 이상 급격히 감소한다고 한다. 이쯤 되면 수도권을 제외한 지방대학들이 우수학생 모집은 그만두고라도 100% 학생충원도 쉽지 않을 듯 보인다. 지방대학이 변화해야 하는 가장 큰 이유이다. 교육과학기술부는 대학입학정원 관련 수요·공급의 불균형문제를 해소하기 위해 대학 간 통합유도, 대학기관인증평가, 대학정보공시, 우수대학 국가재정지원사업, 부실대학평가 등을 본격 가동시키고 있다. 이는 매년 대학에 입학할 학령인구보다 대학입학정원이 더 많은 비대칭문제를 해소하기 위한 정책적 의미가 담겨 있다.

지방대학이 생존경쟁에서 살아남고 발전하기 위해서는 변화와 혁신을 해야 한다. 하지만 현실적으로는 변화와 혁신의 실행 없이 구호만을 외치거나, 일회성 정책 또는 외부 전시용으로 그치는 경우가 많다. 어떻게 하면 현실에 안주하려는 타성을 극복하고 '끊임없는 변화와 혁신에 성공할 수 있을까?'를 반문해야 한다.

GE의 유명한 모토 가운데 'P×A=E'라는 게 있다. P는 최고의 성공가치(Best Practice), A는 받아들이는 마음(Acceptance), E는 효과(Effectiveness)를 나타낸다. 즉 아무리 좋은 성공가치를 대학에 도입하려고 해도(예를 들어, P가 100%라고 하여도), 교직원들이 팔짱만 끼고 '얼마나 잘하는지 보자'라는 자세를 가지고 있다면(예를 들어, A가 0%라고 한다면) 변화와 혁신의 효과(E)는 하나도 없게 된다. 소프트웨어적인 변화를 이루는 가장 기본은 대학경영자와 교직원 모두가 상하좌우의 수평과 수직라인을 존중하고 받아들이는 마음, 즉 수용성을 높이는 것이다. 그렇다면 교직원들이 어떻게 하면 수용하도록 할 것인가? 여러 대안 중에서 소프트웨어적인 측면을 피력코자 한다.

첫째, 교직원을 포함한 조직문화가 열린 문화, 수용하는 문화, 배우는 문화인 학습조직(learning organization)이 되어야 한다. 모르는 것이 부끄러운 게 아니라, 배우지 않는 것이 부끄러운 문화가 되어야 한다. 배우는 대상이 경쟁관계의 타 대학이 될 수도 있고, 바로 옆에 앉은 동료일 수도 있다. 어느 한 사람에 의해 좌지우지되지 않고 대학경영자와 교직원 모두가 서로 배우고, 목소리를 내고, 수용적인 태도를 보이는 역동적인 대학문화를 만들 때 어떤 위기에서도 대학을 지탱시킬 파워가 생기는 것이다.

둘째, 변화와 혁신은 익숙한 현실과 결별하는 것이기 때문에 저절로 이루어지기는 어렵다. 최고 대학경영층이 열정을 가지고 추진하되 전 교직원이 참여할 수 있도록 하여야 한다. 전 교직원의 참여를 유도하고 변화가 지속될 수 있으려면 변화와 혁신 후에 이루어질 구체적인 비전과 혜택을 공유하고 같이 성장할 수 있도록 커뮤니케이션이 이루어져야 한다. 즉, 신뢰와 함께 공정한 대학가치, 정보공유가 무엇보다 전제돼야 하겠다.

셋째, 변화와 혁신을 대학 최고경영층은 새로운 규제와 관리를 통해 이루려 하기보다는 교직원의식에 기초한 선택의 자유의 확산을 통해 이루도록 하여야 수용성도 높아지고 지속 가능해진다. 그러기 위해서는 교직원뿐만 아니라 고객인 학생들의 목소리까지도 적극 경청하여 반영하려는 의지와 신념이 있어야 한다. 또 선택된 가치는 적극 추진하여 새로운 가치와 경쟁력을 만들고, 이를 선순환해 위기의 대학에서 명품대학으로 업그레이드해야 한다.

결론적으로, 지방대학이 살길은 변화와 혁신뿐이다. 그것도 교직원의 변화 없이는 불가능하다. 누구나 대학명만 들어도 인식할 특성화된 지방대학의 이미지로의 변화, 이것만이 지방대학이 사는 유일한 길이다. GE의 모토는 그 해답을 말해주고 있다. 지방대학이 '사느냐 죽느냐'의 문제는 오롯이 대학의 몫이다.

출처: 김희수. 강원일보 6면, 2011.5.4일자.

논술문의 개요작성 이해

주제: 지방대학 변화와 혁신만이 살길이다	
서론	• 도입부: • 공감대: • 문제: • 해법:
본론	• 이유 1 + 근거: • 이유 2 + 근거: • 이유 3 + 근거:

결론	• 문제 + 해결 • 주장의 재진술

5. 논술문의 작성

1) 작성원칙

논술문을 작성하는 데에는 몇 가지 원칙이 있다. 이를 구체적으로 살펴보면 다음과 같다(김영실 · 윤진주, 2012).

논술문 작성원칙

원칙	내용
논리적인 순서에 따라 글 전개하기	• 일반적으로 '문제제기-원인분석-대안제시-근거제시'의 논리적 순서에 따라 글을 전개해야 한다. 가령, 자신이 아는 것을 순서대로 나열하는 방식의 글은 좋은 글이 아니다.
수식어 남용하지 않기	• '멋있는', '슬픈', '억울한' 등과 같은 감정과 관련된 수식어를 남용하지 않는다. 논술의 초점은 타인을 합리적으로 설득하는 것에 있지, 감정에 호소하는 것이 아니다. 지나치게 자극되는 수식어의 사용은 자제한다.
명료하게 표현하기	• 문장의 마지막을 "~인지 모르겠다.", "~일 수 있다고 생각한다." 또는 "~일 것 같다." 등으로 끝맺음하는 것은 자신이 주장하는 바를 상대방에게 정확하게 전달하지 못한다. 어떤 주장인지를 분명하고 명료하게 해야 한다.
복합문장의 사용 자제하기	• 어떤 문장은 주어가 어디에 있는지 분간하기 어려울 정도로 긴 경우가 있다. 문장을 늘리기 위해 과도한 접속사를 사용하는 것은 자제해야 한다.

원칙	내용
낡은 표현 남발하지 않기	• 고사성어도 적재적소에 사용해야지, 자칫하면 낡은 표현이 될 수 있다. 오히려 문장의 내용과 인용된 고사성어의 내용이 일치하지 않으면 설득력이 떨어진다.
글 전체의 내용 먼저 이해하기	• 글 전체에 대한 요약을 먼저 해보고, 다음에 각 항목을 한 문장 정도로 요약해서, 전체와 부분의 조화가 이루어지도록 글을 쓴다. 전체에 대한 구도가 설정되어 있지 않은 상태에서 써 내려가는 글은 내용의 통일성을 유지하기 어렵다.
장황하게 설명하지 않기	• 자신이 주장하고자 하는 핵심에 구체적으로 접근해야 한다. 논술 작성자는 많은 시간을 들여 글을 작성하겠지만, 그것을 읽는 독자는 그만큼의 시간을 할애하지 않는다. 자신의 주장에 대한 배경지식을 장황하게 늘어놓다가 정작 주장의 핵심을 놓칠 수 있다.
정성들여 글쓰기	• 논술문을 작성하는 데 있어서 중요한 요소 중의 하나가 글을 정성 들여 쓰는 자세이다. 정성 들여 쓴 글은 글의 신뢰감을 더욱 높인다.
극단적인 결론 내리지 않기	• 지나치게 극단적인 결론이 위험하다는 것은, 그 극단적인 결론을 증명하는 데 필요한 근거제시가 어렵기 때문이다. 물론 근거만 제시할 수 있다면 얼마든지 파격적인 결론이 가능하다.

2) 간결한 글을 쓰는 법

논술문에서 간결한 글을 쓰기 위해서는 반복과 혼란, 의미 분해, 의미 함축 등과 관련하여 고심을 해야 한다. 이를 살펴보면 다음과 같다.

간결한 글을 쓰는 법

구분	내용
반복과 훈련	• 똑같은 말을 두세 번씩 반복하거나 별다른 의미도 없는 '빈말'을 쓰면 글이 장황해진다. 다음은 글을 어수선하게 만드는 대표적인 어휘들이다. 빼버려도 의미가 달라지지 않는 경우가 많다. - 그(지칭), 어떤, 정말, 특정한, 사실상, 실제로, 기본적으로, 전반적으로, 일반적으로 등 • 똑같은 의미를 반복해서 사용하는 전형적인 어휘들이다. 이런 어휘는 아예 쓰

구분	내용
	지 않는 게 좋다. - 완전무결한, 믿고 신뢰할 수 있는, 대부분, 빈틈없이 신중한, 언제나 항상, 지나친 과소평가 등
의미 분해	• 단일한 의미를 여러 의미 기준으로 나누어 긴 문장으로 만들면 여러 어휘를 거쳐 읽어나가는 과정에서 뚜렷했던 의미가 흐릿해지고 만다. 반대로 문장을 짧게 쓰면 언제나 생생한 단어를 사용할 수 있다. 다음 예를 비교해 보자. 예) ~우리 형 만나 볼래? ~우리 부모님의 자녀 중에 나보다 나이 많은 남자를 만나 볼래?
의미 함축	• 다른 어휘 속에 들어 있는 의미를 또다시 진술하여 글을 장황하게 만드는 경우도 있다. 하지만 중요한 정보를 빠뜨리면서까지 짧은 문장을 만드는 것은 의미 함축이 아니다. 다음 문장을 비교해 보자. 예) ~누군가 서바이벌 게임을 위한 규칙과 전략을 배운다고 상상해 보라. ~서바이벌 게임 법을 배운다고 상상해 보자.

3) 생생한 글을 쓰는 법

논술문에서 생생한 글을 쓰기 위해서는 적절한 감정 선택, 표현, 이미지 연상 어휘, 의도적인 보편적 진술에 관심을 가져야 한다. 이를 살펴보면 다음과 같다.

생생한 글을 쓰는 법

구분	내용
적절한 감정 선택	생생한 글을 쓰려면 될 수 있는 대로 중간 정도의 수준의 문체를 선택하는 게 좋다. 이렇게 글을 쓰다가 의도적으로 가끔 '격식 있는 표현'이나 '친밀한 표현'을 사용하면 그 효과가 크게 나타난다. 말을 구분하는 기준은 다양하지만, 다음의 범주를 살펴보자. • 속어/일상어/격식어: 뒈지다/죽다/사망하다 • 중립적/감정적: 임신중절/낙태/태아살해 • 토착어/외래어: 시험/테스트 • 일반적/학문적: 배/복부 • 보편적/구체적: 가축/강아지

구분	내용
추상적인 표현 vs. 구체적인 표현	• 생생한 글쓰기의 가장 중요한 비결은 우리 마음속에 '이미지'를 불러일으키는 어휘나 표현을 선택하라는 것이다. 지시 대상을 쉽게 불러올수록 생명력은 더 향상된다. 보편적인 글쓰기와 구체적인 글쓰기를 적절히 배합하여 쓰는 것도 좋다.
이미지 연상 어휘	• 모든 인간의 언어에는 구체적이면서도 특별히 이미지를 더 쉽게 떠올릴 수 있는 어휘들이 체계적으로 존재한다. 예를 들면, '물건-무기-권총'에서 우리는 '권총'이라고 하는 단어에서 가장 뚜렷한 이미지를 떠올린다. 다양한 언어 중에서 우리가 아는 것일 때에만 좀 더 구체적인 이미지를 불러일으킨다.
의도적인 보편적 진술	좋은 글을 쓰기 위해서는 이리저리 맞춰 보며 적당한 수준을 찾는 수밖에 없다. 너무 보편적이지도 않고, 너무 구체적이지도 않은 적당한 표현을 찾는다. '적당한 수준'이 막연하게 느껴지더라도 다음 두 가지 원칙만 명심한다면 쉽게 찾을 수 있을 것이다. • 예, 근거, 설명은 구체적이고 뚜렷한 생생한 언어로 진술해야 설득력이 높아진다. • 보편적인 원칙, 가치, 가정은 보편적인 언어로 진술해야 설득력이 높아진다.

6. 논술문의 평가

논술문의 평가는 평가관점, 평가기준, 평가척도의 세 가지를 중심으로 살펴보고자 한다. 이를 살펴보면 다음과 같다.

1) 평가관점

글을 쓴 다음에는 평가를 받아야 한다. 다른 사람과 의견을 나누지 않으면 무엇이 잘못되었는지 모르고 자기만의 생각이 옳다는 독단에 빠지게 된다. 다른 사람과 글을 바꿔 읽으면서 서로의 글을 평가하고 평가받게 되면 글쓰기 능력이 향상된다. 논술문을 평가하는 데에는 몇 가지 관점이 존재한다. 논술문의 평가관점을 제시하면 다음과 같다(전라북도교육청, 2006).

① 주제에 맞는 제목인가?

② 글감(소재)에서 주장이나 필요성에 관련된 적절한 경험과 사실 선정을 바르게 하였는가?

③ 주장하는 의견과 이유가 적절한가?

④ 글의 중심생각이 확실히 드러나 있는가?

⑤ 논술문의 형식에 맞게 쓰였는가?

⑥ 글의 문단이 적당한 길이로 짜여 있는가?

⑦ 글의 처음과 끝맺음 부분이 효과적으로 처리되었는가?

⑧ 정확하고 간결한 문장으로 쓰였는가?

2) 평가기준

논술문을 평가하려면 올바른 평가기준과 그에 따른 이해가 있어야 한다. 평가기준은 글의 유형, 평가목적이나 평가자의 주관에 따라 매우 다양하다. 논술문의 평가기준을 제시하면 다음과 같다(전라북도교육청, 2006).

① 제목과 내용이 일치하는가?

② 주제가 명확하게 나타나 있는가?

③ 제재는 주제를 효과적으로 전개함에 적절한가?

④ 글의 짜임이 분명한가?

⑤ 표현방식을 알고 효과적으로 표현했는가?

⑥ 낱말선택은 바른가?

⑦ 문법에 맞는 글인가?

⑧ 정서법(맞춤법, 띄어쓰기, 문장부호)에 맞는가?

⑨ 글의 목적이나 종류에 알맞은 표현과 형식을 갖추고 있는가?

⑩ 읽는 이에게 흥미와 감동을 주는가?

3) 평가척도

논술문의 효과를 극대화하기 위해서는 적절한 평가방법과 객관적인 평가척도가 필요하다. 논술문 평가척도(자기진단용 예시)를 제시하면 다음과 같다(전라북도교육청, 2006).

논술문 평가척도(자기진단용 예시)

<table>
<tr><th>항목</th><th>내용</th><th colspan="6">세부내용</th><th>점수</th></tr>
<tr><td rowspan="3">주 제</td><td rowspan="3">충분한 생각을 하였습니까?</td><td colspan="6">1. 여러 가지 면으로 생각을 많이 했다.</td><td>3</td></tr>
<tr><td colspan="6">2. 대충 간단히 생각을 했다.</td><td>2</td></tr>
<tr><td colspan="6">3. 그냥 써내려갔다.</td><td>1</td></tr>
<tr><td rowspan="3">구 성</td><td rowspan="3">구성을 어떻게 하였습니까?</td><td colspan="6">4. 구상 메모지로 자세히 구상했다.</td><td>3</td></tr>
<tr><td colspan="6">5. 대략적인 구상만 했다.</td><td>2</td></tr>
<tr><td colspan="6">6. 구상을 하지 않고 썼다.</td><td>1</td></tr>
<tr><td rowspan="3">내 용</td><td rowspan="3">내용이 참신하다고 생각합니까?</td><td colspan="6">7. 잘 아는 주제여서 아주 잘 되었다.</td><td>3</td></tr>
<tr><td colspan="6">8. 보통이라고 생각된다.</td><td>2</td></tr>
<tr><td colspan="6">9. 아는 것이 별로 없어 잘못되었다.</td><td>1</td></tr>
<tr><td rowspan="3">태 도</td><td rowspan="3">정성을 기울여 썼습니까?</td><td colspan="6">10. 다시 자세히 읽으며 퇴고를 했다.</td><td>3</td></tr>
<tr><td colspan="6">11. 대충 한번 읽어 보았다.</td><td>2</td></tr>
<tr><td colspan="6">12. 퇴고하지 않았다.</td><td>1</td></tr>
<tr><td colspan="2">총 계</td><td>상</td><td>10~12</td><td>중</td><td>7~9</td><td>하</td><td>4~6</td><td></td></tr>
</table>

PART 02

유아교사를 위한 논리·논술의 실제

제2부 유아교사를 위한 논리·논술의 실제에서는 예비유아교사 및 현장교사의 실천적 능력을 기르기 위한 문장, 문단, 다양한 표현법, 어문 규범, 원고지 사용법, 논술문제 해결하기 등을 수록하고 있다. 4장은 문장 성분과 문장 구성에 대하여, 5장은 문단 구성 및 문단 구조에 대하여, 6장은 논술에서 주장을 강조하기 위한 다양한 표현법에 대하여, 7~8장은 글쓰기의 근간인 어문 규범과 원고지 사용법에 대하여, 9~10장은 글쓰기 및 논술의 실천적 능력을 갖추기 위한 내용을 수록하고 있다.

제2부를 마치고 나면, 기본적으로 논술에 대한 자신감과 함께 논술과 관련된 제반 능력을 갖출 수 있을 것이다.

Chapter 04

문장 익히기

세부 내용	• 단어에 대한 개념과 선택요건 이해하기 • 문장의 개념과 구성 등 이해하기	
학습 목표	• 단어에 대한 개념과 선택 요건을 알 수 있다. • 문장의 개념과 성분에 대하여 알 수 있다. • 문장의 기본구조와 구성을 알 수 있다. • 문장의 종류, 진술방식, 유형 및 특징을 구분할 수 있다.	
단계	교수 · 학습 활동	자료
도입 단계	• 문장 익히기에 대한 동기 유발 - 문장의 개념과 성분에 대해 떠오르는 생각을 말해보기 - 문체의 유형과 특징을 알아보기	
전개 단계	• 단어의 개념과 선택요건을 설명하기 • 문장의 개념 설명 및 수행 유도하기 - 문장의 개념과 성분, 문장의 기본구조와 구성, 문장의 종류, 문장의 진술 및 논증방식, 문체유형 및 특징 설명하기 - 연습문제를 통해 이해하기: 수행 유도하기	원고지
정리 단계	• 수업 소감 발표 및 정리 - 연습문제 수행결과에 대한 2~3명 발표하기 - 문장 익히기에 대하여 총괄 정리	

1. 단어

1) 단어의 개념

국립어학원의 「표준어 국어 대사전」에 '단어(單語)'는 분리하여 자립적으로 쓸 수 있는 말이나 이에 준하는 말, 또는 그 말의 뒤에 붙어서 문법적 기능을 수행하는 말로 정의하고 있다. "분리하여 자립적으로 쓸 수 있는 말"이라는 개념에는 '일정한 뜻을 담고 있다'라는 의미가 담겨 있다. 그러므로 단어는 "스스로 일정한 뜻을 담고 있고, 분리하여 자립적으로 쓸 수 있는 말이나 이에 준하는 말, 또는 그 말의 뒤에 붙어서 문법적 기능을 나타내는 말"로 개념 지울 수 있을 것이다.

글쓰기 과정에서 단어는 내용을 구성하고 형식을 갖추는 기본 단위이다. 단어는 문장과 문단, 완결된 글의 내용을 구성하는 요소이면서 맞춤법, 띄어쓰기와 같은 글의 형식을 갖추는 기본요소이기 때문이다. "간결한 표현과 핵심을 정확하게 찌르는 단어와 문장의 선택은 수사학의 기본"이라는 말에서도 알 수 있듯이, 글쓰기의 성패는 어떠한 단어를 선택해서 그것들을 어떻게 결합하느냐에 달려 있다고 해도 틀린 말은 아니다.

우리가 '공부를 한다는 것' 또는 '무엇을 알아간다는 것'은 곧 단어를 알아간다는 것이고, 그것은 곧 단어의 의미를 알아가는 것이고, 새로운 단어를 만들어가는 일과 다르지 않다. 한 사람의 지적 수준은 그 사람이 알고 활용하는 단어의 양과 질에서 결정된다는 것이므로 결코 과장된 말이 아니다.

2) 단어 선택의 요건

단어는 스스로 일정한 뜻을 담고 있기 때문에 문장을 이루는 기본 요소이다. 내용과 표현의 충실성과 정확성, 경제성, 명료성, 독창성, 타당성 등 좋은 글이 갖추어야 할 요건들은 단어의 선택과 밀접한 관련이 있다. 따라서 좋은 문장, 더 나아가 일관되고 완결된 문단과 글을 이루기 위해서는 단어를 적절하게 선택하는 일이 무엇보다 중요하다. 문장을 구성하는 단어의 뜻이 명료하지 않거나 문맥에 어울리지 않을 경우, 그 문장은 온전할 수 없으며, 글의 완결성을 떨어뜨릴 수밖에 없다.

단어를 선택할 때는 다음과 같은 점에 유의해야 한다.

첫째, 단어의 뜻을 명확히 파악해야 한다. 올바르지 않은 문장은 그 뜻이나 용례를 확인하지 않고 그저 막연하게 혹은 어림짐작으로 단어를 사용하기 때문이다.

활동 1. 바르게 고치기

① 난 그 사람과는 생각하는 게 틀려.
( )
② 그는 아무 생각 없이 바닥만 쳐다보고 있었다.
( )

둘째, 단어의 용법에 주의해야 한다. 단어가 문장에서 어떤 말과 어울릴 수 있는지 또는 없는지를 잘 판단하고 적절한 상황에 바르게 사용해야 한다.

활동 2. 바르게 고치기

① 영채는 우리대학에서 가장 노래를 잘 하는 학생 가운데 하나이다.
( )
② 그는 행동이나 마음씨가 너무 예쁘다.
( )
③ 이건 저희 나라에서는 볼 수 없는 제품입니다.
( )

셋째, 가능한 한 쉬운 우리말을 쓰도록 한다. 글을 쓰는 사람도 뜻을 알지 못하면서 어려운 용어나 불필요한 한자어나 낯선 외국어, 일본어식 말투를 쓰는 사람이 많다. 이는 의미 전달을 가로막을 뿐만 아니라 자기과시와 허세를 드러내는 인상을 주므로 독자의 거부감을 불러일으킬 수 있다.

활동 3. 바르게 고치기

① 현재 허다한 문제가 간단없이 대두되어 법안의 제정이 지연되고 있다. 조속한 시일 내에 협상을 속개하여 산적한 사안들을 처결할 필요성이 증대되는 시점이다.
( )
② 오랜만에 고향 친구와 해후하였다. 예전에는 서로를 폄훼하던 라이벌 사이였다.
( )
③ 얼마 전 은행에 새로 개설한 구좌의 잔고 내역을 살펴봤다.
( )

넷째, 군더더기 없이 단어를 간명하게 써야 한다. 뜻이 같은 말을 중단해서 쓰는 일이 없어야 한다. 문맥을 통해 앞뒤 관계를 이해할 수 있다면 '그러나', '그런데' 등의 접속어도 될 수 있으면 사용하지 않는 것이 좋다.

활동 4. 바르게 고치기

① 역전 앞에 있는 해변가를 걷고 있는데, 지나치게 과음을 한 듯이 보이는 청년이 내 앞으로 전진해 오고 있다.
( )
② 이번 투표에서 과반수가 넘을 것이라고 미리 예견하였다.
( )

다섯째, 추상적인 단어보다는 구체적인 단어를, 상투적인 표현보다는 독창적인 표현을 찾아 써야 한다. 구체적인 단어, 독창적이고 참신한 표현은 글쓴이와 읽는 이를 더욱 가깝게 연결시켜 이해와 공감을 북돋는 힘을 발휘한다.

활동 5. 바르게 고치기

① 내가 극도의 상실감에 고통 받고 있을 때 사막의 오아시스 같은 반가운 소식이 들렸다.
( )
② 내가 차가운 상실감 속에 축축히 잠겨 있을 때 따뜻한 햇살 같은 반가운 소식이 들렸다.
( )

여섯째, 차별적인 의미를 갖는 단어를 사용하거나 표현을 삼간다. 글의 맥락에 따라 사회적 약자나 소수자, 성이나 인종에 따른 차별적인 요소가 없는지 살펴야 한다.

활동 6. 바르게 고치기

① 푼돈에 눈먼 대기업의 횡포를 참을 수 없다.
( )
② 개방과 지역주의 추세에 적극 대응하지 않으면 통상의 고아로 전락할 수 있다.
( )

2. 문장

1) 문장의 개념

문장(文章, sentence)은 독립적이고 완결된 생각을 담은 최소의 단위이다. 여기에서 '최소의 단위'는 상대적 개념이다. 단어들의 결합인 문장들, 즉 생각의 덩어리들이 모여 문단을 이루고, 그 문단이 결합하여 한 편의 완결된 글을 이루기 때문이다. 문장은 단어들의 결합으로 이루어지는데, 단어 자체를 완결된 생각이라고는 말할 수 없다. 문장의 구성 요소(주어+동사)가 생략되어 있기 때문이다. 글쓰기에서 가장 기초가 되는 과정은 자기 생각을 문장으로 표현하는 단계이다.

생각을 어떻게 전개하는가는 곧 문장을 어떻게 구성해서 연결하느냐의 문제이다. 이는 적절한 단어를 선택하고, 그 단어를 어떻게 결합할 것인가와 맞닿아 있다. 결국, 문장은 선택과 결합에 따라 구성되는데, 이 과정에서 문장성분과 기본 문형, 그리고 문장의 변형과 확장의 형식 등을 익혀 두면 문장을 올바르게 쓰는 데 도움이 된다. 우리말 문장의 기본 구조는 다음과 같다.

문장의 기본 구조

① 주어+동사	꽃이 핀다.
② 주어+(부사어)+서술어	은재가 의자에 앉았다.
③ 주어+보어+서술어	지수는 어른이 되었다.
④ 주어+목적어+서술어	은비는 엄마를 사랑한다.
⑤ 주어+목적어+부사어+서술어	경희는 준서를 천재로 여긴다.

서술어에 따라 필수적인 문장성분이 있으므로 그것이 빠지지 않도록 주의하여야 한다. 문장에 꼭 필요한 '목적어나 보어 등의 성분이 빠지지 않았는가?, 그 배열의 순서는 어떠한가?' 등의 문제에 세심한 주의를 기울여야 한다.

2) 문장성분

문장을 이루는 요소는 주어, 서술어, 목적어, 보어, 부사어, 관형어, 독립어라고 불리는 문장성분이다. 우리말 문장성분은 다음의 일곱 가지에 대하여 살펴보자.

(1) 주어

문장에서 행위나 상태·성질의 주체 역할을 한다. '무엇이'에 해당하는 부분이다. 주로 조격조사 '~은(는), ~이(가), ~께서, ~에서'의 조사가 붙어 문장의 주체역할을 하는 성분을 '주어'라 한다.

예시

① 바람-이 분다.
② 찬주-가 뛰어 왔다.
③ 달-은 지구의 둘레를 돈다.

(2) 서술어

서술어는 주어와 함께 문장을 이루는 가장 필수적인 성분으로서, 주어의 행위나 상태, 성질, 속성을 표현하는 말이다. 서술어는 서술 대상으로서의 주어를 서술하는 것은 물론이고, 목적어나 보어 등의 출현 여부를 결정한다. 그러므로 서술어는 가장 중요한 문장성분이라고 할 수 있다(류성기, 1999).

① 서술어의 표시

기본적으로 동사와 형용사가 서술어로 사용되며, '명사-이다'도 동사나 형용사와 같이 서술어의 구실을 한다. 또한, 명사와 같은 구실을 하는 말이 아니더라도 '이다'가 뒤에 붙으면 그 전체는 서술어의 기능을 하게 된다.

예시

① 근혜가 <u>웃는다.</u>
② 경희는 참 <u>예쁘다.</u>
③ 여기가 <u>부산이다.</u>
④ 부산시는 <u>여기부터이다.</u>

신문 기사나 광고, 메모 등에서 쓰이는 문장 중에서 명사에 '-하다'가 붙거나, 명사에 '-이다'가 붙어서 된 서술어의 경우에는 '하다'나 '이다'가 생략되기도 한다.

예시

① 미국 대통령은 예정대로 서울에 도착
② 부산시의회는 시장의 의견에 찬성

② **서술어의 위치**

한국어에서 서술어는 문장의 맨 끝에 놓이는 것이 정상적이다. 그러나 강조의 의미를 나타내기 위한 특별한 상황에서는 서술어를 문장 끝에서 앞으로 끌어내기도 한다.

예시

① 유라가 썼다, 그 가사를.
② 썼다, 유라가 그 가사를.
③ 썼다, 그 가사를, 유라가.
④ 그 가사를 썼다, 유라가.

③ **서술어의 생략**

서술어는 문장의 필수적 성분이므로 원칙적으로 생략할 수 없다. 다만, 앞의 문맥에 의해 생략된 서술어가 무엇인지 알 수 있을 때 생략할 수 있다.

예시

① 여진: 현주는 지금 어디 있을까?
② 난영: 부산(에).

(3) 목적어

목적어는 서술어가 표현하는 행위의 대상이 되는 말을 일컫는다. '~을(를)'의 조사가 붙어 문장에서 대상이 되는 성분이다. 서술어가 어떤 것인가에 따라 목적어의 필요 여부가 결정된다. 다음의 목적어에 대한 성분을 살펴보자(곽재용, 1997).

① 목적어의 표시

목적어는 명사나 명사 구실을 하는 말의 뒤에 목적격 조사 '을/를'을 붙여서 표시한다.

예시

① 난영이는 추리소설-을 좋아한다.
② 미연이는 엄마-를 사랑한다.

명사 이외에도 대명사, 의존명사 등도 목적어가 될 수 있다. 그 예는 다음과 같다.

예시

① 준서가 <u>그녀를</u> 좋아한다.
② 그녀는 더러운 <u>것을</u> 싫어한다.

뿐만 아니라, 명사절이나 하나의 완전한 문장의 뒤에 목적격 조사가 붙어 전체 문장의 목적어로 쓰일 수도 있다.

예시

① 그들은 <u>내가 떠나기를</u> 바란다.
② 그는 <u>자신이 실수했음을</u> 인정하고 있다.
③ 나는 <u>내가 할 수 있는 일이 무엇인가를</u> 생각해 보았다.

그리고 주어의 경우와 마찬가지로 목적어 역시 목적격 조사 없이 문장에 나타나는 경우가 있는데, 목적격 조사가 생략되어도 어느 것이 목적어인지가 분명한 경우에는 문장에 나타나지 않아도 된다.

② 목적어의 위치

목적어는 타동사인 서술어 앞에 오는 것이 보통이다. 하지만 약간의 다양한 의미 변화를 주기 위해 목적어는 다양한 위치로 이동할 수 있다.

예시

① 일기를 아사가 쓴다.
② 쓴다, 아사가 일기를.
③ 일기를 쓴다, 아사가.
④ 쓴다, 일기를 아사가.

한편, 목적어와 서술어 사이에, 즉 목적어보다 서술어에 더 가깝게 놓이는 말들이 있다. 그 예를 들면, 다음과 같다.

예시

「주어+목적어+명사(으)로+서술어(타동사)」
① 그는 나를 미인으로 본다. (적합)
② 그는 미인으로 나를 본다. (부적합)

③ 목적어의 생략

타동사가 서술어인 문장은 일반적으로 목적어가 문장에 반드시 나타나야 하지만, 문맥으로 보아 그 문장의 목적어가 무엇인지 알 수 있거나 물음에 답하는 문장에서는 목적어를 생략할 수 있다.

예시

① 선생님이 먼저 노래를 부르자, 유아들이 따라 부르기 시작했다.
② 대화체(화자가 서로 알고 있는 경우, 목적어를 생략 할 수 있음)
(A) 혜진: 너 그 영화를 봤니?
(B) 정은: 응, 봤어.

(4) 보어

주어나 목적어 이외에 서술어를 보충해서 설명해 주는 성분을 보어라고 한다. 보어는 서술어 앞에 놓여서 우리말의 기본 문형을 이룬다. 보어를 반드시 필요로 하는 서술어는 '되다'와 '아니다' 뿐이다.

예시

① 그는 선생님이 되었다.
② 그는 천재가 아니다.

(5) 관형어

관형어는 명사가 나타내는 성분 앞에 놓여 이를 수식해 주는 말이다. 관형어가 없어도 문장은 성립하므로 관형어는 필수성분은 아니다. 그러나 의존명사가 나타내는 말을 수식할 때에는 반드시 있어야 한다. 그 이유는 의존명사 자체만으로 그 어떤 것도 나타낼 수 없기 때문이다.

예시

① 붉은 것이 아름답다. (적합)
② ( ) 것이 아름답다. (부적합)

관형어가 될 수 있는 것에는 관형사, 명사, '대명사, 명사, 수사, 의존명사+의'나, '동사, 형용사, '명사-이다'의 관형사형, 관형사절 등이 있다.

예시

① 난영은 새 집으로 이사를 했다.
② 어제 대학 친구들을 만났다.
③ 저 집이 수현의 집이다.
④ 아기의 잠든 얼굴은 참으로 평화롭다.
⑤ 인희가 가장 좋아하는 운동은 골프다.

(6) 부사어

부사어는 관형어와 마찬가지로 필수성분은 아니며, 서술어 앞에 놓여서 그 뜻을 수식해 주거나 다른 부사어나 관형어 앞에 놓여 이들을 수식해 주기도 한다.

① 부사어의 표시

문장에서 부사어의 기능은 부사가 하는 것이 일반적이지만, 그 밖에도 동사나 형용사의 어간에 부사형 어미가 붙거나 명사 뒤에 부사격 조사가 붙어 부사어가 되기도 한다.

예시

① 날씨가 몹시 추웠다.
② 은재는 이상하게 뛴다.
③ 바깥이 잘 보이도록 창문을 활짝 열어라.
④ 혜민이는 가영이의 취업을 진심으로 바란다.
⑤ 여진이는 항상 적극적으로 행동한다.

② 부사어의 위치

부사어도 관형어와 같이 그것이 수식하는 말 바로 앞에 오는 것이 원칙이다. 그런데 관형어는 어떠한 경우에도 이러한 위치를 바꿀 수 없지만, 부사어는 표현 효과를 위해 그 위치를 바꿀 수 있다.

예시

① 지수는 산책을 몹시 좋아한다.
② 지수는 몹시 산책을 좋아한다.

문장 성분들 가운데 부사어는 일반적으로 생략해도 좋은 성분이지만, 서술어가 꼭 필요로 하는 부사어도 있다. 이러한 부사어를 '필수 부사어'라고 부른다. 필수 부사어의 형식은 '명사+와/가', '명사+에게', '명사+(으)로', '명사+에서', '명사+에'로 나타낼 수 있다. 하지만 서술어가 무엇이냐에 따라서 같은 부사어가 필수 부사어가 되기도 하고, 또 되지 않기도 한다. 이것은 서술어의 종류에 달려 있다.

예시

① 준서는 은재와 제과점에 갔다.
② 나는 어제 일에 대해 그녀에게 진심으로 사과했다.
③ 현주는 오후에 터미널에 갔다.
④ 찬주는 어제 의류매장에서 옷을 한 벌 샀다.

(7) 독립어

독립어는 문장의 어느 성분과도 문법적으로 직접적인 관련이 없는 독립된 성분이다. 즉, 독립어는 문장의 다른 성분을 수식하거나 다른 성분의 수식을 받는 관계에 있지 않다. 독립어는 흔히 문장과 분리되어 그 앞이나 뒤에 놓인다.

① 독립어의 표시

문장에서 독립어의 기능은 감탄사가 하는 것이 일반적이지만, 그 밖에도 명사에 호격조사가 붙은 것이나 접속부사 등이 독립어가 되기도 한다.

예시

① 어머, 언제 오셨어요?
② 미연아, 안 일어나니?
③ 이 시험은 무척 중요하다. 그러므로 최선을 다해야 한다.

② 독립어의 위치

독립어는 문장과 분리되어 문장 앞이나 뒤에 오는 것이 보통이다. 하지만 간혹 문장 가운데에 오는 경우도 있다.

예시

① 아직 초저녁인데, 뭘.
② 백만원, 아니, 천만원을 준다고 해도 안 팔아.
③ 아, 세월이 잘도 가는구나.
④ 그는 떠났다. 그러나 나는 그를 잊지 못한다.

3. 문장의 기본 구조와 구성

1) 문장의 기본 구조

우리말의 기본 문형은 주어, 서술어, 목적어, 보어, 부사어가 서로 어울려 만들어진다. 주어는 서술어가 나타내는 행위의 주체이거나 서술어가 나타내는 상태나 속성의 대상이고, 서술어는 주체나 대상을 서술하는 말이며, 목적어는 서술어가 표현하는 주체의 행위의 대상이 되는 말이며, 보어는 서술어를 보충 설명해 주는 말이다. 또, 부사어는 서술어의 행위가 일어난 장소나 시간, 원인 및 행위가 일어나는 데 쓰이는 재료, 도구, 수단 등을 나타내는 말이다.

문장의 기본 구조	
① 주어+동사	꽃이 핀다.
② 주어+(부사어)+서술어	은재가 의자에 앉았다.
③ 주어+보어+서술어	지수는 어른이 되었다.
④ 주어+목적어+서술어	은비는 엄마를 사랑한다.
⑤ 주어+목적어+부사어+서술어	준서는 경희를 천재로 여긴다.

2) 구성의 종류

구성은 직접 구성요소와 구성체와의 관계에 따라 동중심과 이중심 구성으로 나뉘고, 구성요소간의 관계에 따라 주술 구성, 객술 구성, 수식 구성, 병치 구성으로 나뉜다.

(1) 동중심과 이중심 구성

구성체와 그것을 구성하는 한 구성요소와 통사적으로 등가관계에 있는 것이다. 이를테면, 직접 구성요소가 그 구성체와 같은 기능을 하는 구성이다. 그런데 이중심 구성은 두 구성요소가 그 구성체에서 어느 한 구성요소와 비등가관계에 있는 것이다. 즉, 이것은 직접 구성요소가 그 구성체와 다른 기능을 하는 구성이다.

예시

부지런한 사람은 반드시 성공한다.

☞ '부지런한 사람은'과 '사람은'은 똑같이 주어 기능을 하므로, '부지런한 사람은'과 '사람은'은 동중심 구성이다. 그리고 '반드시 성공한다'나 '성공한다'는 똑같이 서술어 기능을 하므로, '반드시 성공한다'와 '성공한다'는 동중심 구성이다. 그런데 '사람은'은 주어 기능을 하는데, '성공한다'는 서술어 기능을 한다. 이와 같이 다른 기능을 하는 구성요소로 구성된 것을 '이중심 구성'이라고 한다.

(2) 주술 구성

구성요소들이 주술관계로 이루어진 구성이다. 즉, 이것은 주어와 서술어의 관계로 이루어진 구성을 말한다. 그 예를 들면 다음과 같다.

예시

① 혜경이는 학생이다.
② 혜경이는 용감하다.

(3) 객술 구성

구성요소들이 객술관계로 이루어진 구성이다. 즉, 목적어와 서술어의 관계로 이루어진 구성을 말한다.

예시

① 나는 나무를 좋아한다.
② 정은이는 책을 읽는다.

(4) 수식 구성

구성요소들이 수식어와 피수식어의 관계로 이루어진 구성이다. 그 예를 들면 다음과 같다.

예시

① 준서는 매우 용감하다.
② 나는 착한 사람을 좋아한다.
☞ ①에서는 '매우'가 수식어이고, '용감하다'가 피수식어이다. 그리고 ②에서는 '착한'이 수식어이고, '사람'이 피수식어이다.

(5) 병치 구성

앞뒤 문장성분이 병치관계로 이루어진 구성이다. 그 예를 들면 다음과 같다.

예시

① 나는 사과, <u>그리고</u> 포도를 먹었다.
② 그는 의롭고, <u>또한</u> 어질다.
③ 나<u>와</u> 수빈은 대학생이다.

4. 문장의 종류

문장의 종류는 크게 구성에 따른 분류와 의미에 따른 분류로 구분한다. 구성에 따라 단문과 복문으로 나뉘고, 의미에 따라 평서문, 의문문, 명령문, 청유문, 감탄문, 응낙문, 약속문 등으로 구분한다(류성기, 1999).

1) 구성에 따른 분류

(1) 단문과 복문

단문이란 주어와 서술어가 한 번만 관계를 맺도록 구성되어 있는 문장을 말한다. 이것을 '홑월' 또는 '홑문장'이라고도 부른다. 반면에 복문은 둘 이상의 단문이 결합하여 이루어진 문장을 말한다. 즉, 이것은 주어와 서술어의 관계를 두 번 이상 맺게끔 구성한 문장을 의미한다. 이것을 '겹월' 또는 '겹문장'이라고 일컫기도 한다.

예시

단문

① 난영이가 도서관에 간다.
② 나는 나무를 좋아한다.

복문

① 인생은 짧고 예술은 길다.
② 나는 마음씨가 착한 사람을 존경한다.
③ 봄이 오면 개나리가 핀다.
④ 여름이 되면 날씨가 무덥고, 겨울이 되면 날씨가 매우 춥다.

2) 의미에 따른 분류

(1) 평서문

화자가 청자에게 어떤 사실·현상·사건 등에 대해서 서술함을 나타내는 문장을 말한다. 이것은 평서형 종결어미 '-(ㄴ/는)다, -지, -네, -오, -어/아, -ㅁ세' 등으로 끝난 문장이다. 이것을 '알림문'이라고 일컫기도 한다.

예시

① 저 꽃이 가장 아름답다.
② 현주는 책을 읽는다.
③ 나는 기분이 매우 좋네.
④ 나는 잘 지내오.
⑤ 그는 그림을 감상하고 있어.

(2) 의문문

화자가 청자에게 어떤 사실에 대해서 물음을 나타내는 문장이다. 이것은 의문형 종결어미 '-니, -(느)냐, -나, -ㅂ니까, -오, -어/아' 등으로 끝난 문장이다. 이것을 '물음월'이라고 일컫기도 한다. 청자가 '네'나 '아니오'로 대답하기를 요구하는 의문문을 '판정 의문문'이라고 하며, 의문사 '누구, 무엇, 어디, …' 등을 사용하여 구체적인 정보의 설명을 요구하는 의문문을 '설명 의문문'이라고 말한다. 그리고 형태는 의문문이면서도 의미상으로는 의문문이 아닌 의문문을 '수사 의문문'이라고 한다.

예시

① 이 책을 빌려 줄까? (판정 의문문)
② 너는 누구를 가장 존경하니? (설명 의문문)
③ 이 소녀는 얼마나 아름다운가? (수사 의문문)

감정 표현 · 맞장구 · 반복 · 확인 · 요청 · 화제의 도입이나 전환 등을 나타내는 기능을 하는 의문문을 '메아리 의문문'이라고 한다. 이것의 전형적인 형태는 종결어미 '-다, -(느)냐, -(으)라, -자' 등에 인용격 조사 '고'가 결합한 것이다. 청자를 높일 경우에는 인용격 조사 '고'에 보조사 '요'를 덧붙여 나타낸다.

예시

갑: 은비가 일등을 했어요.
을: ① 은비가 일등을 했다고?
② 은비가 일등을 했다고요?
갑: 네가 잘못했어.
을: 내가 잘못했어?

(3) 명령문

화자가 청자에게 어떤 행동에 대하여 할 것을 요구함을 나타내는 문장이다. 이것은 명령형 종결어미 '-아라/어라, -아/어, -게, -오, -ㅂ시오' 등으로 끝난 문장이다. 이것은 말하는 이가 상대방에게 자기의 의도대로 행동하여 줄 것을 요구하는 문장이다. 명령문을 '시킴월'이라고 일컫기도 한다. 명령형 종결어미는 청자 대우법에 따라 달리 쓰인다. 명령문에는 직접 명령문과 간접 명령문이 있다.

예시

1) ① 글을 바르게 읽어라.
② 글을 바르게 읽으라.
2) ① 글을 정확히 써라.
② 글을 정확히 쓰라.
3) ① 국민들이여, 책을 많이 읽으시라. (적합)
② 국민들이여, 책을 많이 읽으셔라. (부적합)

☞ 1)-①, 2)-①과 같이 서술어로 쓰인 용언의 어간에 명령형 종결어미 '-아라/어라'를 붙여 표현한 문장을 직접 명령문이라 하고, 1)-②, 2)-②와 같이 서술어로 쓰인 용언의 어간에 명령형 종결어미 '-(으)라'를 결합하여 표현한 문장을 간접 명령문이라고 한다. 간접 명령문은 강한 시정의 의미를 나타내지 않고 단순한 지시의 의미를 나타낸다고 하여 '중화 명령문'이라고 일컫기도 한다(주체 존대소 '시'는 간접 명령문의 서술어로 쓰이는 용언의 어간에 결합될 수 있는데, 직접 명령문의 서술어로 쓰이는 용언의 어간에는 결합하지 못한다).

☞ 간접 명령문인 3)-①의 서술어에는 주체 존대소 '시'가 결합될 수 있으나, 직접 명령문인 3)-②의 서술어에는 주체 존대소 '시'가 붙게 되면 비문법적인 문장이 된다.

(4) 청유문

화자가 청자에게 어떤 행동을 함께할 것을 권유함을 나타내는 문장이다. 이것은 청유형 종결어미 '-자, -세, -ㅂ시다, -아/어' 등으로 끝난 문장이다. 이것은 화자가 상대방을 꾀어서 자기와 함께 무슨 행위를 함께 하기를 요청하거나, 화자 자신이 상대방에게 어떤 행동을 할 수 있도록 해주길 요청하는 문장이다. 청유문은 '권유문'이라고 일컫기도 한다.

예시

1) ① 은채야, 학교에 가자. (청유문)
   ② 은채야, 나도 한 번 공을 던져 보자. (제안문)
2) ① 길 좀 물어 봅시다. (제안문)
   ② 나 좀 내립시다. (제안문)
   ③ 나 그 책을 좀 보세. (제안문)

☞ 1)-①은 화자가 상대방에게 학교에 함께 갈 것을 요청한 것인데, 1)-②는 화자가 혼자서 공을 던져 보고 싶은 의사를 제안한 것이다. 이렇듯 청유문에는 화자가 청자를 꾀어서 자기와 함께 같이 행동할 것을 요청하는 것이 있고, 화자 혼자서 어떤 행동을 할 수 있도록 청자가 허락하여 줄 것을 요청하는 것이 있다. 후자와 같은 문장을 제안문이라고도 하는데, 이에 대한 보기를 더 들어 보면 2)-①,②,③과 같다.

(5) 감탄문

화자의 여러 가지 느낌을 나타내는 문장이다. 이것을 '느낌문'이라고 부르기도 한다. 이것은 감탄형 종결어미 '-구나, -구먼, -아라/어라' 등으로 끝난 문장이다. 감탄문의 맨 끝에는 대개 느낌표(!)를 찍는다. 어떤 이는 감탄문을 평서문의 일종으로 간주하기도 한다. 감탄형 종결어미 '-구나'와 '-구먼'은 서술어로 쓰인 형용사의 어간에 직접 결합될 수 있으나, 동사의 어간에 결합될 경우에는 그 앞에 선어말어미 '-는, -았/었-, -겠-' 등이 와야 한다. 그리고 '-아라/어라'형 감탄문의 서술어는 형용사만이 될 수 있고, 그 느낌의 주체는 화자가 되어야 한다. 그렇지 않으면 비문법적인 문장이 된다.

예시

1) ① 장미꽃이 매우 아름답구나!
   ② 너는 그 동안 열심히 훈련한 결과 최고 선수가 【*되구나, 되었구나】!
   ③ 끝내 찬주가 【*떠나구나, 떠나는구나】!

☞ 1)–①의 서술어 '아름답구나'가 형용사이기 때문에 그 어간 '아름답–'에 감탄형 종결어미 '–구나'가 직접 연결된 것이다. 그러나 1)–②,③ 등의 서술어는 모두 동사이기 때문에 그 어간에 감탄형 종결어미 '–구나'가 결합되면 부자연스러운 문장이 되고, '–는구나'가 결합되어야 자연스러운 문장이 된다.

2) ① 저 사람의 키가 꽤 크구먼!
   ② 함박눈이 【*내리구먼, 내리는구먼】!

☞ 2)–①에서 서술어 '크구먼'은 형용사이므로 그 어간 '크–'에 감탄형 종결어미 '–구먼'이 직접 연결되었는데, 2)–②의 서술어 '내리는구먼'은 동사이기 때문에 그 어간 '내리–'에 어미 '–구먼'이 직접 연결되면 부자연스러운 문장이 되는 것이다. 어간 '내리–'에 선어말어미 '–는–'이 결합된 '–는구먼'이 통합되어야 자연스러운 문장이 된다.

3) ① 아이구, 무서워라!
   ② *아, 밥을 지나치게 많이 먹어라!

☞ 감탄형 종결어미 '–아라/어라'는 형용사 서술어에만 결합하는 것이므로 3)–①은 자연스러운 문장이 되는데, 3)–②는 동사 서술어에 감탄 종결어미 '–어라'가 결합되어서 비문법적인 문장이 된다.

(6) 응낙문

청자의 요구를 허락함을 나타내는 문장이다. 이것은 응낙형 종결어미 '-(으)려무나'로 끝맺은 문장이다. 이것을 명령문의 일종으로 보는 이도 있다. 구어에서는 어미 '-(으)려무나'의 준 형태인 '-(으)려마' 혹은 '-(으)렴'이 쓰인다. 이것은 윗사람이 아랫사람의 요구를 들어 줌을 나타낸다.

예시

갑: 어머니, 제가 이 떡을 먹어도 됩니까?
을: 그래, 먹으렴.

(7) 약속문

화자가 청자와 어떤 일을 할 것을 약속함을 나타내는 문장이다. 이것은 약속형 종결어미 '-마'로 끝난다. 이것을 평서문으로 간주하는 이도 있다. 약속문은 구어에서 윗사람인 화자가 아랫사람인 청자에게 무언가 약속할 적에 한하여 쓰인다.

예시

갑: 내일 저의 집에 꼭 오세요.
을: 그래, 꼭 가마.
☞ 을은 갑에게 갈 것을 약속함을 나타낸 문장이다. 이와 같이 화자가 청자에게 어떤 일을 할 것을 약속함을 나타내는 문장을 약속문이라고 한다.

5. 문장의 진술 및 논증방식

1) 진술방식의 분류

글의 목적과 내용에 따라 크게 설명, 논증, 묘사, 서사로 나눌 수 있다.

진술방식	
설명(說明)	이해를 위해 어떤 대상을 알기 쉽게, 체계적으로 풀이하는 진술방식
논증(論證)	설득을 위해 어떤 주장을 내세우고 그 주장을 논리적으로 증명하는 진술방식
묘사(描寫)	그림을 그리듯이 대상을 감각적으로 그려내는 진술방식
서사(敍事)	사건을 시간적 순서에 따라 서술하는 진술방식

2) 설명방식

(1) 지정과 정의

지정과 정의	
지정(指定)	어떤 사물을 확실하게 정하는 설명방법 예) (저 분은 누구입니까?) 네, 저 분은 우리 대학의 교수님이십니다.
정의(定義)	개념의 내용을 한정하는 설명방법 예) 죄형법정주의(罪刑法定主義)는 범죄와 형벌을 미리 성문의 법률로 명확하게 규정하여야 한다는 원칙을 말한다.

(2) 예시

예시(例示)는 구체적인 예를 제시하여 일반적인 진술을 구체화하는 설명방법이다.

예시

19세기 말부터 산업화가 진전되면서 범죄가 급격하게 증가하자 죄형법정주의를 완화해야 한다는 주장이 제기되었고, 급기야 그에 근거한 법률이 제정되기도 하였다. 예를 들어, 1935년 독일 형법 제2조에는 "건전한 국민감정에 반하는 행위는 법률의 규정이 없어도 처벌할 수 있다."라고 규정되어 있었다.

(3) 비교와 대조

어떤 대상의 특성을 설명하기 위해 그와 관련되는 다른 대상과 견주어 가면서 설명하는 방법, 공통점을 중심으로 설명하는 방법을 '비교(比較)'라 하고, 차이점을 중심으로 설명하는 방법을 '대조(對照)'라 한다.

비교와 대조

김소월이나 이상화는 같은 시대를 산 낭만주의 시인이다. 하지만 그렇다고 해서 서로 비슷하리라고 단정 짓는 것은 금물이다. 소월은 자기의 서러움을 참고 안으로 삭이는 태도를 취하지만, 상화는 겉으로 드러내 외치는 태도를 취한다. 똑같이 임에게 사랑을 호소하는 경우라도, 전자는 "그립다 / 말을 할까 / 하니 그리워" 하고 수줍은 자세를 보이지만, 후자는 "마돈나, 지난 밤이 새도록 내 손수 닦아 둔 / 침실로 가자, 침실로!"라고 고함치듯 말한다.(비교, 대조)

(4) 유추

유추(類推)는 낯선 개념이나 어려운 내용을 친숙하거나 쉬운 것을 끌어와서 설명하는 방법이다.

유추

법은 필요악이다. 법은 우리의 자유를 막고 때로는 신체적 구속을 하는 식으로 강제력을 행사하는 일이 많다. 이런 점에서 법은 달가운 존재가 아니며, 기피와 증오의 대상이 되기도 한다. 그러나 법이 없으면 안전한 생활을 할 수 없게 되는 것이 우리의 사회 현실이고 보면 법은 없어서

> 는 안 될 존재이다. 이와 같이 법의 양면성은 울타리와 비교될 수 있다. 울타리는 우리의 시야를 가리고, 때로는 바깥출입의 자유를 방해하는 점에서 답답한 존재다. 그러나 부질없는 낯선 사람의 눈총을 막아 주고, 악의에 찬 침입자를 막아서 가정의 안전하고 포근한 삶을 보장하는 점에서 울타리는 고마운 존재이다. 법은 이런 울타리처럼 달갑지 않은 면이 있으면서도 우리 사회에 없어서는 안 되는 필요성을 지닌 것이다.

(5) 분류와 구분

분류(分類)는 대상이나 개념들의 공통점을 중심으로 묶어가며 설명하는 방법이다. 반면에 구분(區分)은 하나의 묶음을 부분으로 나누어가며 설명하는 방법이다. 분류가 하위개념에서 상위개념으로 묶어가는 것이라면, 구분은 상위개념에서 하위개념으로 나누어가는 것을 말한다.

분류와 구분

예시 1	설명문, 논설문, 보고서, 비평문 등은 논리적인 글에 속하며 시, 소설, 수필, 희곡 등은 예술적인 글에 속한다. (분류: 하위→상위)
예시 2	형법으로 보호하는 법적 이익은 개인적 법익, 사회적 법익, 국가적 법익으로 나눌 수 있다. (구분: 상위→하위)

(6) 분석

분석(分析)은 대상을 구성 요소별로 나누어 대상의 특성을 밝히는 설명방법이다. 일반적으로 분석이란 각각의 요소들로 나누고 각 요소들이 어떻게 전체와 유기적으로 연결되어 있는지를 밝히는 작업이다. 분석은 다루고자 하는 대상의 성질에 따라 물리적 분석, 개념적 분석, 과정적 분석, 인과적 분석으로 나눌 수 있다.

분석

분석 1	소설 구성의 특징을 설명하기 위해 인물, 사건, 배경의 요소로 나누어 설명하는 것은 분석적 방법을 따른 것이지만, 소설의 유형을 설명하기 위해 장편소설, 중편소설, 단편소설로 나누는 것은 구분에 해당한다.
분석 2	범죄의 구성요건은 객관적 측면에서 주체, 객체, 행위(방법), 결과, 인과관계의 요소로 나눌 수 있고, 주관적인 측면에서 고의, 과실, 목적, 불법영득의사 등의 요소로 나눌 수 있다.

3) 논증방식

(1) 추론

추론(推論)이라 함은 주어진 명제나 근거를 합리적으로 판단하여 결론을 이끌어내는 논증과정을 말한다.

(2) 추론유형

① 귀납법

귀납법은 개별적 사례들을 전제로 하여 일반적 명제인 결론을 확률적으로 이끌어내는 방법이다. 귀납법에는 다시 일반화와 유비추론이 있다. 그 예를 들면 다음과 같다.

㉠ 일반화: 일정한 부류의 개별적 사례들에 비추어 같은 부류의 나머지 모든 사례도 같은 것이 되리라고 추론하는 방법이다. 다음은 일반화 형식을 등식으로 표현한 것이다.

일반화

A1: 그저께 새벽이 밝았다.
A2: 어제 새벽이 밝았다.

A3: 오늘도 새벽이 밝았다.
A(X): (   )
☞ A1 = B, A2 = B, A3 = B, … 그러므로 A(X) = B이다.

㉡ 유비추론(類比推論): 어떤 두 대상이 상당한 수의 속성에서 비슷함을 근거로 해서 다른 속성도 비슷하리라 추론하는 방법이다. 이를 유추(類推)라고도 일컫는다.

유비 추론

A의 속성은 {a, b, c, d, e}이다.
A의 속성은 {a, b, c, e}이다.
☞ 그러므로 B의 속성은 d도 가지고 있을 것이다.

② 연역법

연역법은 일반적인 명제들을 전제로 하여 구체적인 결론을 논리상 필연적으로 이끌어 내는 방법이다.

연역법

[대전제] 모든 사람은 죽는다. $p \rightarrow q$ 법률관계
[소전제] 소크라테스는 사람이다. $r \rightarrow p$ 사실관계
[결 론] 그러므로 소크라테스는 죽는다. $r \rightarrow q$ 결론
☞ 사례
[대전제] 타인의 재물을 절취한 자는 정당한 사유가 없고 형사책임을 물을 수 있다면 처벌된다.
[소전제] (A)씨는 탁자 위에 놓여 있는 (B)씨의 지갑을 호주머니에 집어넣고 그 방에서 나갔다. (A)씨의 행동에는 정당한 사유가 없었고 (A)씨는 법을 어기려는 마음이 있었다.
[결 론] 그러므로 (A)씨는 절도죄로 처벌된다. (일반 원칙의 적용)

③ **변증법**

정립(定立) 전제와 반정립(反定立) 전제간의 대립을 지양(止揚)하고 종합(綜合)이라는 결론을 이끌어내는 정-반-합의 3단계 추론과정을 의미한다.

6. 문체유형 및 특징

문체유형에는 크게 여섯 가지이며, 간결체, 만연체, 건조체, 화려체, 강건체 우유체로 구분한다. 이들 여섯 가지 문체유형은 세 관점에서 극과 극을 이름 지은 것이다. 그 예를 들면 다음과 같다.

문체의 유형

① 간결체, 만연체: 언어 조직의 긴밀성이나 어의의 함축성 따른 구분
② 건조체, 화려체: 비유·수식의 유무나 서정적 표현의 정도에 따른 구분
③ 강건체, 우유체: 문체의 강약이나 어휘의 성격에 따른 구분

1) 문체의 유형

(1) 간결체

간결체는 문장의 길이가 짧고 간단하여 내용을 명쾌하게 전달하는 문체를 말한다. 김영하의 '사진관 살인사건'은 그 대표적인 글이다.

간결체의 글

담임선생님은 여자였다. 나는 물었다. 그 반에 혹시 경희라는 여자 아이가 있습니까? 담임은 의아한 목소리로 그런 아이는 없다고 말해주었다. (…) 나는 알았다. 고맙다고 말하고 전화를 끊었다. 차를 몰아 집으로 향했다. 아내가 힘없는 목소리로 나의 귀가를 반겨주었다. 자리에 누었다. 아내가 옆에 앉아 과일을 깎았다.

– 김영하의 〈사진관 살인사건〉 중에서

(2) 만연체

만연체는 반복하거나 수식하는 말이 많고, 길고 자세하게 늘어놓은 문체를 말한다. 정보를 충분히 전달할 수 있다는 장점은 있으나, 문장의 긴밀성이 떨어진다는 단점이 있다. 많은 어휘를 알고 있어야 하고, 긴 문장을 무리 없이 이끌어 갈 수 있는 능력이 필요하다. 스즈미야 하루히의 '우울'은 그 대표적인 글이다.

만연체의 글

산타클로스를 언제까지 믿었느냐 하는 문제는 하잘 것 없는 잡담거리도 안 될 정도로 아무래도 좋을 이야기다만, 그래도 내가 언제까지 산타라는 상상 속에 존재하는 빨간 옷의 할아버지를 믿었느냐 하면, 이건 확신을 갖고 말하건대, 처음부터 믿지 않았다.

유치원 크리스마스 행사에 나타난 산타가 가짜라는 걸 이해했고, 어머니가 산타에게 키스하는 장면을 목격한 것도 아닌데, 크리스마스에만 일하는 할아버지를 의심했던 총명한 나지만, 우주인, 미래인, 유령, 요괴, 초능력자, 악의 조직이나 그것들과 싸우는 애니메이션, 특수촬영물에 나오는 영웅들이 이 세상에 없다는 사실을 깨달은 건 상당한 시간이 흐른 뒤였다. 아니, 사실 눈치는 챘지만, 그저 알고 싶지 않았던 것이다. 우주인, 미래인, 유령, 요괴, 초능력자, 악의 조직이 눈앞에 홀연히 나타나기를, 나는 마음 한 켠에서 바라고 있었다.

(중략)

하지만, 현실이란 의외로 냉정하다. 세상의 물리법칙이 잘 만들어져 있다는 사실에 감탄하며, 어느샌가 나는 TV의 UFO 특집이나 심령 특집을 열심히 보지 않게 되었다. 우주인, 미래인, 초능력자? 그런 게 있을 리가 없다. 하지만, 그래도 존재하길 바라는 최대공약수 같은 생각을 할 정도로 나도 성장했다.
중학교를 졸업했을 무렵에는 그런 꼬맹이 같은 꿈도 졸업하고, 이 세상의 평범함에 익숙해져 있었다. 나는 생각 없이 고교생이 되었고, 그 녀석과 만났다.

– 스즈미야 하루히의 〈우울〉 중에서

(3) 건조체

건조체는 글에서 부사어, 관형어 등의 수식어를 거의 쓰지 않고 중심 내용과 어구만으로 꾸밈없이 간단명료하게 표현하는 것을 말한다. 예컨대, 법조문, 논설문, 기사문 등이 이에 해당한다. 그러므로 건조체는 내용 전달을 위주로 하는 지적인 글인 만큼, 내용을 축약해서 표현하므로 글의 내용을 파악하는 데는 좋으나, 이런 글을 오래 읽다보면 무미건조하고 딱딱한 느낌을 받기 쉽다. 김구의 '나의 소원'이 그 대표적인 글이다.

건조체의 글

나는 노자의 무위(無爲) 사상을 그대로 믿는 자는 아니지만, 정치에 있어서 너무 인공을 가하는 것을 옳지 않게 생각한다. 대개 사람이란 전지전능할 수 없고 학설이란 완전무결할 수 없다. 그러므로 한 사람의 생각, 한 학설의 원리로 국민을 통제하는 것은 일시적으로는 빠르게 진보하는 듯해도 끝내 문제가 생겨서 그야말로 변증법적인 폭력의 혁명을 부르게 되는 것이다. 모든 생물에는 다 환경에 순응하여 저를 보존하는 본능이 있으므로 가장 좋은 길은 가만히 두는 것이다. 작은 꾀로 자꾸 건드리면 이익보가 해가 많다. 개인생활에 너무 잘게 간섭하는 것은 결코 좋은 정치가 아니다.

– 김구의 〈나의 소원〉 중에서

(4) 화려체

화려체는 미사여구를 총동원하여 글을 아름답게 꾸미는 데에 정성을 쏟는 문체이다. 그러므로 동사, 형용사, 관형어, 부사어를 주로 동원하여 화려하게 표현하며, 비유나 수식어가 많고 색채감이 짙으며, 회화적인 느낌이 강하게 나타난다. 미묘하고 아름다운 정감을 드러내는 데는 효과적이지만, 자칫하면 겉만 번지르르하고 속이 비었다는 비난을 받는 동시에, 과도하게 화려한 문장구사는 글 전체를 천박하게 만들 수도 있다. 까뮈의 '알제의 여름'은 그 대표적인 글이다.

화려체의 글

우리가 어떤 도시와 주고받는 사랑은 흔히 은밀한 사랑이다. (…) 알제는, 그리고 그와 더불어 바다에 면한 도시들처럼 몇몇 특혜 받은 장소들은, 입처럼 혹은 상처처럼 하늘로 열려있다. 우리가 알제에서 좋아할 수 있는 대상은 누구나 다 향유할 수 있는 것, 길모퉁이를 돌 때마다 눈에 들어오는 바다 어떤 햇빛의 무게, 인종의 아름다움 같은 것이다.

– 까뮈의 〈알제의 여름〉 중에서

(5) 강건체

남성적인 굳센 느낌을 주는 문체로, 설득적인 연설문이나 논설문에서 주로 사용한다. 그 정도가 지나치게 되면 지사적(志士的)인 느낌을 주어 오히려 비아냥을 받을 수 있는 역기능도 있다. 민태원의 '청춘예찬'(青春禮讚)은 그 대표적인 글이다.

강건체의 글

청춘! 이는 듣기만 하여도 가슴이 설레는 말이다. 청춘! 너의 두 손을 가슴에 대고, 물방아 같은 심장의 고동을 들어 보라. 청춘의 피는 끓는다. 끓는 피에 뛰노는 심장은 거선의 기관과 같이 힘있다. 이것이다. 인류의 역사를 꾸며 내려온 동력은 바로 이것이다. 이성은 투명하되 얼음과 같으며, 지혜는 날카로우나 갑 속에 든 칼이다. 청춘의 끓는 피가 아니라면, 인간이 얼마나 쓸쓸하랴? 얼음에 쌓인 만물은 얼음이 있을 뿐이다.

그들에게 생명을 불어넣는 것은 따뜻한 봄바람이다. 풀밭에 속잎 나고, 가지에 싹이 트고, 꽃 피고 새 우는 봄날의 천지는 얼마나 기쁘며, 얼마나 아름다우냐? 이것을 얼음 속에서 불러내는 것이 따뜻한 봄바람이다. 인생에 따뜻한 봄바람을 불어 보내는 것은 청춘의 끓는 피다. 청춘의 피가 뜨거운지라, 인간의 동산에는 사랑의 풀이 돋고, 이상의 꽃이 피고, 희망의 놀이 뜨고, 열락의 새가 운다.

– 민태원의 〈청춘예찬〉 중에서

(6) 우유체

우유체는 강건체와 반대다. 청초(淸楚), 온화(溫和), 겸허(謙虛)한 아취(雅趣)를 갖는다. 누구에게나 다정(多情)스러운 문체다. 그러나 의지적(意志的)인 것을 담기엔 약한 흠(欠)이 있다. 우유체는 여성스럽게 차분하고 부드러우며 온화한 느낌을 주는 문체로서, 주로 생활 속에서 일어난 일을 담담하게 서술할 때 많이 사용한다. 따라서 잔잔한 감동을 불러일으키는 수필 작품에서 흔히 대할 수가 있다. 김소운의 '가난한 날의 행복'이 우유체의 대표적인 글이다.

우유체의 글

먹을 만큼 살게 되면 지난날의 가난을 잊어버리는 것이 인지상정인가 보다. 가난은 결코 환영할 것이 못 되니, 빨리 잊을수록 좋은 것일지도 모른다. 그러나 가난하고 어려웠던 생활에도 아침 이슬같이 반짝이는 아름다운 회상이 있다. 여기에 적는 세 쌍의 가난한 부부 이야기는, 이미 지나간 옛날이야기지만, 내게 언제나 새로운 감동을 안겨다 주는 실화들이다.

그들은 가난한 신혼부부였다. 보통의 경우라면, 남편이 직장으로 나가고 아내는 집에서 살림하겠지만, 그들은 반대였다. 남편은 실직으로 집 안에 있고, 아내는 집에서 가까운 어느 회사에 다니고 있었다.

어느 날 아침, 쌀이 떨어져서 아내는 아침을 거르고 출근했다.
"어떻게든지 변통을 해서 점심을 지어 놓을 테니, 그때까지만 참으오."

출근하는 아내에게 남편은 이렇게 말했다. 마침내 점심시간이 되어서 아내가 집에 돌아와 보니, 남편은 보이지 않고, 방안에는 신문지로 덮인 밥상이 놓여 있었다. 아내는 조용히 신문지를 걷었다. 따뜻한 밥 한 그릇과 간장 한 종지…. 쌀은 어떻게 구했지만, 찬까지는 마련할 수 없었던 모양이다. 아내는 수저를 들려고 하다가 문득 상위에 놓인 쪽지를 보았다.

"왕후(王侯)의 밥, 걸인(乞人)의 찬…. 이걸로 우선 시장기만 속여 두오."

낯익은 남편의 글씨였다. 순간, 아내는 눈물이 핑 돌았다. 왕후가 된 것보다도 행복했다. 만금을 주고도 살 수 없는 행복감에 가슴이 부풀었다.

– 김소운의 〈가난한 날의 행복〉 중에서

2) 문체의 특징

문체의 특징

간결체	• 이음말(접속어)이 적다 ※ 단, 그리고, 그런데, 예컨대, 왜냐하면 등 설명을 위한 접속어는 찾아보기 힘들다. • 문장의 길이가 짧다. • 쉼표가 적다. • 보조용언이 적다. • 함축 표현이 잦고 생략법이 작다.
만연체	• 이음말(접속어)이 많다. • 문장의 길이가 길다. • 지시어가 많다. • 쉼표가 많다. • 증언 및 부언이 많다. • 보조용언이 많다.
건조체	• 명사와 동사가 많다. • 비유나 수식이 드물다. • 문장이 단조롭고 메마르다. • 다시 읽을 때 매력이 없다.
화려체	• 형용사와 부사가 많다. • 비유 수식이 많다. • 문장에 리듬이 있다. • 감상적 내용이 많다. • 감정의 무제한 방출에 적격이다. • 문장이 천박해질 수 있다.
강건체	• 토착어보다 한자어가 많다. • 현대체보다 의고체가 많다. ※ ~이로다/~ㄹ지니라/~노라/~다 등 • 강한 문말이 많다(의도적). ※ ~이어야 한다/~임이 분명하다/~이 아닐 수 없다/~임은 두말할 나위가 없다 등 • 감정의 절약이 없는 직설적이고 강조적 표현이 많다. • 뜻이 넓은 명사가 많다. • 강조 부사가 많다. ※ 결코/정녕/아닌 게 아니라/그야말로/물론/제발/하물며 등
우유체	• 한자어보다 순국어가 많다. ※ 고독→외로움/횡단하다→가로지르다/외출복→나들이옷/침엽→바늘잎 등 • 문어체보가 구어체가 많다. ※ ~습니다/~올까요/~하여라/~하겠느냐/~이로구나 등 • 부드러운 어감의 말이 많다. • 단순한 수사법이나 완곡법이 잦다. ※ ~넋을 잃을 법도 하지 않습니까/백리 안에서 가장 예쁜/눈이 빠지도록 기다리다/숨 돌릴 겨를 없이 등 • 구문(構文)이 복잡하지 않다.

❖ 연습문제

1. 다음의 글을 읽고 문체의 유형을 찾아보자.

연습문제 1. – 문체의 유형 찾기

드넓고 기분 좋게 펼쳐져 있는 모래사장을 걷는 나의 그림자는 길게 뻗어, 파도가 치는 곳까지 닿아 있었다. 이미 여름은 끝나, 주위에 사람 모습은 없었다. 해안을 꽉 채우고 있는 것은 빈 병과 빈 깡통, 비치샌들과 피임구, 그리고 매우 많은 수의 솔개였다. 더러운 갈색의 새들은 내가 가까이 가도 미동도 하지 않았고, 황금빛 광선을 쬐면서 돌처럼 꼼짝 않고 있었다.

– 마루야마 겐지의 〈달에 울다〉 중에서

☞ 문체의 유형:

연습문제 2. – 문체의 유형 찾기

사각으로 접은 군용모포를 중심으로 다섯 명이 머리를 박고 있다. 골목으로 뚫린 창을 넘어 담배연기가 꾸역꾸역 밀려 나간다. 색이 바랜 커튼은 아랫단 쪽에서부터 질끈 묶여 굵은 매듭 하나로 덜렁거린다.

– 장정옥의 〈빈들에 그려진 초상화〉 중에서

☞ 문체의 유형:

2. 다음의 문장을 묘사 또는 서사로 고쳐보자.

연습문제 1. – 설명을 묘사로 바꾸기

① 설명: 내 친구 민지는 예쁘게 생겼다.
② 묘사하기:

연습문제 2. - 지문을 서사로 옮기기

① 지문

아빠와 여행을 다녀왔다. 인천에서 배를 타면 도착하는 섬이 여행지다. 1박 2일로 여행을 했는데, 피곤하긴 하지만, 아주 즐거웠다. 배를 타고 갈 때부터 설렜다. 배를 타고 싶었지만, 그동안 탈 기회가 없었기 때문이다.

섬에서 낚시를 했는데, 정말 재미있었다. 물고기 이름은 모르겠는데, 한 마리를 잡았다. 더 많이 잡았으면 좋았을 거라는 생각이 들었다. 조개를 캐는 것은 너무 더워서 하지 않았다. 밤에 라면을 끓여 먹은 것은 색다른 맛이었다.

중학생은 방학이 학기 중일 때보다 더 바쁘다. 다녀야 할 학원이 더 많기 때문이다. 그런데 배를 타고 섬에 가니 한결 나아졌다. 내년 방학에도 섬에 다시 가고 싶다.

② 서사로 옮기기:

Chapter 05

문단 익히기

세부 내용	• 문단의 개념과 구성 알기 • 문단의 구성 원리, 전개와 구조를 이해하기	
학습 목표	• 문단의 개념과 구성을 설명할 수 있다. • 문단의 구성 원리를 이해할 수 있다. • 문단의 전개와 구조를 이해하고 적용할 수 있다.	
단계	교수 · 학습 활동	자료
도입 단계	• 문단 익히기에 대한 동기 유발 – 문단의 개념에 대해 떠오르는 생각을 말해보기 – 문단의 전개와 구조에 대해 떠오르는 생각을 말해보기	
전개 단계	• 문단의 개념과 구성에 대하여 설명하기 • 문단의 구성 원리에 대하여 설명하기 • 문단의 전개와 구조에 대하여 설명하고 수행 유도하기 – 연습문제 해결하기	원고지
정리 단계	• 수업 소감 발표 및 정리 – 연습문제 수행결과에 대한 2~3명 발표하기 – 문단 익히기의 총괄 정리	

1. 문단의 의미

단어가 모여 문장을 이루고 문장이 모여 하나의 중심 생각을 드러낸다. 하나의 중심 생각을 드러내는 글의 토막을 '문단'이라고 하며, '단락'이라고도 일컫기도 한다. 단어는 문장을 이루는 하위 단위가 되고, 문장은 문단을 이루는 하위 단위가 되며, 문단은 한 편의 완성된 글을 이루는 하위 단위이다. 문단은 하나의 중심 생각을 드러내는 생각의 단위인 동시에 전체 글의 한 부분이 된다(고경민 외, 2015).

문단은 형식적으로 '들여쓰기'를 통해 구분한다. 문단을 제대로 구분하지 않으면 사고가 뒤엉켜 그 전개과정이 제대로 드러나지 않은 혼란한 글이 되고 만다. 문단은 하나의 중심 생각을 드러내야 하므로, 중심 생각이 바뀔 때는 반드시 들여쓰기를 통해 문단이 구분됨을 표시해 주어야 한다(고경민 외, 2015).

문단 구분하기 예문

숱한 언어로 자신을 가꾸고 만물과 소통하려 애써도 자연의 소리만큼 탁월한 것은 없다. 시인은 겨울이 지나고 맞이하는 '봄'의 이미지를 '초록의 아가들'로 비유하여 '까르르르 까르르'와 같은 웃음소리로 환원한다.

평소 시인의 말처럼 "사람도 하나의 환경이고 배경일 뿐" 더는 만물의 영장으로 불리는 것은 지양할 일이다. 언젠가 시간이 흘러 생명이 다하고 한 줌 흙으로 돌아갈 때, 후회하지 않을 만큼의 자기 위안을 꿈꾸며 오늘도 거친 세월을 꼭꼭 숨어 견디는 것이다.

출처: 김선주(2003).

위의 예문은 두 개의 문단으로 이루어져 있다. 첫째 문단에서는 '봄의 이미지'를 초록의 아가들과 자연의 웃음소리로 나타냈고, 둘째 문단에서는 '사람도 자연 일부'라고 일컫는다. 이처럼 문단이란 하나의 통일된 이야기를 전달하기 위하여 긴밀하게 연결된 문장의 집합체이다.

따라서 말하고자 하는 바를 분명하게 전달하기 위해서는 문단을 명확히 구분해야 한다. 그렇지 않을 경우, 문단을 나누어야 하는 장면에서 나눈 글이 독자를 오히려 혼란스럽게 하여, 자신이 전달하고자 하는 바를 효과적으로 전달할 수 없게 된다. 따라서 글을 쓸 때는 우선 문단의 구분에 유의하여 통일성 있고 유기적으로 연결된 글이 되게 해야 한다.

2. 문단의 구성

문단의 구성은 소주제를 드러내는 소주제문과 그 소주제문의 명제를 설명하거나 논리적으로 증명하는 뒷받침문장으로 구성된다. 소주제는 문단의 주제로서, 또는 문단의 중심 생각으로서 하나의 완결된 생각을 말한다. 이 소주제가 갖추어야 할 요건으로는 다음과 같은 것들이 있다. 첫째, 소주제는 글 전체의 주제와 밀접한 관계를 가져야 한다. 둘째, 소주제는 글 전체 주제와 관련하여 적절한 범주의 개념이어야 한다.

또 소주제를 하나의 완전한 문장으로 드러낸 것을 소주제문이라고 한다. 이 소주제문이 갖추어야 할 요건으로는 다음과 같은 것들이 있다. 첫째, 소주제문은 간결하게 표현하는 것이 좋다. 그래야 글의 논점이 선명하게 드러난다. 둘째, 소주제문은 명확하고 구체적으로 표현하는 것이 좋다. 그래야 강한 설득력을 가질 수 있다. 셋째, 소주제문은 적합한 단어를 선택하여 작성하는 것이 좋다. 그래야 생동감 있는 글이 된다.

뒷받침문장은 소주제문을 풀이하거나 논리적으로 증명하는 문장으로서 소주제를 독자가 이해할 수 있도록 충분히 합리적으로 발전시켜야 한다. 그러기 위해서는 충분한 자료를 확보하는 것이 필요하다. 뒷받침문장은 직접 뒷받침문장과 보조 뒷받침문장이 있다. 직접 뒷받침문장은 소주제 전체나 일부를 직접적으로 풀이하거나 논증하는 문장이며, 보조 뒷받침문장은 직접 뒷받침문장의 내용을 보조함으로써 간접 소주제를 뒷받침하는 문장이다(김희수, 2013). 관련 예시를 들면 다음과 같다.

문단 구성하기 예문

(1) 한국 문학에 있어 평화의 이상이란 것은 결국 한국 민족이 도달해야 할 평화, 즉 우리를 둘러싼 제반 모순, 갈등, 대립 등을 극복하여 우리 문학이 어떻게 수용하고 있느냐는 문제와 관련이 될 것이다. (2) 실상 평화라는 말은 이미 우리에게는 관념적으로 어떤 이상으로서 또는 보편화된 명제로서 이해되고 있다. (3) ① 그러나 이와 같은 이해에 앞서서 엄밀히 생각해 보면 평화 그 자체의 물음보다는 그것과 결부된 요소들, 이를테면 전쟁을 비롯한 각종 분쟁, 사회·정치·경제적 혼란 등 인간을 파괴하는 모든 요소와 필연적으로 관련하여 이해하고 있다는 점을 간과할 수 없다. ② 따라서 평화는 이런 점에서 인간의 모순된 현실이 극복된 하나의 이상적 영역으로 간주될 수 있다.

출처: 김동기 외(2001).

위의 문장(1)은 소주제문이며, 문장(2)와 문장(3)①은 소주제문에 나오는 '평화'라는 말이 각기 달리 이해되고 있음을 설명함으로써 소주제문을 직접 뒷받침해주고 있다. 그리고 문장(3)②는 소주제문을 직접 뒷받침해주지는 않지만, 문장(3)①의 내용을 보충해줌으로써 소주제문을 간접적으로 뒷받침하고 있다. 이처럼 모든 단락은 소주제문과 그것을 직접 또는 간접으로 뒷받침해주는 문장으로 구성된다.

연습문제 - 소주제문으로 고쳐쓰기

1. 소주제문(중심 문장)이 지녀야 할 요건(완전한 문장이어야 하고, 표현이 간결하고, 정확하고 구체적이어야 하며, 적절한 단어를 선택해야 한다)을 염두에 두면서, 다음 예문들을 적절한 소주제문으로 고쳐보자.

① 스마트폰을 이용하는 방법

② 등산은 좋다.

③ 부산에는 가볼 만한 곳이 많이 있다.

연습문제 - 문단 구성하기

2. 다음 문단의 글을 읽고 소주제문을 밝히고, 뒷받침문장을 직접 뒷받침문장과 보조 뒷받침문장으로 문단을 나눠보자.

동반 자살은 분명히 타살이다. 헌데, 이것은 가공할 무지로 인한 타살이다. 이것이 인간을 물품화 하는 우리의 사고에서 그 일부 유래되었다는 점에서 문화적 범죄이고, 이것이 당사자인 자식들에게 동의도 구하지 않고(나이가 어리다는 핑계로) 행해진 행위라는 점에서 비민주적 범죄인 것이다. 우리는 이 같은 불행을 우리 땅에서 추방하기 위해 무엇보다 올바른 인간관을 확립해야 할 것이다. 자기 자식은 부모에 의해서가 아니라 단지 부모를 통해서 태어났다고 하는 새로운 자녀관이 깊이 그리고 철저히 인식되어야 할 것이다.

– 한완상의 〈동반 자살과 문화적 범죄〉 중에서

① 소주제문

② 직접 뒷받침문장

③ 보조 뒷받침문장

3. 문단 구성원리

문단 구성원리는 통일성, 일관성, 완결성으로 구분하며 다음과 같다(고경민 외, 2015).

1) 통일성

- 한 문단 안에서 다루는 화제는 하나이어야 한다.
- 하나의 문단은 원칙적으로 소주제문 하나와 그것을 뒷받침하는 문장들로만 이루어져야 독자에게 분명한 내용을 전달할 수 있다.

통일성 원리의 예문

세르반테스(Cervaltes)의 소설에서 돈키호테는 '삼각형의 욕망'의 희생자 가운데 본보기다. 그러나 그 혼자만이 희생자인 것은 아니다. 그 다음으로 가장 크게 당한 희생자는 그의 시종 산초 판사의 어떤 욕망은 모방한 욕망이 아니다. 예를 들면, 치즈 한 조각을 보았다거나 포도주 한 부대를 보았을 때 느낀 욕망은 모방한 욕망이 아니다. 그러나 산초는 자신의 위장을 채우는 욕망 이외에도 다른 야심을 품고 있다. 돈키호테를 자주 만나게 된 뒤로 그는 자기가 통치자가 될 '섬' 하나를 꿈꾸고, 자기 딸에게도 공작부인 칭호를 가지게 하고 싶어 한다. 이런 종류의 욕망은 산초처럼 소박한 사람에게 자연발생적으로 일어난 것이 아니다. 그러한 욕망들을 그에게 암시해준 것은 바로 돈키호테이다.

– 르네 지라르(김치수, 송의경 옮김)의 〈삼각형의 욕망〉 중에서

2) 일관성

- 문단을 이루는 여러 문장은 서로 긴밀한 관계를 맺고 연결되어야 한다.
- 문단 내부의 여러 문장은 한 문단을 지배하는 일정한 질서와 그에 맞는 논리성에 따라 유기적 관련이 있다.
- 통일성의 원리가 알맞은 재료를 선택하는 요건이라면, 일관성의 원리는 통일성 있게 선택된 재료들을 적절한 위치에 배치하는 요건이라고 할 수 있다.

일관성 원리의 예문

① 영양 섭취가 꼭 필요하다.

② 사람은 태어나서 죽을 때까지 활동에너지가 필요하다. 특별한 운동을 하지 않더라도 활동에너지는 필요한 것이다. 활동에너지가 있어야 체력증진과 운동효과를 통한 건강한 삶이 가능하다. 활동에너지는 주로 음식물을 통해서 얻게 된다. 그러므로 사람의 몸에 필수적인 활동에너지를 확보하도록 하기 위해 체계적이고 계획적인 영양섭취가 필요하다.

①의 글은 한 문장으로 끝나지만, ②는 중요한 문장 외에 몇 개의 문장이 모여서 하나의 문단 형태를 이루고 있다. 그러나 문단 내에 다른 이야기를 하는 문장은 하나

도 없다. 한 가지 생각만을 표현하기 위한 문장의 모임이 이루어지는 것이다. 문장 여럿이 하나의 주제를 위해 집중하고 있는 ②의 경우 ①보다 훨씬 설득력이 있게 된다. 그뿐만 아니라 '활동에너지'와 같은 단어를 반복하여 사용하거나 접속어를 넣어서 글이 긴밀하게 이어진다.

3) 완결성

- 문단의 완결성은 소주제문을 뒷받침하는 문장들이 충분한 데서 온다.
- 문단의 완결성을 얻는 방법으로 상세화, 이유 제시, 인용, 예시(예증) 등이 있다.

완결성 원리의 예문

① 텔레비전은 바보상자라 할 만한 점이 분명히 있다. ② 텔레비전은 우리가 조용히 생각할 수 있는 시간, 곧 고독의 시간을 빼앗는다. ③ 고독의 시간은 우리를 쓸쓸하게 만들게도 하지만, 우리의 독자적인 생각을 많이 할 수 있게 만드는 기회가 된다. ④ 그런데 텔레비전은 여러 오락과 흥밋거리를 가지고 우리를 유혹함으로써 그 앞에 멍하게 앉아있게 만든다. ⑤ 또 텔레비전은 우리가 스스로 탐구하고 창조하는 힘을 약화시킨다. ⑥ 텔레비전은 온갖 지식과 새로운 정보들을 안방까지 가져다주는 충실한 하인과 같은 구실을 한다. ⑦ 이런 봉사적인 면은 우리에게 도움이 되기도 하지만, 그로 인해서 우리는 스스로 새로운 지식을 찾고 탐구하는 일에 게을러지게 된다.

위의 예문에서 소주제문은 ①이다. 글쓴이는 이 주장을 두 가지 이유(②, ⑤)를 제시함으로써 뒷받침하고 있다. 그런데 문단의 완결성을 갖추는 방법이 반드시 한 가지만 쓰이는 것은 아니다. 위의 예문에서 ③, ④는 ②를 상세화한 뒷받침문장이고, ⑥, ⑦은 ⑤를 상세화한 뒷받침문장이다.

4. 문단 전개와 구조

1) 문단 전개

일반적으로 문단은 서두, 논의, 결어의 세 부분으로 이루어진다. 서두에서는 대체로 소주제문을 제시하여 그 글에서 말하고자 하는 것을 분명히 밝힌다. 논의 부분에서는 뒷받침문장으로써 소주제를 풀이하거나 논증해 나간다. 결어에서는 중간논의를 점검하고 서두에서 언급한 주요 논점을 확인한다.

한 문단에 있어서 서두, 논의, 결어의 세 부분에 대한 비율을 적당히 배분하여 논의를 전개해 나가야 한다. 문단에 있어서 논의를 전개해 나가는 방법으로 다음과 같은 것이 있다(류성기, 1999).

첫째, 시간적 순서에 따라 자료를 배열하면서 논의를 전개해 나가는 방법

둘째, 공간적 순서에 따라 자료를 배열하면서 논의를 전개해 나가는 방법

셋째, 논리적 순서에 따라 자료를 배열하면서 논의를 전개해 나가는 방법이다. 셋째 방법은 다시 다음의 두 가지 방향으로 전개해 나간다. 하나는 특수화의 방향으로 자료를 배열하면서 논의를 전개해 나가는 방법. 다른 하나는 일반화의 방향으로 자료를 배열하면서 논의를 전개해 나가는 방법이다(김희수 · 김용환 · 하정연, 2013).

2) 문단 구조

앞에서 언급했듯이 문단은 주제문과 이를 풀이하고 논증하는 뒷받침문장으로 이루어져 있으며, 문단은 서두, 논의, 결어의 세 부분으로 구분한다. 이때 주제문이 세 부분 중에서 어느 위치에 놓이느냐에 따라 문단은 두괄식, 미괄식, 양괄식 그리고 중괄식으로 그 유형이 달라진다(김동기 외, 2001).

(1) 두괄식 구조

문단의 두괄식 구조는 다른 구조의 기본이 되는 것으로, 주제문을 단락의 맨 앞에 제시하고, 이어서 뒷받침문장을 배열하는 짜임새를 갖는다. 이 구조는 주제문을 염두에 두면서 글을 전개해 나갈 수 있어서 필자가 글을 쓰기에 유리하며, 아울러 독자가 글을 읽어 나갈 때도 능률적이다.

두괄식 구조 예문

<무정>의 화자는 특정한 작중 인물에 관심을 두고, 그에 대한 정보만을 전달하려고 하지 않는다. 스토리 세계에 사는 모든 인물에 관심을 두고 있으며 그들에 대한 정보-상이한 가치관, 인생관, 삶의 방법 등을 객관적으로 충실하게 전달하고자 한다. 그래서 종종 핵심 스토리선을 이탈하여 부수적인 인물의 과거, 삶의 방식, 세계관 등을 서술하는 데 긴 시간을 할애하고 있다. 이것은 작가가 스토리 세계를 총체적으로 드러내려 함을 시사한다.

(2) 미괄식 구조

문단의 미괄식 구조는 두괄식 구조와는 정반대로 앞쪽에 뒷받침문장들을 제시하고서 맨 나중에 주제문을 드러내는 짜임새를 갖는다. 이 구조는 주제문을 먼저 제시하지 않는다. 관련된 자료들을 우선 배열하여 서술한다. 따라서 독자들이 그 단락의 요지를 간명하게 파악하지 못하는 점은 있지만, 독자들의 시선을 긴장 속에 지속적으로 잡아둘 수 있다. 또 주제문을 맨 후미에 제시함으로써 극적 효과를 거둘 수도 있다.

미괄식 구조 예문

앞으로 중학교 1학년은 모든 일제고사를 치루지 않으며, 2~3학년도 국어·수학·사회·과학 등에 한하여 한 학기에 한 번 정도 치룰 수 있게 한다고 한다. 그 대신 평소에 선생님들이 학생 개개인의 학습과정과 행동을 주의 깊게 관찰하여 그것을 토대로 자연스럽게 평가를 한다. 이는 필기시험이 학생들에게 심리적으로 큰 부담을 주고, 필기시험의 점수가 그 학생에 대한 총체적인 평가인 양 받아들여지는 교육 차원에서 문제가 있으므로, 정상적인 인성교육을 시행하여 학생 개개인의 창의력을 길러주고 사회활동능력을 키워주는 데 그 목적이 있다. 이러한 학습평가 방법의 변화는 참으로 바람직한 교육방침이라 아니할 수 없다.

(3) 양괄식 구조

문단의 양괄식 구조는 맨 앞에 주제문을 내걸고 뒷받침문장을 통해 논의를 전개시킨 다음 맨 후미에 주제를 다시 제시하는 짜임새를 갖는다. 이것은 소주제문을 한층 강하게 드러내는 효과가 있다.

양괄식 구조 예문

우리는 환경 문제에 관하여 매우 우려할 만한 소식을 자주 접해왔다. 이산화탄소의 증가로 남극의 오존층이 구멍이 나서 인류 생존이 위협을 받는다느니, 각 나라에서 내보낸 오염물질이 바다로 흘러 들어가고, 바다에서의 기름유출이 잦아 인류의 마지막 남은 자원의 보고가 훼손되고, 생태계까지 심각한 영향을 미친다. 이러한 환경오염으로 빙하가 녹아 해수면이 높아질 것이며, 이상기후가 빈번히 발생하고 있다는 등의 이야기이다. 그리하여 이제 자연의 자정능력이 한계에 왔다는 것이다. 이러한 심각한 이야기는 이제 우리에게 너무도 친숙한 정보가 되어버렸다.

(4) 중괄식 구조

문단의 중괄식 구조는 주제문이 문단의 중간에 놓여 있고, 주제문의 앞뒤로 주제를 뒷받침하는 문장들이 놓이는 짜임새를 갖는다. 이는 단락의 서두, 논의, 결어의 세 부분 중에서 논의 부분에 주제문을 제시한 다음 결어 부분에서 추가로 보충 설명하는 뒷받침문장을 제시하는 방식이다. 하지만 이런 문단의 구조는 주제 전달의 측면에서 본다면 효과적이지는 못하다.

중괄식 구조 예문

오늘날 우리의 주변 현실은 더욱 가속화된 모습으로 변모를 거듭하고 있다. 참다운 민족문학의 정립은 개방되고 가속화된 현실 속에서 성숙한 주체의식을 구현하는 치열한 작가정신과 건전한 문학적 풍토의 확립에 있다. 그 비옥한 토양 위에서 민족문학의 싱싱한 꽃들이 피어나기를 우리 모두 기대에 찬 눈으로 바라볼 시점이다.

❖ 연습문제

1. 문단의 전개 방식을 염두에 두면서 다음의 미괄식 문장을 두괄식, 양괄식, 중괄식으로 바꿔보자.

연습문제 - 문장의 구조 바꾸기

대학은 초등학교가 아니다. 호각을 불면 왼편으로도 오른편으로도 가는 것이어서는 안 된다. 목자(牧者)의 막대기에 따라 우르르 몰려다니는 유순한 양 떼를 사육하는 곳도 아니며 '말 잘 듣고 공부 잘하는 학생'만 만드는 곳도 아니다. 대학은 학생이 '어른'으로 성장하도록 도와주는 곳이다. 그들이 스스로 판단하며 선택하며 비판하며 반성하며 자기의 행동에 책임을 지는 개성과 주체성을 지닌 인간이 되도록 그 능력을 길러주는 곳이다. 그들이 마음껏 배우며 마음껏 놀고 마음껏 생각하며 마음껏 토론하며 마음껏 일할 수 있도록 진리에의 정열이 멍들지 않게 보살펴줄 때 그들은 가장 건전한 '사상'의 소유자가 된다.

– 이부영의 〈대학〉 중에서

① 두괄식으로 바꾸기

② 중괄식으로 바꾸기

③ 양괄식으로 바꾸기

Chapter 06

다양한 표현법 익히기

세부 내용	• 낱말 · 구절 중심의 표현법 알기 • 비유 · 비교 중심의 표현법 알기 • 문장의 구조 · 형태를 바꾸는 표현법 이해하기	
학습 목표	• 낱말 · 구절 중심의 표현법을 적용할 수 있다. • 비유 · 비교 중심의 표현법을 적용할 수 있다. • 문장의 구조 · 형태를 바꾸는 표현법을 알 수 있다.	
단계	교수 · 학습 활동	자료
도입 단계	• 다양한 표현법 익히기에 대한 동기 유발 - 낱말 · 구절 중심의 표현법, 비유 · 비교 중심의 표현법, 문장의 구조 · 형태를 바꾸는 표현법에 대해 떠오르는 개념 말해보기	
전개 단계	• 다양한 표현법에 대하여 설명하기 - 낱말 · 구조 중심의 표현법 - 비유 · 비교 중심의 표현법 - 문장의 구조 · 형태를 바꾸는 표현법 • 다양한 표현법에 대하여 설명을 하고 수행 유도하기 - 연습문제 해결하기	원고지
정리 단계	• 수업 소감 발표 및 정리 - 연습문제 수행결과에 대한 2~3명 발표하기 - 다양한 표현법 익히기 총괄 정리	

문장은 어떻게 사용하느냐에 따라 그 가치와 미학이 달라진다. 여기서는 세 가지 관점의 문장 표현법에 대하여 살펴보도록 하겠다. 첫째는 낱말·구절 중심의 표현법인 대구법, 열거법, 반복법, 점층법, 점강법, 연쇄법이며, 둘째는 비유·비교 중심의 표현법인 직유법, 은유법, 의인법, 풍유법, 비교법, 중의법, 상징법, 대조법이며, 셋째는 문장의 구조·형태를 바꾸는 표현법인 도치법, 설의법, 돈호법, 반어법, 과장법, 경구법이다(김상훈, 2016; 김희수·김용환·하정연, 2013; 장하늘, 2009).

1. 낱말·구절 중심의 표현법

1) 대구법

대구법(對句法, parallelism)은 비슷한 내용을 비슷한 리듬으로 문장을 맞세워 표현하는 기법으로, 대유법 또는 대치법이라고도 일컫는다. 전, 후의 내용이 상반된 대조법과는 차이가 있다. 그 예문을 제시하면 다음과 같다.

대구법 표현 예문

① 사랑엔 계산서가 필요 없다. 그러니까 영수증도 필요 없다.
② 사랑이 없는 여인은 그만치 허전하다. 사랑이 없는 남자는 그만치 거칠다.

위의 예문을 참고하여 각자 2개의 대구법 문장을 표현해 보자.

연습문제 - 대구법 표현

①

②

2) 열거법

열거법(列擧法, enumiration)은 관계있는 것을 나열하는 표현기법으로 설명문이나 논증문에 많이 사용하는 기법이다. 달리 표현하여 열서법이라고도 한다. 그 예문을 제시하면 다음과 같다.

열거법 표현 예문

① 바다가 없는 나라, 민족이 없는 나라, 국어가 없는 나라, 왕이 없는 나라, 전쟁이 없는 나라, 그러나 오직 행복만이 있는 나라 … 이것이 스위스다.

② 데카르트는 병영에서 보초섰다가 진리를 인식했으며, 간디는 인도 민중의 신음소리를 듣고 자기의 죽을 자리를 찾았고, 루터는 벼락에 맞아 죽는 친구의 죽음을 보고 신에게 귀의하였다.

위의 예문을 참고하여 각자 2개의 열거법 문장을 표현해 보자.

연습문제 - 열거법 표현

①

②

3) 반복법

반복법(反復法, repetition)은 어떤 내용을 되풀이하여 강조하는 표현기법이다. 그 예문을 제시하면 다음과 같다.

반복법 표현 예문

① 한 사람은 소나무로 지은 집에서 태어나서, 솔밭에서 일하고, 소나무로 밥 지어 먹고 살다가 소나무 관에 들어, 다시 소나무밭에 묻힌다.
② 귀먹어서 3년이요, 눈 어두워 3년이요, 말 못 해서 3년이요, 석 3년을 살고 나니, 매 꽃 같은 나의 얼굴 호박꽃이 다 되었네.

위의 예문을 참고하여 각자 2개의 반복법 문장을 표현해 보자.

연습문제 - 반복법 표현

①

②

4) 점층법

점층법(漸層法, climax)은 약→강, 좁→넓, 밖→안, 옅→깊, 낮→높 등의 표현하는 기법으로, 점점 그 의미를 높여가는 것이다. 설명과 묘사에 많이 쓰이는 표현법이다. 그 예문을 제시하면 다음과 같다.

점층법 표현 예문

① 돈을 잃은 것은 적게 잃은 것이요, 명예를 잃은 것은 많이 잃은 것이요, 건강을 잃은 것은 모든 것을 잃은 것이다.
② 처음 오시는 선생님들에게 별명을 붙이는 것은 학생들의 자유이며, 특권이며, 낭만의 하나다.

위의 예문을 참고하여 각자 2개의 점층법 문장을 표현해 보자.

연습문제 - 점층법 표현

①

②

5) 점강법

점강법(漸降法, anti-climax)은 점층법의 반대 개념으로 표현하는 기법이다. 그 예문을 제시하면 다음과 같다.

점강법 표현 예문

① 한글은 금이요, 로마자는 은이요, 일본 가나는 동이요, 한자는 떡쇠다.
② 국가는 하늘이고, 지역 사회는 정원이고, 나는 꽃이다.

위의 예문을 참고하여 각자 2개의 점강법 문장을 표현해 보자.

연습문제 - 점강법 표현

①

②

6) 연쇄법

연쇄법(連鎖法, chain-writing)은 앞의 말꼬리를 잡아 뒤의 말머리를 삼고 이어 나아가는 표현기법이다. 그 예문을 제시하면 다음과 같다.

연쇄법 표현 예문

① 따금이 속에 빤빤이, 빤빤이 속에 털털이, 털털이 속에 오드득이가 뭐냐?
② 황혼은 조락을, 조락은 고독을, 고독은 비애를 잉태한다.

위의 예문을 참고하여 각자 2개의 연쇄법 문장을 표현해 보자.

연습문제 - 연쇄법 표현

①

②

2. 비유 · 비교 중심의 표현법

1) 직유법

직유법(直喩法, simile)은 '~같은(같이), ~(하)듯이, ~인 양, ~처럼 등 B(보조관념)를 A(원관념)에 연결하는 표현기법을 말한다. 그 예문을 제시하면 다음과 같다.

직유법 표현 예문

① 지구는 공같이 둥글다. 지구는 파란 수박처럼 둥글다.
② 그녀는 마음씨가 천사처럼 곱다. 그 사람은 마음씨가 바다처럼 넓다.

위의 예문을 참고하여 각자 2개의 직유법 문장을 표현해 보자.

연습문제 - 직유법 표현

①

②

2) 은유법

은유법(隱喩法, metaphor)은 A(원관념)는 B(보조관념)는 식으로 표현하는 기법이다. 직유법보다 밀착도가 강한 비유이며 글의 상상력을 더해주는 데 효과적이다. 그 예문을 제시하면 다음과 같다.

은유법 표현 예문

① 역사란 인간이 인간을 학살해 온 기록이다.
② 밥을 많이 먹어 내 배가 어느덧 남산이 됐다.

위의 예문을 참고하여 각자 2개의 은유법 문장을 표현해 보자.

연습문제 - 은유법 표현

①

②

3) 의인법

의인법(擬人法, personification)은 사람이 아닌 것을 사람처럼 표현하는 기법을 말한다. 의인법과 비슷한 활유법이 있는데, 활유법은 무생물을 생물처럼 표현하는 기법이다. 그 예문을 제시하면 다음과 같다.

의인법 표현 예문

① 따사로운 햇살이 내 몸을 간질인다. 파도가 장수의 걸음으로 무섭게 다가온다.
② 바다여,
날이 날마다 속삭이는
너의 수다스런 이야기에 지쳐
해안선의 바위는
베토벤처럼 귀가 먹었다.

– 신석정의 〈바다에게 주는 시에게〉 중에서

위의 예문을 참고하여 각자 2개의 의인법 문장을 표현해 봅시다.

연습문제 - 의인법 표현

①

②

4) 풍유법

풍유법(諷喩法, allegory)은 원관념인 본의(本意)는 감추고 비유만을 제시함으로써, 그 본의를 생각게 하는 표현기법이다. 다른 말로는 우화법(寓話法)이라고도 일컫는다. 그 예문을 제시하면 다음과 같다.

풍유법 표현 예문

① 쥐를 잡기만 하면, 고양이의 색깔은 가리지 않겠다.(중국의 현대화만 이루어진다면, 미국이든 일본이든 따지지 않고 기술을 제휴하겠다.) - 등소평 -
② 접시를 깰까 봐 접시를 안 닦겠다는 건 있을 수 없다.

위의 예문을 참고하여 각자 2개의 풍유법 문장을 표현해 보자.

연습문제 - 풍유법 표현

①

②

5) 비교법

비교법(比較法, compalison)은 두 사실을 비교함으로써 작자의 주장을 더욱 드러내는 표현기법이다. 그 예문을 제시하면 다음과 같다.

비교법 표현 예문

① 책을 없는 궁전에서 사는 것보다, 책이 있는 마구간에 사는 것이 낫다.
② 아침결에 책보만한 해가 들었다가, 오후에 손수건만해지면서 나가 버린다.

위의 예문을 참고하여 각자 2개의 비교법 문장을 표현해 보자.

연습문제 - 비교법 표현

①

②

6) 중의법

중의법(重義法, syllepsis)은 한 낱말에 두 가지 뜻을 곁들여 표현함으로써, 언어의 단조로움을 넘어 그 작품의 너비와 깊이를 자아내려는 표현기법이다. 다른 말로는 양의법(兩義法)이라고도 일컫는다. 그 예문을 제시하면 다음과 같다.

중의법 표현 예문

① 인제 가면 언제 오나, 원통에서 못 살겠네.
② 항상 예쁘게 나오리라고 착각하면서 자꾸만 찍는 사진처럼, 우리의 인생은 여러 가지 착각 속에서 '착각' '착각' 잘도 지나간다.

위의 예문을 참고하여 각자 2개의 중의법 문장을 표현해 보자.

연습문제 - 중의법 표현

①

②

7) 상징법

상징법(象徵法, symbolism)은 어떤 사물이나 관념의 특징 또는 의미를 직접적으로 나타내지 않고 다른 사물이나 관념에 의해 암시적으로 표현하는 기법을 말한다. 그 예문을 제시하면 다음과 같다.

상징법 표현 예문

① 온 세상을 콘크리트로 깔아도 풀은 돋아난다.
② 사과 한 알이 떨어졌다. 지구는 부서질 정도로 아팠다.

위의 예문을 참고하여 각자 2개의 상징법 문장을 표현해 보자.

연습문제 - 상징법 표현

①

②

8) 대조법

대조법(對照法, antithesis)은 상반(相反)되는 두 어구 또는 사상(事象)을 맞세워 그 형식이나 내용의 다름을 두드러지게 드러내어 보이는 표현법이다. 이 표현법은 고저(高低), 장단(長短), 흑백(黑白), 선악(善惡), 신구(新舊), 빈부(貧富), 음양(陰陽), 남녀(男女) 등과 같이 의미적으로 반대되거나 대립되는 사실을 대조시킴으로써 사물이나 현상의 본질을 뚜렷하면서도 인상적으로 드러내는 효과를 낳는다.

대조법은 반드시 내용상 대립되면서 짝을 이루어야 한다는 점에서 내용과는 상관없이 형식상 짝을 이루기만 하면 되는 대구법과는 차이가 있다. 그 예문을 제시하면 다음과 같다.

대조법 표현 예문

① 인생은 짧고 예술은 길다.
② 달면 삼키고, 쓰면 뱉는다. 잘 되면 제 탓, 못 되면 조상 탓.

위의 예문을 참고하여 각자 2개의 대조법 문장을 표현해 보자.

연습문제 - 대조법 표현

①

②

3. 문장의 구조 · 형태를 바꾸는 표현법

1) 도치법

도치법(倒置法, inversion)은 하나의 문장 안에서 낱말과 구가 놓여야 할 정상적인 순서를 뒤바꾸어, 읽는 이로 하여금 지루함을 없애주는 표현기법으로, 도역법(倒逆法)이라고도 한다. 문장 가운데 특별히 어떤 부분을 강조하거나 감정의 격화된 상태, 즉 놀람이나 감탄의 경우에 주로 쓰인다. 그 예문을 제시하면 다음과 같다.

도치법 표현 예문

① 가슴에는 외로움이 가득하고 사랑하는 사람은 떠났다.
② 죽어도 아니 눈물 흘리오리다.

위의 예문을 참고하여 각자 2개의 도치법 문장을 표현해 보자.

연습문제 - 도치법 표현

①

②

2) 설의법

설의법(設疑法, interrogation)은 번연히 알 수 있는 것을 의문으로 두어 듣는 사람이 원하는 답을 스스로 찾아내게 하는 표현기법이다. 평서문보다 강한 뜻을 나타내며, 권유·웅변·연설 등에서 자주 쓰인다. 그 예문을 제시하면 다음과 같다.

설의법 표현 예문

① 지금은 남의 땅－빼앗긴 들에도 봄은 오는가.
② 인간의 비극은 돼지가 아닌 데서 비롯했다고 하면, 나를 나무랄 것인가.

위의 예문을 참고하여 각자 2개의 설의법 문장을 표현해 보자.

연습문제 - 설의법 표현

①

②

3) 돈호법

돈호법(頓呼法, apostrophe)은 사람이나 사물의 이름을 불러 흥취와 멋을 돋구거나 독자나 청중의 주의를 환기시키는 표현방법이다. 그 예문을 제시하면 다음과 같다.

돈호법 표현 예문

① 잊지 못할 나의 강산아!

② 짚방석 내지 마라. 낙엽엔들 못 앉으랴

아희야, 이 밤이 지새도록 어디 가 놀며 돌아오지 아니하느냐. 빈 방이 너를 기다린다. 돌아오너라. 지금 이 아름다운 달빛이 너를 찾아왔구나. 돌아오너라.

위의 예문을 참고하여 각자 2개의 돈호법 문장을 표현해 보자.

연습문제 - 돈호법 표현

①

②

4) 반어법

반어법(反語法, irony)은 표현하려는 원뜻과 정반대되는 말로 표현하는 기법이다. 표면상으로는 칭찬하면서도 원뜻은 비난하려는 것과 표면상 비난하는 것 같지만, 참뜻은 칭찬하려는 것이 그 예이다. 그 예문을 제시하면 다음과 같다.

반어법 표현 예문

① 책을 안 사보는 게 한국인의 장점이다.
② 깡패하고 사귀어 보시오. 참으로 훌륭한 인격자가 될 것이오.

위의 예문을 참고하여 각자 2개의 반어법 문장을 표현해 보자.

연습문제 - 반어법 표현

①

②

5) 과장법

과장법(誇張法, hyperble)은 뜻을 강조하거나 익살스러운 효과를 내기 위해 일부러 과장하여 표현하는 기법을 말한다. 그 예문을 제시하면 다음과 같다.

과장법 표현 예문

① 고추나무에서 그네를 뛰고 잣껍질로 배를 만들어 타겠다.
② 개미 한 마리 비집고 들어갈 틈 없이 들어찬 청중들.

위의 예문을 참고하여 각자 2개의 과장법 문장을 표현해 보자.

연습문제 - 과장법 표현

①

②

6) 경구법

경구법(警句法, epigram)은 날카롭고 짧은 말로 사람의 의표를 찌르는 것으로, 일깨움 · 변죽울림을 노리는 표현 방법이다. 그 예문을 제시하면 다음과 같다.

경구법 표현 예문

① 헤엄 잘 치는 놈, 반드시 물에서 죽는다.
② 개구리눈으로 바다를 바라보는 소리 말게나.

위의 예문을 참고하여 각자 2개의 경구법 문장을 표현해 보자.

연습문제 - 경구법 표현

①

②

Chapter 07

어문 규범에 맞는 글쓰기

세부 내용	• 한글 맞춤법 및 외래어 표기법 알기 • 띄어쓰기의 원칙 이해하기 • 어법에 맞는 표현 알기
학습 목표	• 한글 맞춤법 및 외래어 표기법을 알 수 있다. • 띄어쓰기 원칙을 적용할 수 있다. • 어법에 맞는 표현을 할 수 있다.

단계	교수 · 학습 활동	자료
도입 단계	• 어문 규범에 맞는 글쓰기에 대한 동기 유발 - 한글 맞춤법 및 외래어 표기법에 대한 퀴즈문제 제시 및 맞추기 - 띄어쓰기의 어려운 점에 대한 생각을 떠올리고 말해보기	
전개 단계	• 어문 규범에 맞는 글쓰기에 대하여 설명하기 - 한글 맞춤법 및 외래어 표기법 - 띄어쓰기의 원칙 - 어법에 맞는 표현 • 어문 규범에 맞는 글쓰기에 대하여 설명을 하고 수행 유도하기 - 연습문제 해결하기	원고지
정리 단계	• 수업 소감 발표 및 정리 - 연습문제 수행결과에 대한 2~3명 발표하기 - 어문 규범에 맞는 글쓰기에 대하여 총괄 정리	

1. 한글 맞춤법 및 외래어 표기법

문장 표현 시에 올바른 한글 맞춤법 및 외래어 표기법은 독자의 가독성을 높이고, 글의 신뢰성을 높이는 데 기여한다. 그러므로 문장 표현 시에 자주 틀리는 한글 맞춤법과 외래어 표기법을 살펴보자(김희수 외, 2013).

구분	맞춤법 표기 방법
~녘, ~칸	• 동녘, 새벽녘('~녁'이 아님), 빈칸('~간'이 아님)
어원에서 멀어진 형태	• 사글세, 강낭콩('삭월세, 강남콩'이 아님) • 삵, 살쾡이('삵쾡이'가 아님) • 겨우살이('겨우사리, 겨울사리'가 아님) • 돌잔치('돐잔치'가 아님)
서수	• 둘째, 셋째, 넷째, 열두째, 스물두째
수컷	• 수꿩, 수나사, 수놈, 수소('숫소'가 아님), 수캉아지, 수캐, 수컷, 수퇘지, 수탉 예외) 숫양, 숫염소, 숫쥐
양성모음이 음성모음으로 굳어진 것	• 깡충깡충('깡총깡총'이 아님), 오뚝이('오똑이'가 아님), 주추(柱礎, '주초'가 아님), 주춧돌('주촛돌'이 아님)
'ㅣ' 모음이 역행동화현상에 의한 발음은 원칙적으로 표준발음으로 인정하지 아니하되, 다만 다음 단어들은 동화가 적용된 형태를 표준어로 삼음.	• 서울내기('서울나기'가 아님), 시골내기('시골나기'가 아님), 냄비('남비'가 아님), 풋내기('풋나기'가 아님), 채비('차비'가 아님), 내리다('나리다'가 아님)
기술자에게는 '~장이', 그 외에는 '~쟁이'	• 미장이, 유기장이, 땜장이, 멋쟁이, 소금쟁이, 담쟁이, 중매쟁이, 점쟁이, 개구쟁이
윗	• 윗넓이, 윗눈썹, 윗니, 윗도리 예외 1) 된소리나 거센소리 앞에서는 '위'로 한다. 위짝, 위쪽, 위층, 위치마, 위턱 예외 2) '아래, 위'의 대립이 없는 경우는 '웃' 웃돈, 웃어른, 웃옷

구분	맞춤법 표기 방법
구(句)	• 구법(句法), 구절(句節), 문구(文句) 예외) 귀글, 글귀
된소리(ㄲ, ㄸ, ㅃ, ㅆ, ㅉ)를 쓰지 않는 것이 원칙적인 표기임	• 까페→카페, 빠리→파리, 삿뽀로→삿포로, 쌩큐→생큐
받침에는 'ㄱ, ㄴ, ㄹ, ㅁ, ㅂ, ㅅ, ㅇ'만 표기	• 커피숖→커피숍, 디스켙→디스켓, 케잌→케이크, 긷들길→깃들길
현지음을 원칙으로 표기	• 칸트→칸, 나쇼날→내셔널, 이태리→이탈리아
장모음의 장음은 따로 표기	• 티임→팀, 스키이→스키, 오오사카→오사카
중모음 '오우(ou)'는 '오'로 표기	• 윈도우→윈도, 스노우→스노, 레인보우→레인보, 무우→무
영어의 경우 어말의 '쉬'는 '시'로 적고, 자음 앞의 '쉬'는 '슈'로 표기	• 잉글리쉬→잉글리시, 플래쉬→플래시, 리더쉽→리더십, 쉬림프→슈림프
어말의 '취'는 '치'로 표기	• 스위치→스위치, 캐취→캐치, 패취→패치
'ㅈ, ㅊ'발음이 모음 앞에서 '쟈 져, 쥬, 챠, 츄'로 될 때는 '자, 저, 주, 차, 추'로 표기	• 비젼→비전, 쥬스→주스, 스케쥴→스케줄
약어는 우리말 풀이 다음 괄호 안에 넣는다.	• 석유수출기구(OPEC), 유럽연합(EU), 국내총생산(GDP)
본디말과 준말이 모두 표준어인 경우	• 거짓부리=거짓불, 노을=놀, 막대기=막대, 시누이=시뉘/시누, 찌꺼기=찌끼
비슷한 발음의 형태	• 꼭두각시, 너돈(너말), 넉냥(넉되, 넉섬, 넉자), 댑싸리, 서돈(서말, 서푼), 석냥(석되, 석삼, 석자)
복수 표준어 ※ ( ) 속의 말 허용	• 네(예), 쇠가죽(소가죽), 쇠고기(소고기), 쇠뼈(소뼈)
방언이던 단어가 표준어보다 더 널리 쓰이게 된 것은 그것을 표준어로 삼고, 원래의 표준어는 그대로 표준어로 남겨둔다. ※ ( ) 속의 말은 그대로 표준어로 남겨둔 말	• 멍게(우렁쉥이), 물방개(선두리), 애순(어린순)
방언을 표준어로 삼고, 원래 표준어는 버림 ※ ( ) 속의 말은 버리는 말	• 귀밑머리(귓머리), 빈대떡(빈자떡), 코주부(코보)

구분	맞춤법 표기 방법
복수 표준어: 한 가지 의미를 나타내는 형태가 몇 가지가 널리 쓰이며 표준어 규정에 맞으면 그 모두를 표준어로 삼는다.	• 가는허리/잔허리, -거리다/-대다, 극성떨다/극성부리다, 뜨리다/트리다, 벌레/버러지, 철따구니/철딱서니/철딱지
문장 끝 어미 '-오'는 '-요'로 쓰지 않는다. 다만, 이를 발음할 때에는 '-오'로 발음함이 원칙이나 '-요'로 발음하는 것도 허용된다. 그리고 문장 중간에서 연결어미로 쓸 때와 반말 뒤에 붙여 쓸 때에는 '-요'로 표기한다.	• 어서 오십시오, 삼가시오 • 이것은 책이요, 그것은 연필이요, 저것은 지우개다. 읽어요, 먹어요 등.
사이시옷은 다음과 같은 경우 받치어 표기한다.	• 순 우리말로 된 합성어로서 앞말이 모음으로 끝나는 경우 중에서, ① 뒷말의 첫소리가 된소리로 난 경우: 냇가, 찻집, 선짓국 등 ② 뒷말의 첫소리 'ㄴ, ㅁ' 앞에서 'ㄴ'소리가 덧나는 경우: 아랫니, 냇물, 아랫마을 등 ③ 뒷말의 첫소리 모음 앞에서 'ㄴㄴ'소리가 덧나는 경우: 뒷윷, 나뭇잎, 깻잎 등 • 순 우리말과 한자어로 된 합성어로서 앞말이 모음으로 끝난 경우 중에서, ① 뒷말의 첫소리가 된소리로 나는 경우: 귓병, 전셋집, 햇수 등 ② 뒷말의 첫소리 'ㄴ, ㅁ' 앞에서 'ㄴ'소리가 덧나는 경우: 곗날, 제삿날, 훗날 등 ③ 뒷말의 첫 모음 앞에서 'ㄴㄴ' 소리가 덧나는 경우: 예삿일, 훗일, 가욋일 등 • 한자어의 경우에는 사이시옷을 안 쓰나(예: 치과, 국어과 등), 두 음절로 된 다음 한자어의 경우에만 예외적으로 사용한다(예: 곳간(庫間), 셋방(貰房), 숫자(數字), 찻간(車間), 툇간(退間), 횟수(回數) 등).

2. 띄어쓰기의 원칙

기본적인 띄어쓰기 원칙을 제시하면 다음과 같다(김희수 외, 2013; 고경민 외, 2015).

제2항 문장의 각 단어는 띄어 씀을 원칙으로 한다.

① 원칙을 둔 이유: 단어는 하나의 어휘적 개념을 품고 있어서, 단어에 따라 띄어 쓰면 글을 능률적으로 읽을 수 있기 때문이다.

② 합성어: 어근과 어근이 결합해서 새로운 단어를 만드는 경우에는 한 단어(합성어)이므로 붙여 쓴다.

예) 큰집, 큰코다치다. 쥐꼬리만 한 월급, 안절부절못하다.

③ 파생어: 어근과 접미사가 결합해서 새로운 단어를 만드는 경우에는 한 단어(파생어)이므로 붙여 쓴다. 어근 다음에 오는 '하다/되다/시키다/드리다' 등은 접미사이므로 앞의 어근과 붙여 쓴다.

예) 공부하다(동사), 건강하다(형용사), 행복하다(형용사), 생산되다(피동사), 발전시키다(사동사), 감사드리다(높임)

제41항 조사는 그 앞말에 붙여 쓴다.

꽃이, 꽃마저, 꽃밖에, 꽃에서부터, 꽃이나마, 꽃이다. 꽃입니다. 꽃처럼, 어디까지나, 거기도, 멀리는, 웃고만.

제42항 의존명사는 띄어 쓴다.

아는∨것이 힘이다. 나도 할∨수∨있다. 먹을∨만큼 먹어라. 아는∨이를 만났다. 네가 뜻한∨바를 알겠다. 그가 떠난∨지가 오래다.

① 대로, 만큼, 뿐

아는 <u>대로</u> 말하실 거죠? (의존명사-그와 같이)

법<u>대로</u> 처벌하세요. (조사)

방 안은 숨소리가 들릴 만큼 조용했다. (의존명사–정도)
집을 대궐만큼 크게 짓다. (조사)
소문으로만 들었을 뿐이고, 실제로 본 적은 없다. (의존명사–따름)
믿을 것은 오직 우리의 실력뿐이다. (조사)

② 만, 밖에
떠난 지 삼 년 만에 돌아왔다. (의존명사–경과한 시간)
하나만 알고 둘은 모른다. (조사)
떠날 수밖에 없는 사정 (밖에→'오로지'를 뜻하는 조사)
대문 밖에(바깥에)

③ 데, 지, 바
아이를 낳고 기르는 데는 경제적 부담이 요구된다. (장소/곳, 일/것, 경우)
물을 높은 데서 낮은 데로 흐른다.
고유어를 살리는 데 힘썼다.
이것은 머리 아픈 데 먹는 약이다.
날이 저물었는데 어딜 가니? (어미)

④ 걸, 게
아직 멀쩡한 걸(것을) 왜 버려?
냉장고 안에 먹을 게(것이) 하나도 없다.
쉽게 넘어가지 않을 건(것은) 분명한 사실이다.
어김없이 봄은 올 거(것이)다.
아마 내일 미국으로 떠날걸, 내가 먼저 사과할걸. (어미)

제43항 단위를 나타내는 명사는 띄어 쓴다.

① 한 개, 차 한 대, 금 서 돈, 소 한 마리, 옷 한 벌, 열 살, 조기 한 손, 연필 한 자루, 버선 한 죽, 집 한 채, 신 두 켤레, 북어 한 쾌.

② 다만, 순서를 나타내는 경우나 숫자와 어울리어 쓰이는 경우에는 붙여 쓸 수 있다. 연월일, 시각 등도 붙여 쓸 수 있다.
예) 두시 삼십분 오초, 제일과, 삼학년, 육층, 80원, 10개, 7미터, 2016년 9월 1일, 2대대, 16동 502호, 제1어학 실습실

제44항 수를 적을 적에는 '만(萬)' 단위로 띄어 쓴다.

십이억 삼천사백오십육만 칠천팔백구십팔, 12억 3456만 7898

제45항 두 말을 이어주거나 열거할 적에 쓰이는 말들은 띄어 쓴다.

국장 겸 과장, 청군 대 백군, 열 내지 스물, 이사장 및 이사들
책상, 걸상 등이 있다. (의존명사)

제46항 단음절로 된 단어가 연이어 나타날 적에는 붙여 쓸 수 있다.

그때 그곳, 좀더 큰것, 이말 저말, 한잎 두잎.

제47항 보조 용언은 띄어 씀을 원칙으로 하되, 경우에 따라 붙여 씀도 허용한다.

① Ⓐ를 원칙으로 하고, Ⓑ를 허용한다.

Ⓐ	Ⓑ
불이 꺼져 간다.	불이 꺼져간다.
내 힘으로 막아 낸다.	내 힘으로 막아낸다.
어머니를 도와 드린다.	어머니를 도와드린다.
그릇을 깨뜨려 버렸다.	그릇을 깨뜨려버렸다.
비가 올 듯하다.	비가 올듯하다.
그 일은 할 만하다.	그 일은 할만하다.
일이 될 법하다.	일이 될법하다.
비가 올 성싶다.	비가 올성싶다.
잘 아는 척한다.	잘 아는척한다.

② 다만, 앞말에 조사가 붙거나 앞말이 합성 동사인 경우, 그리고 중간에 조사가 들어갈 적에는 그 뒤에 오는 보조 용언은 띄어 쓴다.

잘도 놀아만 나는구나! 책을 읽어도 보고…
네가 덤벼들어 보아라. 강물에 떠내려가 버렸다.
그가 올 듯도 하다. 잘난 체를 한다.

제48항 성과 이름, 성과 호 등은 붙여 쓰고, 이에 덧붙는 호칭어, 관직명 등은 띄어 쓴다.

박우찬, 서화담, 채영신 씨, 최치원 선생, 박동식 박사, 충무공 이순신 장군.
※ 다만, 성과 이름, 성과 호를 분명히 구분할 필요가 있을 경우에는 띄어 쓸 수 있다.
남궁억/남궁 억, 독고준/독고 준, 황보지봉/황보 지봉

제49항 성명 이외의 고유 명사는 단어별로 띄어 씀을 원칙으로 하되, 단위별로 띄어 쓸 수 있다.

Ⓐ를 원칙으로 하고, Ⓑ을 허용한다.

Ⓐ	Ⓑ
대한 중학교	대한중학교
동원 과학 기술 대학교	동원과학기술대학교

제50항 전문 용어는 단어별로 띄어 씀을 원칙으로 하되, 붙여 쓸 수 있다.

Ⓐ를 원칙으로 하고, Ⓑ을 허용한다.

Ⓐ	Ⓑ
만성 골수성 백혈병	만성골수성백혈병
중거리 탄도 유도탄	중거리탄도유도탄
두 팔 들어 가슴 벌리기	두팔들어가슴벌리기
여름 채소 가꾸기	여름채소가꾸기
손해 배상 청구	손해배상청구
탄소 동화 작용	탄소동화작용
모음 조화	모음조화

❖ 틀리기 쉬운 띄어쓰기

1. 내 고향은 (서울입니다. / 서울 입니다.)
2. 내가 해야 할 분량이 여기서 (어디까지 입니까? / 어디까지입니까?)
3. (여기에서 부터 / 여기에서부터) 너 혼자 가야 한다.
4. 올해 아파트 분양가는 (떨어지기는커녕 / 떨어지기는 커녕) 오르고 있다.
5. (이와같이 / 이와 같이) 모든 사건은 그의 소행으로 밝혀졌다.
6. 모진 어려움도 (그와같이 /그와 같이) 헤쳐 나갈 것이다.
7. 오늘은 일을 할 (수밖에 / 수 밖에) 없다.
8. (그밖의 / 그 밖의) 문제는 우리 책임이 아니다.

9. 그는 그 집안의 (하나밖에 / 하나 밖에) 없는 아들이다.
10. 시야를 넓히기 위해서는 (우리나라 / 우리 나라) 밖에 나가봐야 큰 세상을 배울 수 있다.
11. 그녀의 의상에서 봄이 오는 것을 (느낄수 있다. / 느낄 수 있다.)
12. 사랑 끝에 남은 것은 (상처뿐이었다. / 상처 뿐이었다.)
13. 나는 (전진할뿐이다. / 전진할 뿐이다.)
14. 그는 어릴 적 헤어진 부모를 (이십 년만에 / 이십 년 만에) 만났다.
15. 절에 들어가 딱 (일 년만 / 일 년 만) 공부해라.
16. 구체적인 계획은 (정리하는대로 /정리하는 대로) 발표할 것이다.
17. 그 법안은 (예정대로 / 예정 대로) 속히 시행돼야 한다.
18. 그들이 (돌아온지 / 돌아온 지) 사흘이 지났다.
19. 너를 (사랑하는만큼 / 사랑하는 만큼) 그녀를 아껴라.
20. (너만큼 / 너 만큼) 나도 힘겨웠다.
21. 어제 잡은 물고기가 (얼마만큼 / 얼마 만큼) 크니?
22. 명절에는 집에 사과, 귤, 배, (감들이 / 감 들이) 참 많다.
23. 어머니께서 내게 떡 (열개 / 열 개)를 주셨다.
24. 동생이 쇠고기 (두근을 / 두 근을) 사왔다.
25. 내 딸이 벌써 초등학교 (삼학년 / 삼 학년)입니다.
26. 나는 여행지로 (중국 내지 일본 / 중국내지 일본)을 생각한다.
27. 나는 (그때 그곳 / 그 때 그 곳)을 잊지 못해!
28. 나는 늘 하루의 시작을 (한잔 술로 / 한 잔 술로) 시작했다.
29. 그는 늘 (이집 저집 / 이 집 저 집)으로 밥을 빌러 다녔다.
30. (여러가지 / 여러 가지) 재료가 많이 있다.
31. 우리 나라는 (이번에 / 이 번에) 월드컵 최종 예선을 통과하지 못했다.
32. (김군 / 김 군)! 나는 자네가 그리워.
33. (이순신 / 이 순신) 장군이 난중일기를 썼다.
34. 이번 학술 답사는 (정약용선생 / 정약용 선생)의 생가입니다.
35. 새로 임명된 (윤장관 / 윤 장관)은 결단력이 있는 인물이다.
36. 네 말에 난 (웃을뿐이다. / 웃을 뿐이다.)
37. 나는 (더 못간다. / 더 못 간다.)
38. 그는 (늘더 먹는다. / 늘 더 먹는다.)
39. 하늘을 보니 오늘은 (비가 올성싶다. / 비가 올 성싶다.)
40. 기다리던 그들이 (옵니다그려 / 옵니다 그려)

답안

서울입니다. / 어디까지입니까? / 여기에서부터 / 떨어지기는커녕 / 이와 같이 / 그와 같이 / 수밖에 / 그 밖에 / 하나밖에 / 우리나라 / 느낄 수 있다. / 상처뿐이었다. / 전진할 뿐이다. / 이십 년 만에 / 일 년만 / 정리되는 대로 / 예정대로 / 돌아온 지 / 사랑하는 만큼 / 너만큼 / 얼마만큼 / 감 들이 / 열 개 / 두 근을 / 삼학년, 삼 학년 / 중국 내지 일본 / 그 때 그 곳, 그때 그곳 / 한 잔 술로, 한잔 술로 / 이 집 저 집, 이집 저집 / 여러 가지 / 이번에 / 김 군 / 이순신 / 정약용 선생 / 윤 장관 / 웃을 뿐이다. / 더 못 간다. / 늘 더 먹는다. / 비가 올 성싶다. 비가 올성싶다. / 옵니다그려.

3. 어법에 맞는 표현

1) '늘이다', '늘리다'

(1) 늘이다: 본디보다 더 길게 하다. (길이)

예) 고무줄을 늘인다.

(2) 늘리다: 본디보다 더 크게 하거나 많게 하다. (크기, 수량)

예) 방을 더 늘린다. 수출량을 늘린다. 몸무게를 늘린다.

연습 문제 (○, ×)

① 그의 어머니는 성실하게 일하여 재산을 늘여왔다. (　　　)

② 나이는 엿가락처럼 늘일 수는 있어도 사람의 지식은 그에 비례해서 늘릴 수 있는 것은 아니다. (　　　)

☞ 정답: ① × ② ○

2) '-더라', '-던', '-든지'

(1) 지난 일을 나타내는 어미는 '-더라, -던'으로 적는다.

(2) 물건이나 일의 내용을 가리지 아니하는 뜻을 나타내는 조사와 어미는 '-든지'로 적는다.

연습 문제 (○, ×)

① 지난 겨울은 몹시 춥드라. (　　)
② 깊든 물이 얕아졌다. (　　)
③ 배던지 사과던지 마음대로 먹어라. (　　)
④ 가던지 오던지 마음대로 먹어라. (　　)
☞ 정답: ① × ② × ③ × ④ ×

3) 조사 '로서', '로써'

(1) (으)로서: 어떤 지위나 자격을 가진 처지에서

예) 교육자로서 일생을 보냈다. 직장 상사가 아니라 친구로서 조언한다.

(2) (으)로써: 크게 세 가지로 구분할 수 있다.

① 어떤 물건의 재료나 원료를 나타낸다.

예) 쌀로(써) 떡을 만든다. 복분자로(써) 술을 빚었다.

② 어떤 수단, 방법을 가지고서를 나타낸다.

예) 말로써 천 냥 빚을 갚는다고 한다. 닭으로(써) 꿩을 대신했다.
이제는 눈물로써 호소하는 수밖에 없다.

③ 시간을 셈할 때 셈에 넣는 한계를 나타낸다.

예) 고향을 떠난 지 올해로써 20년이 된다.

연습 문제 (○, ×)

① 힘에는 힘으로서 다스려야 한다. (　　　)
② 시험을 치는 것이 이로서 일곱 번째가 됩니다. (　　　)
☞ 정답: ① × ② ×

4) 종결 표현 '-데', '-대'

(1) -데: 과거에 직접 경험한 내용임을 표시한다. '-더라'의 뜻이다.

예) 어제 보니까 장미가 참 예쁘데. 오늘 산책을 하는데, 하늘이 참 푸르데.

(2) -대: '-다(고) 해'가 줄어 된 말이다. 남의 말을 전달할 때 쓰인다.

예) 사람들이 그러는데, 장미가 예쁘대. 공주가 결혼한다(결혼했대).

연습 문제 (○, ×)

① 이제 보니 국화가 예쁘대. (　　　)
② 내가 어제 보니까 민호는 참 성실한 학생이대. (　　　)
☞ 정답: ① ○ ② ×

5) '맞히다', '맞추다'

(1) 맞히다: 적중의 의미임

① 목표물에 맞게 하다. 예) 과녁에 화살을 맞힌다.

② 정답을 골라낸다. 예) 여러 문제를 더 맞힌다.

(2) 맞추다: 맞추다는 비표준어. 조정의 의미임

① 대상끼리 서로 비교하다.

예) 그는 시험지를 정답과 맞추어 보고 나서 흐뭇한 표정을 지었다.

② 조절하여 어긋나지 않게 하다.

예) 긴장으로 간을 맞춘다. 입을 맞춘다.

③ 주문하다.

예) 양복을 맞춘다.

연습 문제 (○, ×)

① 퀴즈의 답을 맞춘다. (　　　)
② 카메라의 초점을 맞춘다. (　　　)
③ 드레스를 맞춘다. (　　　)
☞ 정답: ① × ② ○ ③ ×

6) '일체', '일절'

(1) 일체(一切): 모든 것.

예) 도난에 대한 일체의 책임을 지다. 그는 재산 일체를 학교에 기부하였다.

(2) 일절(一切): 아주, 전혀, 절대로의 뜻으로, 흔히 행위를 그치게 하거나 어떤 일을 하지 않을 때에 쓰는 말.

예) 출입을 일절 금하다. 일절 간섭하지 마시오.

연습 문제 (○, ×)

① 그 사업가는 재산 (　　　)를 사회에 환원한다는 사실을 (　　　) 밝히지 않았다.
② 일에 집중하는 시간에는 일절 잡념을 가져서는 안 된다. (　　　)
☞ 정답: ① 일체, 일절 ② ○

7) '다르다', '틀리다'

(1) 다르다: 비교가 되는 두 대상이 서로 같지 아니하다.

예) 아들의 얼굴이 아버지와 다르다.

(2) 틀리다: 셈이나 사실 등이 그르게 되거나 어긋나다.

예) 정답이 틀리다.

연습 문제 (○, ×)

① 형과 동생의 성격이 틀리면 많이 싸우게 된다. (　　　)
② 친구 간에 의견이 다르다. (　　　)
☞ 정답: ① × ② ○

8) '잊다', '잃다'

(1) 잊다: 한번 알았던 것을 기억하지 못하거나 기억해 내지 못한다.

(2) 잃다: 가졌던 물건이 자신도 모르게 없어져 그것을 갖지 아니하게 되다.

연습 문제 (○, ×)

① 분실물 보관소에 잊어버린 물건들이 있어요. (　　　)
☞ 정답: ① ×

9) '너무', '아주'

(1) 너무: 일정한 정도나 한계에 지나치게.

예) 너무 크다. 너무 걱정 하지 마세요.

(2) 아주: 보통 정도보다 훨씬 더 넘어선 상태로. 예) 아주 오랜 옛날

연습 문제 (○, ×)

① 꾸준히 운동을 했더니 몸이 너무 좋아졌어요. (　　　)
☞ 정답: ① ×

10) '홀몸', '홑몸'

(1) 홀몸: 배우자나 형제자매가 없는 사람 예) 사고로 아내를 잃고 홀몸이 됨.

(2) 홑몸: 딸린 사람이 없는 혼자의 몸. 예) 아이를 배지 아니한 홑몸임.

연습 문제 (○, ×)

① 신부가 홀몸이 아니어서 해외여행은 무리야. (　　　)
☞ 정답: ① ×

11) '가름', '갈음', '가늠'

(1) 가름: 따로따로 쪼개거나 나누는 일. 승패나 등수 등을 정하는 일.
예) 외모만 봐서는 남자인지 여자인지 가름이 되지 않는다.
성공과 실패는 노력의 정도에 따라 가름이 난다.

(2) 갈음: 다른 것으로 바꾸어 대신함.
예) 그의 능력은 이 자격증으로 갈음한다.

(3) 가늠: 목표나 기준에 맞고 안 맞음을 헤아려 봄. 또는 헤아려 보는 목표나 기준. 사물을 어림잡아 헤아림.
예) 저 빌딩의 높이를 가늠할 수 없다.

연습 문제 (○, ×)

① 누가 이번 경기에서 우승할 것인지 가름하기 어렵다. (　　　)
② 간단한 인사로 환영의 말을 갈음합니다. (　　　)
③ 노래로는 두 팀의 실력을 (　　)할 수가 없다. 그러니 이제 노래를 (　　)하고, 춤으로 승패를 (　　)하자.
☞ 정답: ① × ② ○ ③ 가늠, 갈음, 가름

12) '걷잡다', '겉잡다'

(1) 걷잡다: 한 방향으로 치우쳐 흘러가는 형세 등을 붙들어 잡다. 마음을 진정하거나 억제하다. 예) 걷잡을 수 없는 상태.

(2) 겉잡다: 겉으로 보고 대강 짐작하여 헤아리다. 예) 겉잡아서 이틀 걸릴 일, 참가 인원을 겉잡아 보니 이번 시위는 걷잡을 수 없겠다.

연습 문제 (○, ×)

① 모인 사람의 수는 걷잡아도 100명은 충분히 넘어 보였다. (　　　)
☞ 정답: ① ×

13) '돋구다', '돋우다'

(1) 돋구다: 안경의 도수 등을 더 높게 하다.

(2) 돋우다

① 위로 끌어 올리거나 밑을 괴거나 쌓아 올려 도드라지거나 높아지게 한다.
예) 호롱불의 심지를 돋우다. 동생은 발끝을 돋우어 창밖을 내다보았다.

② 감정이나 기색 등이 생겨나게 하다.
예) 신바람을 돋우다. 화를 돋우다. 용기를 돋우다.

③ 입맛을 당기게 하다.

예) 식욕을 돋우다.

연습 문제 (○, ×)

① 싱그러운 봄나물들이 입맛을 돋구었다. (　　)
② 노래 소리가 신명을 돋군다. (　　)
☞ 정답: ① × ② ×

14) '이따가', '있다가'

(1) 이따가: '있다가'에서 유래하는 것으로 보이나, 어원이 분명하지 않으므로 소리대로 적는다. '조금 지난 뒤에'를 뜻하는 부사이다.

(2) 있다가: '있다'의 어간에 어미 '-다가'가 붙어서 된 형태.

예) 돈은 있다가도 없다.

연습 문제 (○, ×)

① 이따가 오너라. (　　)
② 하루 종일 집에 이따가 이제야 산책하러 나간다. (　　)
☞ 정답: ① ○ ② ×

15) '부치다', '붙이다'

'부치다'는 '붙다'의 구체적 의미에서 멀어졌을 때에 사용한다. '붙이다'는 '~와/과 ~을/를 붙이다. ~에 ~을/를 붙이다'의 구성에서 '붙다'의 의미가 유지되는 경우에 사용한다.

(1) 부치다

① 모자라거나 미치지 못하다. 예) 그 일은 힘에 부친다.

② 편지나 물건을 상대에게 보내다. 예) 편지를 부치다.

③ 어떤 문제를 의논 대상으로 내놓다. 다른 곳에 맡기다. 원고를 인쇄에 넘기다.

예) 안건을 회의에 부치다. 임명 동의안을 표결에 부치다.
이번 공사는 이미 경쟁 입찰에 부쳐 한 기업을 결정한 상태이다.
원고를 편집하여 인쇄에 부쳤다.

④ 먹고 자는 일을 제집이 아닌 다른 곳에서 하다.

예) 삼촌 집에 숙식을 부치다. 집도 절도 없는 사람이니 친구네 집에 가서 몸을 부치고 있었다.

⑤ 논밭을 이용하여 농사를 짓다.

예) 부쳐 먹을 내 땅 한 평 없다. 남의 논을 부친다.

(2) 붙이다

① 맞닿아 떨어지게 않게 하다. 신체의 일부분을 어느 곳에 대다. 사물이나 사람의 사이를 서로 바짝 가깝게 하다.

예) 봉투에 우표를 붙이다. 벽에 가구를 붙인다.

② 불이 옮아 타게 한다. 예) 연탄에 불을 붙인다.

③ 조건, 이유 등을 따르게 하다. 주가 되는 것에 달다.

예) 계약에 조건을 붙인다. 본문에 주식을 붙인다.

④ 바로 옆에서 돌보거나 감시하게 하다.

예) 중환자에게 간호사를 붙인다. 감시원을 붙인다.

⑤ 어떤 감정, 감각, 습관이 생겨나게 하다.

예) 공부에 흥미를 붙인다. 낚시에 취미를 붙인다.

연습 문제 (○, ×)

① 소녀는 편지를 붙이러 우체국에 갔다. (　　　)
② 열 살밖에 되지 않은 어린 아이가 혼자 낯선 이의 집에서 숙식을 (　　)다는 것은 분명 힘에 (　　)는 일로 보였다. 외로움을 달래주기 위해 말을 (　　) 보아도 도통 대답 없이 편지를 (　　)기 위해 우표를 (　　)고 있을 뿐이었다. (　　)먹을 땅 한 평 없는 데다가 폭력까지 휘둘렀던 삼촌일지라도, 그 아이는 유일하게 그 삼촌에게 정을 (　　　)고 있었다. 내가 가정교사를 (　　　) 공부에 흥미를 (　　　)도록 도와줘야 할 것 같다.
☞ 정답: ① ×
② 부친, 부치, 붙여, 부치, 붙이, 부쳐, 붙이, 붙여, 붙이

16) '띠다', '띄다'

(1) 띠다

① 띠나 끈 등을 두르다. 물건을 몸에 지니다.

② 용무, 직책, 사명 등을 지니다. 예) 중대한 임무를 띠다.

③ 빛깔이나 색채 등을 가지다. 예) 붉은빛을 띤 노을

④ 감정이나 기운 등을 나타내다. 예) 노기를 띤 얼굴

(2) 띄다: '뜨이다'의 준말

① 눈에 보인다. 예) 우리는 남의 눈에 띄지 않게 밤에 움직였다.

② 남보다 훨씬 두드러지다. 예) 그녀는 보기 드물게 눈에 띄는 미인이다.

연습 문제 (○, ×)

① 그 일 후로 막내의 행동이 눈에 띠게 달라졌다. (　　　)
☞ 정답: ① ×

17) '받치다', '받히다', '밭치다'

(1) 받치다

① 아래에서 잡아들다. 예) 우산을 받치고 간다.

② 어떤 물건의 밑에 다른 물체를 대다. 밑을 괴다. 예) 책받침을 받친다.

③ 겉옷의 안에 다른 옷을 입다.

예) 양복 속에 두꺼운 내복을 받쳐서 입으면 옷맵시가 나지 않는다.

(2) 받히다: 세차게 부딪히다. 예) 쇠뿔에 받혔다.

(3) 밭치다: '건더기와 액체가 섞인 것을 체 같은 것에 부어 액체만 걸러 내다'의 강한 동작을 나타내는 말임. 예) 술을 체에 밭친다.

연습 문제 (○, ×)

① 지게에 작대기를 밭쳐 놓는다. ( )
② 그 옷에는 안감을 흰색으로 받쳐야 색이 제대로 살아난다. ( )
③ 체로 술을 받친다. ( )
☞ 정답: ① × ② ○ ③ ×

18) '벌리다', '벌이다'

(1) 벌리다

① 둘 사이를 넓히거나 멀게 하다. 예) 줄 간격을 벌리다.

② 우므러진 것을 펴지거나 열리게 하다. 예) 자루를 벌리다. 양팔을 옆으로 벌리다.

(2) 벌이다

① 일을 계획하여 시작하거나 펼쳐 놓다. 예) 잔치를 벌이다.

② 놀이판이나 노름판 등을 차려 놓다. 예) 장기판을 벌이다.

③ 여러 가지 물건을 늘어놓다.

예) 책상 위에 책을 어지럽게 벌여 두고 공부를 한다.

④ 가게를 차리다. 예) 읍내에 음식점을 벌이다.

⑤ 전쟁이나 말다툼 등을 하다. 예) 친구와 논쟁을 벌이다.

연습 문제 (○, ×)

① 입을 벌리고 하품을 하다. (   )
② 사업을 벌리다. (   )
③ 투전판을 벌이다. (   )
☞ 정답: ① ○ ② × ③ ○

19) '바래다', '바라다'

(1) 바래다: 볕이나 습기를 받아 색이 변하다.

예) 색이 바래다. 종이가 누렇게 바래다.

(2) 바라다: 생각이나 바람대로 어떤 일이나 상태가 이루어지거나 그렇게 되었으면 하고 생각하다.

예) 한반도가 통일이 되길 바란다.

연습 문제 (○, ×)

① 빛이 바란 사진을 보며 그의 행복을 진심으로 바랬다. (   )
② 우리 사회 구성의 모두가 행복해지는 것이 나의 바램이다. (   )
☞ 정답: ① × ② ×

20) '가리키다', '가르치다'

(1) 가리키다: 손가락 등으로 어떤 방향이나 대상을 집어서 보이거나 말하거나 알리다.

예) 그는 손가락으로 북극성을 가리켰다.

(2) 가르치다: ①지식이나 기능, 이치 등을 깨닫게 하거나 익히게 한다. ②그릇된 버릇 따위를 고치어 바로잡다.

예) 그는 그녀에게 운전을 가르쳤다. 수학 선생님이 학생들에게 2차 방정식을 가르쳤다.

연습 문제 (○, ×)

① 메타인지 학습방법을 가리켜 주세요. (　　　)

☞ 정답: ① ×

21) '갱신', '경신'

(1) 갱신: 법률관계의 존속 기간이 끝났을 때 그 기간을 연장하는 일.

예) 계약 갱신

(2) 경신: ①이미 있던 것을 고쳐 새롭게 함 ②기록경기 등에서 종전의 기록을 깨뜨림 ③어떤 분야의 종전 최고치나 최저치를 깨뜨림

연습 문제 (○, ×)

① 무더위로 최대 전력 수요 갱신이 계속되고 있다. (　　　)

② 주가가 반등세를 보이며 연중 최고치 갱신이 가능할 것으로 보인다.(　　　)

③ 자메이카의 우사인 볼트는 리우올림픽에서 육상 기록을 갱신하였다.(　　　)

☞ 정답: ① × ② × ③ ×

22) '금새', '금세'

(1) 금새: 물건의 값. 또는 물건 값의 비싸고 싼 정도

예) 계약 갱신

(2) 금세: 지금 바로. '금시에'가 줄어든 말로 구어체에서 많이 사용된다.

연습 문제 (○, ×)

① 배추 금세가 낮아서인지 금새 다 팔렸다. ( )
② 소문이 금새 퍼졌다. ( )
☞ 정답: ① × ② ×

23) '-째', '채', '체'

(1) -째: '그대로', 또는 '전부'의 뜻을 더하는 접미사. 예) 그릇째, 뿌리째

(2) 채: 「의존명사」 이미 있는 상태 그대로 있다는 뜻을 나타내는 말.

예) 옷을 입은 채로 물에 들어간다. 노루를 산 채로 잡았다.

(3) 체: 「의존명사」 그럴듯하게 꾸미는 거짓 태도나 모양.

연습 문제 (○, ×)

① 그 사냥꾼은 호랑이를 산 채로 잡았다고 잘난 채하였다. ( )
② 보고도 못 본 채 딴전을 부리다. ( )
☞ 정답: ① × ② ×

24) '쫓다', '좇다'

(1) 쫓다: 어떤 대상을 잡거나 만나기 위하여 뒤를 급히 따르다.

예) 쫓고 쫓기는 숨 막히는 추격전을 벌이다.

(2) 좇다: ①목표, 이상, 행복 등을 추구하다. ②남의 말이나 뜻을 따르다. ③남의 이론 등을 따르다.

예) 아버지의 유언을 좇다. 부모님의 의견을 좇기로 하다. 맹자의 이론을 좇다.

연습 문제 (○, ×)

① 도둑의 뒤를 좇던 경찰관은 늘 명예를 쫓는 사람이었다. (　　)
② 스승의 학설을 쫓다. (　　)
☞ 정답: ① × ② ×

25) '한참', '한창'

(1) 한참: 시간이 상당히 지나는 동안. 예) 한참 뒤. 한참 동안 기다리다.

(2) 한창: 「명사」어떤 일이 가장 활기 있고 왕성하게 일어나는 때. 또는 어떤 상태가 가장 무르익은 때. 「부사」 어떤 일이 가장 활기 있고 왕성하게 일어나는 모양. 또는 어떤 상태가 가장 무르익은 모양

예) 공사가 한창인 아파트. 요즘 앞산에는 진달래가 한창이다.

연습 문제 (○, ×)

① 그는 아직 한참 일할 나이이다. (　　)
② 벼가 한창 무성하게 자란다. (　　)
☞ 정답: ① × ② ○

26) '곱절', '갑절'

(1) 곱절: 물건의 수량이나 분량을 세는 단위. 의존명사이므로 관형어의 수식을 필요로 한다.

(2) 갑절: 어떤 수량이나 분량을 두 번 합친 분량, 두 배.

연습 문제 (○, ×)

① 어제보다 배추 값이 곱절 올랐다. (　　　)
② 재래시장이 마트보다 물건을 살 때 곱절은 더 준다. (　　　)
☞ 정답: ① ○ ② ×

27) '껍질', '껍데기'

(1) 껍질: 거죽을 싸고 있는 단단하지 않으나 질긴 물질. 예) 사과 껍질.

(2) 껍데기: 겉을 싸고 있는 단단한 물질. 예) 달걀, 조개, 호두 껍데기.

연습 문제 (○, ×)

① 귤 껍데기는 질기다. (　　　)
☞ 정답: ① ×

28) '왠지', '웬지'

(1) 왠지: '왜인지'의 준말. 예) 왠지 모르게 서럽다.

(2) 웬지: 어찌 된, 어떤, 어떠한. 예) 이 밤중에 웬 소란일까?

연습 문제 (○, ×)

① 석양이 질 때면, 웬지 서러움이 밀려온다. (　　　)
☞ 정답: ① ×

29) '혼동', '혼돈'

(1) 혼동(混同): ①뒤섞임 ②뒤섞어보거나 잘못 판단함

(2) 혼돈(混沌): 사물의 구별이 확연하지 않고 모호한 상태

연습 문제 (○, ×)

① 공적인 일과 사적인 일을 혼동하지 말아야 한다. (　　　)
☞ 정답: ① ○

❖ 연습문제

※ 표준어 및 어법에 맞는 표현 찾기

1. 목화씨는 문익점이 (붓두껍/붓두껑)에 가지고 왔다.
2. 너 오늘 (왠지/웬지) 이상하다.
3. 우리 가족은 추석을 (쇠러/세러) 고향에 갔다.
4. 고기는 역시 (쇠고기/소고기)가 최고다.
5. 바닥에 물이 (괴다/고이다)보니 무척 미끄럽다.
6. 내 동생이 오늘 예쁜 (꼬까신/고까신) 신고 소풍을 간다.
7. (천장/천정)에 매달린 예쁜 조명이 곱다.
8. 돈은 (이따가/있다가) 그릇 찾으러 오시면 드릴게요.
9. (늑장/늦장) 부리지 말고 빨리 일해라.
10. 너 유학가면 편지 꼭 (쓸게/쓸께)
11. 자장면을 (곱배기/곱빼기)로 시켰다.
12. (달달이/다달이) 적금을 붓다.

13. 나는 (부리나케/불이나게) 부산으로 갔다.
14. 어릴 적 어머니의 (반짇고리/반짓고리)는 보물 상자였다.
15. (양치물/양칫물)은 컵에 받아쓰세요.
16. 일에 중요성을 (곰곰이/곰곰히) 따져라.
17. 돈이 (넉넉지/넉넉치) 않더라도 슬프지 않다.
18. (살고기/살코기)를 많이 먹어라.
19. 부산은 영하 10도 (안밖/안팎)이 예상됩니다.
20. 중간고사를 리포트로 대체했더니, 모두 비슷비슷해서 실력을 (가름/가늠/갈음)할 수 없게 되었다.
21. 제가 (가리키는/가르치는) 곳을 자세히 보세요.
22. 그 사건은 온 마을에 (금새/금세) 퍼져 나갔다.
23. 이 밀감은 (껍데기/껍질)가(이) 노란 것이 꽤 싱싱해 보인다.
24. 이 옷에 소매를 (늘여/늘려) 주세요.
25. 어머니는 감자를 (졸여서/조려서) 반찬을 만드셨다.
26. 도심 속 공원에서 (뻐꾹이/뻐꾸기) 울음소리가 들렸다.
27. 선수들의 포기하지 않는 (오뚜기/오뚝이) 정신이 큰 힘을 발휘했다.
28. 그녀의 식당 수입은 (짭잘/짭짤)했다.
29. 돼지 국밥과 (깍두기/깍뚜기) 김치는 잘 어울린다.
30. (고냉지/고랭지) 배추와 채소는 우리 몸에 더욱 좋다.
31. 화재를 진압한 소방관의 모습은 (그으름/그을음)과 땀으로 뒤범벅이었다.

정답

붓두껍, 왠지, 쇠러, 쇠고기/소고기, 괴다/고이다, 꼬까신/고까신, 천장, 이따가, 늑장/늦장, 쓸게, 곱빼기, 다달이, 부리나케, 반짇고리, 양칫물, 곰곰이, 넉넉지, 살코기, 안팎, 가늠, 가리키는, 금세, 껍질, 늘여, 조려서, 뻐꾸기, 오뚝이, 짭짤, 깍두기, 고랭지, 그을음

Chapter 08

원고지 사용법 익히기

세부 내용	• 원고지 쓰기를 알기 • 올바른 원고지 사용법을 알기	
학습 목표	• 원고지 쓰기의 기본 원칙을 적용할 수 있다. • 올바른 원고지 사용법을 이해할 수 있다.	
단계	교수 · 학습 활동	자료
도입 단계	• 원고지 사용법 익히기에 대한 동기 유발 – 올바른 원고지 사용법이 왜 필요할 것인지 생각을 떠올리고 말해보기	
전개 단계	• 원고지 사용법 익히기에 대하여 설명하기 – 원고지 쓰기 – 올바른 원고지 사용법 • 원고지 사용법에 대하여 설명을 하고 수행 유도하기 – 연습문제 해결하기	원고지
정리 단계	• 수업 소감 발표 및 정리 – 연습문제 수행결과에 대한 2~3명 발표하기 – 원고지 사용법에 대하여 총괄 정리	

1. 원고지 쓰기

원고는 인쇄를 전제로 하므로 일정한 규격을 가진 용지에 써야 한다. 그래야 완결된 원고의 분량을 명료하고도 쉽게 파악할 수 있기 때문이다. 원고용지는 용도에 따라 여러 종류가 있지만, 흔히 쓰이는 것은 200자(20×10)용지와 400자(20×20)용지이다. 이 밖에도 필요에 따라 다양한 형태의 원고용지가 만들어져 사용되고 있으나, 일반적으로 원고의 분량을 말할 때는 200자 원고지를 기준으로 하는 것이 통례이다.

원고용지를 사용하는 이유가 단지 원고의 양을 정확히 계산하는 데 있는 것만은 아니다. 원고용지에 작성된 원고를 책으로 만들어낼 때 책의 모양을 어떻게 만들어낼까 하는 편집상의 여러 형태를 원고지에 지시하게 된다. 예컨대, 제목의 위치, 글자의 크기와 모양, 아래위의 여백과 행간 등 인쇄되어 나올 책의 모양을 기록하게 된다.

또한, 원고용지는 일정한 규격이 정해져 있어 맞춤법이나 띄어쓰기 등의 오류를 쉽사리 발견하여 수정할 수 있다.

그러므로 글을 쓸 때 굳이 원고용지를 쓰는 이유는, 최종적으로 만들어져 나올 책의 모습을 미리 알아보기 위한 필자와 편집자의 약속사항이라고 할 수 있다.

물론 요즘에는 워드 프로세서를 이용하는 경우가 원고지에 손으로 글을 쓰는 경우보다 훨씬 많아졌다. 그러나 워드 프로세서의 원리도 원고용지 사용법의 기준에 따라 만들어져 있음을 간과해서는 안 된다. 워드 프로세서에서 문단의 사이즈를 지정해 놓았을 경우 그 사이즈보다 문장의 길이가 길어지면 자동으로 행을 바꾸게 된다. 그리고 강제로 행을 바꾸었을 때, '들여쓰기'에서 지정한 값에 따라 문장의 첫 시작 위치가 지정되는데, 이러한 기능들은 모두 원고용지 사용법의 원칙을 그대로 따르고 있다. 또, 원고용지를 사용하던 시절에는 특정한 능력을 갖춘 전문 편집자가 하던 일들을 이제는 필자가 직접 수행한다는 점이 다른 점이다.

이제 우리는 워드 프로세서를 이용하여 글을 쓸 때도 컴퓨터의 화면 속에 가상의 원고용지 양식이 그려져 있다고 가정하고 글을 쓰는 것이 필요하다.

원고용지를 사용할 때에 유의해야 할 사항을 제시하면 다음과 같다(김동기, 2001; 김희수 외, 2013).

① 한 칸에 한 글자씩 써넣는다.

② 구두점, 괄호 등의 모든 부호도 한 칸씩을 차지한다. 다만, 쉼표, 마침표, 따옴표 등 비교적 간단한 부호들은 띄어놓은 빈 칸을 사용하여도 무방하다.

③ 줄임표(…)는 두 칸 정도 차지하도록 하는 것이 통례다.

④ 알파벳 소문자와 아라비아 숫자는 한 칸에 두어 자씩 써도 무방하다. 그러나 알파벳 대문자나 로마자 숫자는 한 칸에 하나씩만 쓰는 원칙을 지킨다.

⑤ 띄어쓰기는 빈칸으로 표시한다. 띄어야 할 곳은 모두 빈칸으로 표시되며, 띄어야 할 곳이 원고지 왼편의 첫 칸일 경우는 비우지 않고, 그 앞줄 오른쪽 끝에 ∨표를 하여 띄어야 한다는 뜻을 나타낸다.

⑥ 언제나 글이 시작될 때는 첫 칸을 비우고 들여쓰기를 한다. 이때 첫 칸을 비우는 것은 글의 시작을 의미한다. 따라서 문단이나 단락을 포함하여 글의 시작이 아닌 경우는 절대로 첫 칸을 비워서는 안 된다.

⑦ 인용문은 본문과 앞뒤로 한 행씩을 비우고, 또 본문보다 두세 칸을 들여서 시작한다. 이때 인용문에서도 글의 시작 부분은 첫 칸을 비운다.

⑧ 제목과 필자명은 한두 줄의 간격을 둔다. 일반적으로 제목은 제2행에, 필자명은 제4행에, 본문은 제6행 또는 제7행에 시작한다. 이때 제목은 행의 중심부에 균형 있게 배치하고, 필자명은 오른쪽으로 치우치게 하는 것이 통례이다.

⑨ 장, 절, 항의 표시는 각각 규정된 양식에 따라 적절히 들여쓰기한다.

2. 올바른 원고지 사용법

1) 글의 종류 표기하기

① 원고지 첫 장의 첫 줄은 글의 종류를 표시할 수 있다. 예컨대, 〈수필〉, 〈기행문〉, 〈평론〉, 〈독후감〉, 〈서간문〉 등을 적는다. 이때 처음 한 칸은 비워 두고 쓴다.

	〈	수	필	〉															

2) 제목 쓰기

① 제목은 줄 중앙에 적는 것이 원칙이다. 이 경우에 첫째 줄을 비우지 않고 바로 제목을 쓸 수도 있고, 첫째 줄을 비우고 둘째 줄에 쓸 수도 있다.

② 제목에는 마침표(.)나 물음표(?) 등을 찍지 않는다.

	〈	수	필	〉															
					나	의		대	륙	은		어	디	에					

③ 제목이 짧을 때는 한 칸씩 띄어 써도 무방하다.

	〈	수	필	〉															
							무		지		개								

④ 독서 감상문을 쓸 때는 느낀 제목과 책제목을 따로 쓸 때가 있다. 이럴 경우 책 제목을 느낀 제목 아랫줄의 중간에 오도록 쓰고, 양 끝에 줄표를 한다.

	〈	독	서	감	상	문	〉												
					칼	처	럼		그	런		영	혼						
			–	‘	돌	아	온		영	혼	’	을		읽	고	–			

3) 소속과 이름 쓰기

① 제목 밑줄에 오른쪽으로부터 세 칸 비우고 쓴다. 소속은 제목 아래 한 행을 띄우고, 다음 두 행에 쓰는 것이 원칙이나, 제목 바로 다음 행부터 오른쪽으로부터 세 칸 정도 비우고 쓸 수 있다. 이름은 소속 다음 행부터 오른쪽으로부터 두 칸 정도를 비우고 쓰는 게 일반적이다.

								돈	키	호	테								
												○	○	대	학	교			
								○	○	○	학	과		1	학	년			
															김	○	○		

4) 본문 쓰기

① 이름 밑줄을 비우고 쓰되, 첫 칸은 반드시 비우고 적는다.

								돈	키	호	테								
												○	○	대	학	교			
								○	○	○	학	과		1	학	년			
															김	○	○		
	돈	키	호	테	는		이	런		걱	정	에		마	음	이		심	란
해	진		나	머	지		주	막	집	에	서		마	련	해	준		보	잘
것		없	는		저	녁		식	사	를	서		둘	러		끝	내	고	는
주	인	을		불	렀	다	.												

② 오른쪽 끝에서 낱말과 낱말 사이를 띄워야 할지라도 왼쪽 첫 칸은 절대 비워서는 안 된다. 다만, 문단이 바뀔 때는 첫 칸을 비운다.

	그		시	절	,	죽	음	은		참		시	시	했	지.		울	기	엔
이	미		너	무	나		눈	시	울	이		말	라		있	었	고		

[잘못 쓴 표기;

	그		시	절	,	죽	음	은		참		시	시	했	지.		울	기	엔
	이	미		너	무	나		눈	시	울	이		말	라		있	었	고	

③ “큰따옴표”와 ‘작은따옴표’가 있는 문장은 따옴표가 끝날 때까지 왼쪽 첫 칸은 모두 비운다.

	“	오	매	,	향	림	아	.	일	어	나	그	라		잉	,	열	병	은
	염	병	인		것	이	여	.”											
	‘	노	력	하	는		자	는		반	드	시		성	공	한	다	.’	

④ 시(詩) 쓰기는 따옴표와 마찬가지로 시가 끝날 때까지 왼쪽 첫 칸은 모두 비운다.

	비	가		개	인		날												
	맑	은		하	늘	이		못		속	에		내	려	와	서			
	여	름		아	침	을		이	루	었	으	니							
	녹	음	이		종	이	가		되	어									
	금	붕	어	가		시	를		쓴	다	.								

⑤ 줄임표는 점을 6개 찍고 한 칸에 3개씩 두 칸에 찍는다. 그리고 줄임표 끝에 끝났음을 알리는 온점을 반드시 찍는다.

	…	…	.	

⑥ 가운뎃점(·)은 한 칸의 한 가운데에 찍는다.

	3	·	1	절

	(	동	시	)

⑦ 묶음표인 〔 〕, 〈 〉, 「 」, 【 】, ( ) 등은 한 칸에 한 개씩 쓰되, 숫자와 같이 쓸 때는 숫자와 묶음표를 한 칸에 같이 쓴다.

(1)	생	명		

⑧ 로마 숫자, 알파벳 대문자, 날짜로 된 아라비아 숫자는 한 칸에 한 자씩 쓴다.

3	과		4	는		T	V	에	서

⑨ 두 자 이상의 아라비아 숫자와 알파벳 소문자는 한 칸에 두 자씩 쓴다.

20	13	년		9	월	1	일					

Q	ui	xo	te									

⑩ 숫자와 알파벳을 함께 쓸 경우에는 따로 적는 것을 원칙으로 한다.

4	H		클	럽	이		뭔	가	요	?		

5) 교정 부호

글을 쓴 다음에는 반드시 교정해야 한다. 교정이란 초고를 작성한 뒤 오타나 탈자, 맞춤법과 띄어쓰기, 문장이나 어휘가 잘못된 부분을 바로 잡는 것을 말한다. 이때 원고지나 출력지의 빈칸을 이용하여 그 잘못된 부분을 표시하게 된다. 이를 교정 부호라고 한다. 교정 부호는 약속된 것을 사용해야 하며, 그 사항을 분명히 하기 위하여 본문의 필기구 색과 다른 색의 필기구를 사용하는 것이 좋다. 교정 부호에는 다음과 같은 것들이 있다.

부 호	교정 내용	보 기
	글자를 바꿀 때	쌓 물건이 가득 싸였다.
	글자를 뺄 때	엉터리이었다.
⌒	붙여 쓸 때	9년 전 부터 시작되었다.
∨	띄어 쓸 때	아름다운 파도소리
	글자를 넣을 때	사랑을 우리는 실천해야 한다.
	여러 글자를 고칠 때	진지를 아버지께서 밥을 잡수신다.
	줄을 바꿀 때	"누구세요?" 철수가 문을 열면서 말했다.
	왼쪽으로 한 칸 옮길 때	서로 돕자.
	오른쪽으로 한 칸 옮길 때	푸른 하늘 은하수
	앞과 뒤의 순서를 바꿀 때	일찍 집을 나섰다.
	줄을 이을 때	이 풀은 씀바귀다. 쓴 맛이 나서 씀바귀라고 부른다.

3. 원고지 사용의 실전 연습

다음은 원고지 사용법에 완전한 숙지를 위해 원고지 사용법에 의거 작성해 보고자 한다. 문장부호나 띄어쓰기에 유의하여 아래 예문을 원고지에 바르게 옮겨보자.

예문 1) 강조와 인용구가 있는 글

'사람은 최후의 순간까지 살고 싶어 한다. 환자는 더 살고 싶어 한다.' 최후의 희망은 버리지 않는 것이 우리 인간만이 지니는 자유의지다. 아니 절대의지다.
얼마 전 TV에서 보았는데, "인간은 생존본능이 있다."고 한다. 절망 속에서도 희미하게나마 희망을 품는 것은 우리 인간 말고는 없는 것이다. 종국엔 죽음이 찾아온다고 해도 자신만은 절대 죽지 않는다고 믿는 것이다. 얼마나 멋진 믿음인가…….
2013년 9월 1일 생명감을 느끼고 미래를 향해 힘찬 도전을 해본다.

200

400

예문 2) 한자(漢字)와 영문자(英文字)가 있는 글

포스트모더니즘은 인간의 이성(理性) 외의 힘을 주목(注目) 한다. 프로이트(Freud)가 발견한 리비도(Libido)나 기타 여러 가지 자연적 욕망, 그리고 니체(Nietzsche)가 말한 권력(權力)에의 의지(意志)

200

400

예문 3) 원고지 작성 종합 연습

☞ 다음 예문을 원고지 사용법에 따라 원고지에 옮기시오. 글의 제목과 성명, 학과, 학번도 갖추어 시작하고 단락 구분이나 문장부호, 띄어쓰기에 주의하여 써보자.

지방대학 변화와 혁신만이 살길이다

〈칼럼〉 GE의 유명한 모토 가운데 'P×A=E'라는 게 있다. P는 최고의 성공가치(Best Practice), A는 받아들이는 마음(Acceptance), E는 효과(Effectiveness)를 나타낸다. 즉, 아무리 좋은 성공가치를 대학에 도입하려고 해도(예를 들어 P가 100%라고 하여도), 교직원들이 팔짱만 끼고 '얼마나 잘하는지 보자'라는 자세를 가지고 있다면(예를들어 A가 0%라고 한다면) 변화와 혁신의 효과는 하나도 없게 된다. 우리는 〈2018년〉 이후 학령기 인구가 급격히 감소한다는 사실을 기억해야 한다. 지금 우리가 무엇을 해야 할지…….

출처: 김희수(2010).

200

400

Chapter 09

글쓰기 연습하기

세부 내용	• 어휘 선택하기 이해하기 • 글쓰기 사고 연습하기 • 문장 연습하기	
학습 목표	• 어휘 및 사고 연습을 통해 올바른 문장을 작성할 수 있다. • 다양한 문장 연습을 통해 문장에 대한 자신감을 높일 수 있다.	
단계	**교수 · 학습 활동**	**자료**
도입 단계	• 글쓰기 연습하기에 대한 동기 유발 - 적절한 어휘에 대한 퀴즈를 통해 글쓰기 연습의 중요성 인식시키기	
전개 단계	• 글쓰기 연습하기에 대하여 설명하기 - 어휘 연습 - 사고 연습 - 문장 연습 • 글쓰기 연습에 대하여 설명을 하고 수행 유도하기 - 연습문제 해결하기	원고지
정리 단계	• 수업 소감 발표 및 정리 - 연습문제 수행결과에 대한 2~3명 발표하기 - 글쓰기 연습에 대하여 총괄 정리	

1. 어휘 연습

1) 정확한 어휘 찾기

어휘는 의미와 음성으로 구성된다. 일상적인 대화에서는 정확한 발음도 의사소통의 중요한 요소가 된다. 그러나 글쓰기에서는 음성은 중요하지 않다. 다만, 문장을 구성하는 기초 단어인 어휘의 의미를, 문맥과 상황에 맞추어 정확하게 사용하는 것이 가장 기본적인 일이다.

좋은 글은 독자와 저자 사이에 의사소통이 효과적으로 이루어지는 글이다. 글을 쓰는 저자는 이점을 간과해서는 안 된다. 정확한 의사소통이 이루어지도록 글을 쓸 때 관심을 기울여야 한다.

혹자는 정확하지 못한 글의 표현을 사용하였더라도 의사소통이 이루어지기만 하면 그만이라는 주장도 있을 수 있다. 하지만 우리의 언어생활은 단순한 의사소통 이상의 것을 요구받는다.

글은 저자의 인격을 나타낸다고 한다. 그러므로 우리는 글을 읽으면서 저자의 지식 정도와 성격, 개성들을 파악하게 된다. 정확한 어휘를 골라 사용하는 것은 그만큼 자신의 사고가 올바르다는 점을 타인에게 드러낼 기회가 된다. 올바르지 못한 문장을 사용할 경우 어떤 평가가 나올 것인지는 불문가지(不問可知)이다. 예컨대, 다음의 문장을 보면 어휘가 잘못 선정되었음을 알 수 있다.

올바르지 못한 어휘 사용(예시)

① 등록금 환급 방법을 다음과 같이 공지하니, 기간 내에 납부받으시기 바랍니다.
② 오현주 선생님의 의견에 대해 과반수를 넘는 사람들이 찬성했다.
③ 유진아, 너는 집이 어디냐? 나는 집이 서울이다.
④ 박인희 선생님은 원아의 발가락을 쳐다보면서 야단을 쳤다.

①의 경우는 '환급'과 '납부' 사이의 불일치를 보여준다. 환불은 돌려주는 것이고, 납부는 내는 것이다. 그러므로 이들 사이에는 의미상 조화가 이루어지지 않는다. 또한, 환급을 주는 사람의 입장이니, 받는 사람에게는 반환받으실 것을 부탁하여야 옳다.

②의 경우는 의미를 중복되게 쓴 예이다. '과반수'라는 말은 '반수를 넘었다'는 뜻이므로, 이를 다시 '넘는'이라고 하는 것은 잘못된 표현이다. 그러므로 '과반수의 사람이'라는 표현이 옳다.

③의 경우는 우리 일상 대화에서 자주들을 수 있는 표현으로 명사문의 예이다. 한국어 문장의 구조적 특징의 하나인 명사에 서술격 조사 '이다'가 붙어 서술어를 이룰 수 있다는 점이다. 하지만 이 경우 서술어와 주어 사이에는 의미상 유연성(柔軟性)이 있어야 한다. 예컨대, "나는 학생이다."라고 했을 때 '학생'은 [+사람]의 특성을 가지는 어휘의 의미인 [+구체성], [+건축물], [+주거 공간]과 관계되므로, [+지역성]을 특징으로 하는 '대전'과는 의미상의 유연성이 없다. 그러므로 이 문장은 "우리 집은 대전에 있다."로 고쳐야 옳다.

④의 경우 '쳐다보다'는 물체가 시선보다 위에 있을 때 쓰는 말이므로 '내려다보면서'로 고쳐야 옳은 문장이 된다(김동기 외, 2001).

다음의 [연습문제]를 통해 정확한 어휘로 고치는 연습을 해봅시다.

❖ 연습문제

※ 다음 문장을 읽고 정확하지 못한 어휘를 찾아 옳게 고치시오.

① 한국과 일본은 역사와 문화와 민족성이 원래부터 <u>틀리다</u>.
② 내가 아버지를 식당까지 <u>데리고</u> 가겠습니다.
③ 노포행 열차가 들어오니 안전선 <u>밖으로</u> 물러서 주시기 바랍니다.
④ 날씨가 건조하니 <u>산불</u>에 만전을 기해 주시기 바랍니다.
⑤ 지은아, 너는 추운 겨울에 맨발 <u>벗고</u> 다니니까 감기에 걸리지!
⑥ 송아사 선생님은 화를 참지 못해 팔을 <u>걷어 붙이고</u> 쫓아 나갔다.
⑦ 우리는 세종대왕의 덕으로 한글을 <u>쓰면서</u> 살아가고 있다.
⑧ 가영 학생은 거스름돈을 <u>납부</u> 받기 위해 줄을 섰다.
⑨ 편지 봉투에 우표를 <u>부쳐서</u> 편지를 붙였다.

2) 적절한 어휘 찾기

하나의 사물을 표현할 때 늘 생각해야 점은 어떤 어휘를 사용해야 가장 효과적인 표현이 될 것인가 하는 점이다. 사물을 표현하는 데는 관용적으로 호응 되는 특정한 표현양식이 있다. 또, 의미상으로는 유사하더라도 그 어휘가 사용되는 문맥에 따라서 적절하지 못한 경우가 있다. 다음의 예제를 보고 적절한 어휘 선정이 얼마나 중요한지를 생각해 봅시다.

예제

① 댁의 따님은 참 <u>예쁘게</u> 생겼군요.
② 댁의 아드님은 참 <u>예쁘게</u> 생겼군요.
③ 댁의 따님은 참 <u>멋있게</u> 생겼군요.
④ 댁의 아드님은 참 <u>멋있게</u> 생겼군요.

일반적으로 ①, ④의 경우는 적절한 표현으로 생각한다. 하지만 ②, ③의 경우는 적절하지 않아 보인다. 위의 '예쁘다'와 '멋있다'의 의미를 정확히 구별해 내기는 쉽지 않다. 사전적으로 볼 때 멋있는 것은 '세련되고 풍채 있는 몸매가 있다'는 의미이고, 예쁜 것은 '생긴 모양이나 하는 짓이 아름다워서 보기 좋다'는 뜻이다. 어떤 경우에도 남성과 여성을 구별하여 사용하도록 제한은 없다. 하지만 우리는 일반적으로 여성에게는 '예쁘다'를 남성에게는 '멋있다'를 사용하는 것이 더 호응이 높다. 이러한 것은 특정 어휘가 사회 속에서 쓰이는 환경이 따로 정해져 있음을 보여준다.

다음의 예제는 표현하는 어휘에 따라 미묘한 의미가 있음을 알 수 있다.

예제

⑤ 새해 아침에 교육계 원로를 찾아 교육계의 문제를 찾아 치유할 방법을 물었다.
⑥ 아무리 화가 나더라도 합리적으로 생각해야 하지 않겠니?
⑦ 갑자기 불어난 계곡물이 많은 등산객의 생명을 앗아 갔다.

⑤의 경우 '교육계의 문제'는 '치유'의 대상이 아니다. 이런 표현이 의미상 오류라고는 할 수 없으나, '치유'는 '병든 곳을 낫게 한다.'는 의미가 강하므로, 이 말을 살리려면 '문제'를 '병폐'로 고쳐야 문장이 적절해진다. 그리고 '문제'는 '해결'의 대상이 되어야 할 것이다.

'이성적'이라는 말과 '합리적'이라는 말은 대체로 같은 의미로 사용된다. 엄격하게 구별하자면 '이성적'이라는 말은 인간의 생물학적 측면에서 본질적 속성의 표현으로 사용된다. 반면에 '합리적'이라는 말은 더욱 제한된 범위에서 '이치에 맞게', '논리적으로 타당하여 설득력이 있는' 등의 의미를 지닌다. 그러나 이들의 쓰임에는 미묘한 차이가 있다. 위의 ⑥의 경우에는 '이성적'으로 행동하자고 말한다. 이때 이성적이라는 의미는 감정의 동요에 따르지 않는 행위를 의미한다. 한편, 교통체증을 완화하는 방안은 합리적인 것이어야지, 이성적인 것으로 표현되지 않는다. 또, 우리가 사 먹는 식당의 음식값도 합리적인 결정과정을 거친 것이지, 이성적인 과정을 거친 것이라고 표현하지는 않는다. 이렇듯 비슷한 개념어의 경우에도 그 어휘의 사용에는 적절한 표현 형식이 존재한다.

어휘뿐 아니라 문장에도 적절한 표현 형식이 존재한다. 그 예가 ⑦번 문장이다. ⑦은 소위 '물주 구문'이라고 하여 사람이 아닌 사물이 주어가 되는 문장이다. 이러한 문장구조는 문법적으로는 올바르다. 하지만 언어 감각에는 적당하지 않다. 일반적으로 주어는 인간이거나 유정물이야 한다. 그러므로 위의 문장은 "많은 등산객이 갑자기 불어난 계곡물 때문에 생명을 잃었다."처럼 고치는 것이 좋다. 다음의 [연습문제]를 통해 적절한 어휘로 고쳐 봅시다.

❖ 연습문제

※ 다음 문장을 적절한 어휘로 고쳐 봅시다.

① 도서관이나 교실에서는 발소리를 죽이고 고요히 다녀야 한다.
② 주민들은 추락한 버스에서 생환자들을 구하려고 이리저리 뛰었다.
③ 청중들은 얼이 나간 채 그의 노래를 듣고 있었다.
④ 총선에 의한 정권 교체가 우리 사회에 끼친 영향은 매우 크다.
⑤ 지난번 지리산 여행은 도시에서만 살아온 내게 좋은 견문이 되었다.
⑥ 자연과 강이 어우러지는 남이섬은 [접촉, 대화, 만남, 이별]의 장소로 적격이다.
⑦ 언어는 인간 사회의 대립과 갈등을 [소화, 소멸, 해소, 해결]하여 주는 기능을 수행한다.
⑧ 그녀가 이번 사건에 [상관, 연결, 연루]되었다니 참으로 놀라운 일이다.
⑨ 우리 사회에 아직도 남아 있는 불신풍조가 하루빨리 [불식, 극복, 치유, 제거]되어야 한다.
⑩ 어린아이와 노인들은 [면역력, 저항력, 체력, 약효]이(가) 약해서 감기에 잘 걸린다.

3) 풍부하고 다양한 어휘 찾기

아름다운 정원을 가꾸기 위하여 정원사는 늘 나무와 꽃들의 특징에 대하여 늘 관찰하고 연구해야 한다. 맛있는 음식을 만드는 조리사도 각종 음식의 재료들에 대하여 알고 있어 하고, 풍부한 재료들을 장만해 두어야 한다. 그렇듯 좋은 글을 쓰기 위해서도 풍부하고도 다양한 어휘들을 알고 있어야 한다.

풍부한 어휘를 가지려면 첫째, 주변의 사물에 대하여 끊임없이 관심을 가지고 탐구하여야 한다. 그리고 사물들의 작은 차이에 대하여 그들을 어떻게 언어적으로 표현하는가를 살펴야 한다. 예컨대, 여러분은 이슬비와 가랑비의 차이를 어떻게 설명할 수 있는가? 그리고 또 다른 비(雨)에는 어떤 것들이 있는지 아는가?

비에는 계절에 따라 '봄비', '가을비', '겨울비'가 있고, 때에 따라 새벽에 오는 '새벽비', 초여름 모종에 오는 '모종비'가 있다. 그리고 해가 환하게 떠 있는데도 '여우비'가 오면 호랑이가 장가를 간다고 한다. 여름 내내 지루하게 내리는 '장맛비', 한여름 무더위를 식혀주는 시원한 '소나기', 그리고 떠난 임을 생각나게 하는 '밤비'도 있다.

오랜 가뭄 끝에 오는 비는 정말 반갑고 귀한 '단비'이고, 늦가을 '찬비'는 건강에 해롭다. 안개가 굵어지면 '는개'가 되고, 조금 더 굵어지면 '이슬비'가 된다. 이슬비가 굵어지면 '가랑비'가 되고, 더 심해지면 '장대비'가 된다. 이렇듯 비에도 여러 종류가 있다.

얼마나 많은 사물이 우리 주변에 나름의 의미를 가지고 존재하고 있는가? 우리는 그 사물들의 이름과 행위의 명칭을 얼마나 알고 있는가? 풍부한 어휘를 가져야 한다는 것은 풍부한 지식을 지녀야 한다는 말과 다름 아니다. 언제나 주변의 사물들에 대하여 관심을 잃지 말고, 그들을 어휘화하려는 노력을 게을리하지 말아야 한다.

풍부한 어휘를 가지기 위한 또 하나의 방법은 사전의 활용이다. 어느 작가는 "사전을 시집처럼 보았다고 한다. 늘 가까이 두고 틈나는 대로 뒤적여 보고, 그때그때 눈에 띄는 새로운 어휘들을 메모하곤 했다."는 것이다. 이러한 노력이 있어야 어휘력을 늘려나갈 수 있다.

일반적으로 사전은 어휘의 의미를 풀이하는 것이 주목적이다. 하지만 최근에는 단순히 의미를 풀이하는 전통적 사전 이외에 특수한 용도로 만들어진 다양한 사전들이

편찬되고 있다. 우리의 언어생활을 풍부하게 하는 데 크게 기여하고 있다(김동기 외, 2001).

다음의 〈연습문제〉를 통해서 다양한 어휘를 생각해 봅시다.

❖ 연습문제

※ 다음을 통해 다양한 어휘를 생각해 봅시다.

① 꽃에 대하여 생각나는 어휘들은 어떤 것들이 있는가?
② 음식의 맛을 나타내는 어휘에는 어떤 것들이 있는가?
③ 우리 나라에 자생하는 야생화에는 어떤 것들이 있는가?
④ 우리나라에 자생하는 나무들에는 어떤 것들이 있는가?
⑤ 파도에 대하여 떠오르는 어휘들은 어떤 것들이 있는가?
⑥ 기분을 표현하는 어휘에는 어떤 것들이 있는가?
⑦ 노을을 보면 떠오르는 어휘들을 써 보아라.
⑧ 산에 대하여 생각나는 어휘들을 써 보아라.
⑨ 구름에 대하여 떠오르는 어휘들을 써 보아라.
⑩ 여러 가지 생선의 종류를 써 보아라.

4) 개성적인 어휘 찾기

우리는 수많은 사람과 함께 이 시대를 살아가고 있지만, 나와 같은 모습으로 세상을 살아가는 사람은 없다. 그렇듯이 글을 쓰는 데에도 똑같은 표현과 문장을 쓰는 사람은 있을 수 없다. 좋은 글을 쓰는 데 있어 또 하나 중요한 것은 개성적인 어휘를 찾는 일이다. 개성적인 어휘란 관습적이고 상투적인 표현에서 벗어나 자기만의 체취와 인격이 드러나는 어휘를 말한다. 개성적이고 참신한 어휘는 독자가 글에 대한 신선감과 흥미를 유발하게 되고, 결국 글의 이해도를 높이는 데 기여하게 된다.

① 괜히 호주머니가 빽빽해지고 구두 밑창이 맑게 닦여 사뭇 걷기 어려웠다.

- 강윤후의 〈가을 華溪寺〉 중에서

② 아리잠직한 강실이……

- 최명희의 〈혼불〉 중에서

①에서 시인은 가난한 삶의 궁핍을 그리 서글프지 않게 나타내고 있다. 오랫동안 신고 다녀서 밑창이 닳아버린 헌 구두를 '밑창이 맑게 닦여' 있다고 말하는 그의 심성은 깨끗한 새 구두를 신고 다니는 이보다 더 여유 있는 모습이다.

②의 '아리잠직하다'라는 어휘는 그동안 우리 사이에 잊혀진 말인데, 개성적인 표현을 찾아 고심하던 한 작가에 의해 다시 우리 앞에 수줍은 듯 모습을 드러냈다. 작가는 '마음속에 애련하고 안개처럼 자욱하고 그립고 일생 그 실체를 만질 수 없으면서도 정말 자기 가슴 속의 깊은 심지에 촛농이 타는 것 같은 안타깝고 애절한' 여인의 모습을 그리기 위한 어휘를 찾고 있었다. 이 말은 '화려하게 드러나지는 않지만 아주 아련한 어떤 아름다움'을 표현하고 있다. 작가는 이 말이 너무 격이 높고 독특하기 때문에 자꾸만 여러 번을 쓰게 되면 오히려 싸구려가 될 것 같아 그의 작품에 딱 한 번을 썼다고 말한다.

이렇듯 개성 있는 어휘는 찾기 어렵다. 그러나 고심 끝에 얻어낸 한 구절의 표현은 읽는 이의 가슴 속에 오래도록 남아 글의 향기를 전한다.

다음의 〈연습문제〉를 통해서 개성적인 어휘를 생각해 봅시다.

예문

석양의 바닷가, 일렁이는 파도를 바라보는 여인의 모습
→ 설레다 / 나는 내 가슴의 설렘이 물결이 되어 그녀에게 전달되기를 갈망했다.

❖ 연습문제

① 흰 눈을 밟으며 이리저리 뛰는 강아지의 모습
( )
② 갓 피어난 목련의 희디흰 모습
( )
③ 숲속에서 들려오는 뻐꾸기의 울음
( )

2. 사고 연습

1) 관련지어 생각하기

글을 쓰기 위해서는 표현하고자 하는 대상에 대하여 깊이 생각하여야 한다. 이 과정에서 자신의 머릿속에 떠오르는 생각을 잡아내어 펼쳐내는 것이 바로 글쓰기이다. 글을 쓰기 위한 주제가 정해지면 무엇을 쓸 것인가를 정해야 한다. 이때 필요한 것이 관련지어 생각하기이다. 이는 달리 말하면 연상이라고 한다. 연상이란 인접한 사물들 사이에서 하나의 심상이 관련된 다른 심상을 불러일으키는 것을 말한다.

연상에는 체계적 연상과 정서적 연상이 있다. 체계적 연상이란 어휘의 논리적 질서와 관련된 것으로 의미의 상하관계에서 이루어지는 연상이다. 예컨대, '삼각형'이라는 어휘를 들었을 때 이와 잇달아 이등변 삼각형, 정삼각형, 직삼각형 등 삼각형의 하위 의미를 지닌 어휘들과 사각형, 오각형 등의 어휘, 또 평면도형 등의 상위 개념 어휘들이 떠오를 수 있다. 이들 어휘는 삼각형의 의미와 체계적인 관계에 놓여 있는 어휘들이다.

정서적 연상이란 이와 달리 아주 자유로운 연상이다. 아무런 체계적 제약 없이 자신의 경험 세계 안에서 무제한으로 이루어지는 연상의 세계를 말한다. 앞의 사각형을 가지고 다음과 같이 연상을 이어갈 수 있다.

정서적 연상의 예시

사각형 – 바위 – 설악산 – 단풍 – 백담사 – 구름 – 세월 – 갈대 – 가을 – 바람 – 파도 – 인생 – 나이 – 노을 – 하늘 – 수채화 – 폭포

이처럼 정서적 연상은 인접성과 유사성에 기인하여 이루어진다. 인접성은 두 사물이 공간적으로 인접하여 있을 때 일어나는 연속작용이며, 유사성은 두 사물의 내포적 의미가 비슷할 때 일어나는 연상작용이다. 이들은 서로 뒤섞여 나타난다. 그러므로 연상은 매우 비규칙일 듯하지만, 나름의 질서가 있다.

관련지어 생각하기는 소재 선정을 위한 일차적인 작업이다. 무엇을 쓸 것인가를 결정하기 전에 우선 여러 글감을 무작위로 늘어놓아 보자. 그리고 그 가운데 자신이 쓰고자 하는 주제에 가장 알맞은 어휘들을 취사선택하는 것이 올바른 방법이다.

2) 절차에 따라 생각하기

사람의 행동에는 이유가 있고, 모든 일에는 원인과 결과가 있다. 따라서 글을 쓸 때도 원인과 결과, 그리고 그 사이의 절차와 과정이 잘 나타날 수 있도록 써야 한다. 대부분의 학생이 글쓰기에 실패하는 이유 가운데 하나가, 결과가 나타날 수밖에 없는 원인이나 조건을 제대로 제시하지 못하는 경우임을 발견하게 된다. 또는 원인과 결과는 나타나 있다 하더라도 이들 사이의 논리적 비약이 너무 심하여 그 상관성을 확인하기 어려운 경우가 아주 많다. 특히 대학에서 학문하는 사람들의 경우, 논리적 절차에 따른 글쓰기는 학문의 기본으로서 강조된다. 논리적인 절차에 따른 글쓰기는 그

역으로 논리적 절차에 의하여 쓰인 글을 읽고 이해하는 능력을 키우는 데에도 도움을 주게 마련이다.

또, 이런 과정을 거쳐야 구체적이고 실감 나는 문장을 얻을 수 있다. 실감 나는 문장을 얻을 수 있는 하나의 방법은 구체적으로 서술하는 것이다. 결국, 절차에 맞는 사고를 하기 위해서는 모든 일의 전개를 구체적이고 시간 순서에 의하여 유추해 보는 게 필요하다.

예를 들어, 학교에 도착하여 보니 오늘 제출하여야 할 과제물을 가져오지 않았다. 그 이유는 무엇일까? 이를 확인하기 위해서 오늘 아침 잠자리에서 일어나서 학교에 도착하기까지의 일들을 구체적으로 점검해 봐야 한다.

또 하나의 방법은 하나의 사건에서 결과가 될 사건들을 유추하여 보는 일이다. 홍수가 와서 강둑이 터지면 그 다음에 어떤 일들이 일어날까? 이를 도출하기 위해서는 여러 가지 상황들을 점검해야 한다. 그 가운데 가장 논리적으로 타당한 것을 선택한다. 그리고 그 일로 인하여 나타날 사건을 유추해 본다. 이처럼 가장 적절한 사건의 선택을 통하여 우리는 논리적 사고력을 키워 나갈 수 있다.

또 하나의 방법은 어떤 사건의 원인을 역으로 추적해 보는 것이다. 모든 일의 결과는 그에 따르는 원인이 있기 때문이다. 이를 추적해 보는 훈련을 통하여 우리는 매사를 꼼꼼히 관찰하고 모든 절차를 하나하나 빠짐없이 기록하는 습관을 들이게 한다. 다음의 〈연습문제〉를 통해 절차에 따라 생각하기를 해봅시다.

❖ 연습문제

① 어미닭이 되기까지의 과정

② 비가 오기까지의 과정

③ 목재가 되기까지의 과정

3) 바꾸어 생각하기

세상의 모든 일은 여러 개의 측면을 가지고 있다. 나의 뒤에 앉아 있는 친구의 눈에 보이는 나의 모습은 단지 나의 뒤통수뿐이다. 그러나 친구에게 보이는 것은 머리카락뿐, 나의 얼굴은 보이지 않는 곳에 엄연히 존재하고 있다. 그렇기 때문에 우리가 우리 눈에 보이는 한 면만을 진실이라고 믿게 될 경우에, 자칫 올바르지 못한 결론에 도달할 우려가 있다. 언제나 내가 평소 가지고 있는 생각을 바꾸어 보거나, 또 다른 가능성을 생각해 볼 때 폭넓은 사고를 하게 되고, 이를 통해 더욱 체계적이고 논리적인 결론에 이를 수가 있다.

이를 위해 가장 중요한 것은 고정관념을 버리는 것이다. 고정관념에는 사회적 고정관념과 개인적인 고정관념이 있다. 고정관념 버리기는 창의적인 사고력을 키우기 위한 중요한 전제조건이다. 심재휘의 〈못에 대한 생각〉을 읽어 보자.

못을 박다가 손가락을 내리쳐 보신 적이 있는지

손가락이 아니라 잘못 맞고 굽어 버린
못을 위해 슬퍼해 보신 적이 있는지

– 심재휘의 〈못에 대한 생각〉 중에서

위의 예문은 사물에 대한 인식의 전환을 보여준다. 누구에게나 못질을 하다가 손가락을 다쳐 아파해 본 적은 있다. 그런데 글쓴이는 망치에 잘못 맞아 굽어 버린 못을 슬퍼하고 있다. 이는 인식의 전환이고, 각자의 입장을 바꾸어 생각해 보는 훈련을 통하여 나오는 개성적인 표현이다.

다음으로 생각할 점은 다른 사람의 의견을 수용하는 일이다. 하나의 현상에 대한 사람들의 의견은 언제나 같을 수 없다. 오히려 서로 다른 의견을 가진 사람들이 토론을 거쳐 하나의 의견으로 통일되었을 때 그 의견이 훨씬 더 사실에 근접할 가능성이 높다. 다음의 〈연습문제〉를 통해 바꾸어 생각하기를 해보자.

❖ 연습문제

※ 다음의 전기(傳記)를 읽고, 우리가 미친 여자를 대하는 일반적인 태도와 경허 스님의 태도를 비교하면서 고정관념의 문제에 대하여 토론해 봅시다.

그렇다면 경허는 왜 술을 마시기 시작했을까. 더구나 당시 최고 고승의 위치에 있던 그가 왜 술주정뱅이 떠돌이 중이 되었는가. 왜 파계승이 되어 온갖 비난을 한 몸에 받아야만 했는가. 여기에는 너무 슬픈 이야기가 있다.

경허가 깨달음을 얻고 나서 충남 서산의 천장암에 있을 때였다. 추운 겨울날, 어둠이 깔릴 무렵 한 미친 여자가 천장암(天藏庵)을 찾아왔다. 이 여자의 온몸은 피고름으로 범벅이 되어서 피고름 썩는 냄새 때문에 도저히 가까이 갈 수 없었다. 미친 여자는 히쭉히쭉 웃으며 부엌을 기웃거리고 있었다. 배고픔과 추위를 견딜 수 없었기 때문이다.

그러나 그녀에게 밥을 주거나 추위를 막아주는 사람은 아무도 없었다. 피고름 냄새 때문에 중들은 코를 막으며 그녀를 절 밖으로 쫓아내려 했다. 그러나 그녀는 한사코 부엌문을 잡고 나가려 하지 않았다. 밥 짓는 냄새와 불기운만이 그녀에게는 마지막 희망이었기 때문이다.

"이 미친 것이 어디 감히 신성한 부처님 도량(道場)에 와서 이러는 거야. 신장(神將)님이 노하신다. 어서 나가라니깐. 청정한 도량을 더럽히지 말고 어서 썩 나가지 못할까."

이런 위협에도 그녀는 죽으라고 부엌문을 잡고 있었다. 그때 밖의 이 소란스러움이 경허의 명상을 깨웠다. 경허가 깊은 선정(禪定)에서 깨어나 밖으로 나왔을 때 이 광경을 목격했다. 경허는 아무 말 없이 그 미친 여자에게로 다가갔다. 그녀의 손을 잡고 자기 방으로 들어갔다. 참으로 오래간만에 만난 여인처럼... 다른 중들은 어처구니없어서 닭 쫓던 개처럼 멍하니 이 모습을 지켜볼 뿐이었다.

그 날부터 경허는 피고름덩이 미친 여자와 한 방 한 이불서 먹고 자기 열흘째, 주지(住持)는 경허에게 미친 여자를 제발 돌려보내라고 사정했다. 절의 체면이 말이 아니고, 신도들이 이를 알면 큰일 난다는 것이었다. 경허는 미친 여자에게 얼마간의 노자를 주어 돌려보내기로 했다. 미친 여자는 경허와 열흘간의 사랑 끝에 미친 증세가 완전히 나아버렸다. 조건 없는 인간의 사랑이, 아니 슬프다 못해 소름이 끼칠 것 같은 이 미친 중의 사랑이 그녀의 미친 증세를 녹여버렸던 것이었다.

"저 세상에 가서라도 이 은혜는 잊지 않겠습니다."

그녀는 경허에게 이 말을 남기고 천장암을 내려갔다.

그 날 이후로 경허에게는 극심한 피부병이 찾아왔다. 그녀가 주고 간 가장 인간적인 선물이었다. 이렇게 시작된 피부병은 아무리 약을 써도 도무지 낫지 않았다.

– 석지현의 〈바람처럼 살다 간 미친 중, 경허〉 중에서

❖ 토론 결과

4) 즉흥적으로 생각하기

즉흥적으로 생각하기는 의식 속에 묻혀 있는 기발한 생각을 끌어내기 위한 방식이다. 어떤 문제를 해결하기 위한 해결 방법을 자유롭게 제시하도록 하여 사고력을 기르도록 하는 데 중점이 주어진다. 이 방식은 완성된 결론을 끌어내는 단계는 아니다. 오히려 결론을 유도하기 위한 준비단계로, 가능성이 있는 많은 의견을 자유롭게 끌어내는 방식이다. 즉, 어떤 생각이 '더 좋은 것인가?'보다 '많은 생각을 하게 함'으로써 훌륭한 글을 만들 수 있다는 자신감과 능력을 만들어 준다. 다음의 〈연습문제〉를 통해 즉흥적으로 생각하기를 해봅시다.

❖ 연습문제

※ 다음을 통해 즉흥적으로 생각하기를 해봅시다.

① 마라톤 경기에서 가장 중요한 것은 어떤 것일까?
( )
② '장미는 가시가 있다.'는 말의 뜻은?
( )
③ '고슴도치도 제 새끼는 예쁘다.'는 말의 뜻은?
( )
④ 무인도에 갇힌다면 가장 먼저 무엇을 하고 싶은가?
( )
⑤ 밤하늘의 별빛을 보면 가장 먼저 무엇이 떠오르는가?
( )

3. 문장 연습

1) 다채롭고 생동감 있는 글쓰기

글은 구체적인 표현이 들어가야 비로소 다채롭고 생동감 있게 느껴진다. 감정과 생각을 어떻게 하면 생생하게 풀어낼 수 있을까 고민해야 한다. 다음의 예문을 보자. 이 글은 문장이 단조롭고 생동감이 없게 느껴진다.

나는 빨간 딸기 아이스크림이 좋다. 딸기 아이스크림은 참으로 맛있다. 먹을 때마다 나는 행복을 느낀다.

이 글을 더욱 다채롭고 생동감 있게 고치면 다음과 같다.

고쳐 쓴 글 예문

빨간 딸기 아이스크림은 항상 나를 끌어당긴다. 딸기 아이스크림을 볼 때마다 입에 침이 고인다. 한 입 베어 물면 달콤한 맛이 일품이다. 그것을 먹을 때마다 구름을 타고 훨훨 나는 느낌에 빠져든다. 모든 근심과 걱정이 사라진다.

"좋다"는 표현을 "아이스크림이 나를 끌어당긴다."로 바꿨다. 아이스크림이 마치 자석처럼 내 몸을 당기는 장면이 상상된다. "맛있다"고 했을 때는 별 감흥이 없었는데 "입에 침이 고인다."고 하니 그 아이스크림이 먹고 싶은 충동이 생긴다. "행복을 느낀다"고 했을 때는 아무런 감정이 없지만 "구름을 타고 나는 느낌", "근심과 걱정이 사라진다."로 바꾸었더니 정말로 아이스크림을 먹을 때 행복이 느껴진다. 이처럼 구체적인 표현이 때론 글을 풍성하고 생동감 있게 한다. 다음의 글을 다채롭고 생동감 있게 고쳐 써보자.

연습문제 - 글 고쳐 쓰기

【예문】

나는 과일 중에 수박이 좋다. 수박은 달콤하고 시원한 맛을 준다. 수박을 먹을 때마다 나는 행복을 느낀다.

【고쳐 쓰기】

2) 서사적 글쓰기

서사적 글쓰기란 어떤 이야기를 시간 순서대로 글을 적는 것을 말한다. 일기를 한 두 번은 써 봤을 거다. 그날의 이야기를 시간 순서대로 적었겠지? 여행을 다녀온 후 쓰는 기행문에서도 여행지 순서에 따라 감상을 적었을 거다. 이것 또한 서사에 해당한다. 서사란 게 알고 보면 그리 어렵지 않다.

서사는 시간의 흐름에 따라 이야기를 전개하는 방법이다. 그러니 시간을 염두에 두는 것은 필수다. 시간을 뒤죽박죽으로 만들어 버리면 '어설픈 서사'가 된다. 어설프게 쓴 서사적 글을 보자.

> 아빠와 여행을 다녀왔다. 인천에서 배를 타면 도착하는 섬이 여행지다. 1박 2일로 여행을 했는데, 피곤하긴 하지만 아주 즐거웠다. 배를 타고 갈 때부터 설레였다. 배를 타고 싶었지만 그동안 탈 기회가 없었기 때문이다.
> 섬에서 낚시를 했는데, 정말 재미있었다. 물고기와 이름은 모르겠는데, 한 마리를 잡았다. 더 많이 잡았으면 좋았을 거라는 생각이 들었다. 조개를 캐는 것은 너무 더워서 하지 않았다. 밤에 라면을 끓여 먹는 것은 색다른 맛이었다.
> 중학생은 방학이 학기 중일 때보다 더 바쁘다. 다녀야 할 학원이 더 많기 때문이다. 그런데 배를 타고 섬에 가니 기분이 한결 나아졌다. 내년 방학에도 섬에 다시 가고 싶다.

이 글은 서사에 실패했다. 시간의 흐름이 제대로 보이지 않기 때문이다. 이 글을 쓴 학생은 여행에서 있었던 일을 뒤죽박죽으로 정리했을 뿐이다. 시간의 흐름을 따라가면서 재미있었던 일화를 들려줘야 하는 데, 그렇게 하지 못했다. 갑작스럽게 느낌과 소감이 툭 튀어나온 것도 어색하다.

이 글을 쓴 친구에게 서사기법을 가르쳐 주고, 글을 다시 자세히 쓰도록 해봤다. 문법적으로 어긋난 분장은 약간 손을 봐줬다. 그랬더니 다음과 같은 글이 나왔다.

서사적 글쓰기 예문

8월 2일 아빠와 1박 2일 일정으로 섬 여행을 갔다. 오전 11시에 인천에서 섬으로 가는 배를 탔다. 배를 타기 전부터 마음이 설렜다. 배를 타고 싶었지만, 그동안 그럴 기회가 없었기 때문이다.

배가 출발했다. 바닷바람이 상쾌했다. 처음에는 갑판에 나와서 바다 구경을 했다. 하지만 30분 정도가 지나자 햇볕이 따가워 객실로 들어갔다. 객실 안에서도 창문을 통해 바다를 구경할 수 있어 좋았다.

1시간 10분 정도가 지나자 배가 섬에 도착했다. 아빠와 나는 선착장 가게에서 갯지렁이를 샀다. 이어서 방파제에 가서 낚시했다. 아빠가 몇 차례 낚싯대를 당겼는데, 물고기는 잡지 못했다. 1시간 정도가 지나자 조금은 지루한 감이 들었다. 하품하던 찰나에 낚싯대를 잡은 내 손에 '톡톡' 하는 느낌이 왔다. 아빠가 릴을 빨리 감으라고 했다.

굉장히 흥분됐다. 나는 아주 빠른 속도로 릴을 감았다. 곧이어 물가 표면에 낚싯바늘이 모습을 드러냈다. 물고기가 매달려 있었다. 내가 난생처음으로 물고기를 잡은 것이다! 물고기 이름은 모르지만, 난 정말 뿌듯했다. 휴대폰 카메라로 물고기를 찍어 뒀다.

그 후 햇볕이 따가워져서 조개를 캐기로 한 계획을 바꿨다. 우리는 예약해 둔 민박집에 갔다.

(중략)

중학생은 방학이 학기 중일 때보다 더 바쁘다. 다녀야 할 학원이 더 많기 때문이다. 그래서 이번 섬 여행이 피곤하면서도 더욱 기억에 남는다. 그토록 타고 싶었던 배도 타고, 난생처음 낚시로 물고기도 잡았기 때문이다. 내년 방학에도 섬에 다시 가고 싶다.

글이 많이 길어졌다. 그 대신 글이 자세해졌고, 그만큼 생생해졌다. 글을 읽고 있는데, 이 친구의 여행 풍경이 머릿속에 그려지지 않은가? 이게 바로 서사적 글의 힘이다. 서사를 잘하려면 이야기를 만들 줄 알아야 한다. 누가, 언제, 어디서, 무엇을, 어떻게, 왜 했는지 육하원칙을 잘 따져 봐야 한다. 이야기를 전개할 때도 앞과 뒤, 시작과 끝이 명확한지 살펴야 한다. 어느 사건이 먼저 일어났는지 모호하게 글을 쓰면 서사는 실패한 거다. 최근에 다녀온 여행이 있다면, 이 글을 참고하여 서사적인 글로 써보자.

연습문제 - 서사적 글쓰기: 기행문

3) 묘사적 글쓰기

묘사적 글쓰기란 눈에 보이는 것을 아주 자세하게 들려주는 방식을 말한다. 서사를 영화에 비유한다면, 묘사는 섬세한 사진에 비유할 수 있다. 많은 학생이 묘사에 익숙하지 않아 설명하려 한다. 왜 그럴까? 관찰을 덜 해서 그럴 수도 있고, 글을 어떻게 쓸까 고민을 덜 해서일 수도 있다. 물론, 설명만 제대로 해도 좋은 글이 될 수 있다. 다만 설명 위주의 글은 재미가 떨어진다는 단점이 있다. 반면에 묘사가 많은 글은 훨씬 생생하고 흥미롭다.

아주 사소한 장면까지 일일이 묘사할 필요는 없다. 하지만 세밀하게 표현해야 할 장면도 있다. 그럴 때 대충 설명하고 넘어가면 글의 재미가 떨어지겠지? 어떨 때는 현미경으로 들여다보듯이 미세하게 표현해야 글맛이 제대로 날 수도 있다. 그 경우에는 반드시 묘사해야겠다. 설명과 묘사를 비교해 보자.

① 내 친구 민지는 예쁘게 생겼다.
(민지의 얼굴에 대하여 간략하게 설명했다.)

② 내 친구 민지의 얼굴은 턱이 갸름한 달걀형이다. 민지의 눈은 뭐든 빨아들일 만큼 크고 깊으며, 눈썹은 가늘면서 길다. 콧날이 살짝 서 있어 세련된 느낌을 준다. 입은 크지도 작지도 않다. 그 대신 입술이 약간 도톰한 편이라서 입을 열 때마다 귀여운 느낌을 준다. 그뿐만 아니라 눈, 코, 입, 귀가 전체적으로 잘 조화돼 있다.
(민지의 생김새를 자세히 하나하나 묘사했다.)

②번 예문을 읽다 보면 민지의 얼굴을 상상할 수 있다. 굳이 예쁘다는 설명을 붙이지 않았는데도 민지가 예쁘다는 생각을 떠올리게 한다. ①번 문장이 틀리거나 잘못된 건 아니다. 한 줄로 설명했으니 더 명쾌할 수도 있다. 하지만 눈이 큰지 작은지,

콧날은 오뚝한지 낮은지 등 생김새에 대한 정보가 전혀 없다. 결국, ①번 글의 독자는 글쓴이가 예쁘다고 하니 그렇게 믿어야 하는 수밖에 없다. 설명과 묘사를 또 비교해 보자.

> ① 눈이 엄청나게 많이 내렸다. 온 세상이 하얗게 변했다.
> (눈이 내린 세상을 간략하게 설명했다.)
>
> ② 눈이 내리기 시작했다. 바람 한 점 불지 않는다. 눈은 평화롭게 땅 위로 내려앉았다. 한 겹, 두 겹, 세 겹…. 눈은 소리 없이 쌓였다. 들판 위의 초록빛이 서서히 사라졌다. 해가 지고 어둑어둑해졌다. 하지만 들판은 하얗다. 사방은 온통 하얀색. 멀리 시골 마을의 낮은 집에서 새어 나오는 희미한 불빛만이 지금 밤이란 사실을 알려준다.
> (눈이 내린 세상을 자세히 하나하나 묘사했다.)

①번은 설명, ②번은 묘사 위주의 글이란 걸 알 수 있다. 아마 ①번만 읽어도 어느 정도 장면이 머릿속에 그려진다. 눈이 엄청나게 내리면 세상이 하얗게 변하는 건 당연한 데다 '하얗다'는 표현까지 있으니까. 하지만 단조롭다. 하얗게 변한 세상의 느낌을 자세히는 알 수 없다.

묘사 위주로 바꾸면 글이 아주 다채로워진다. ②번 예문을 읽다 보면 아주 생생하게 눈 내리는 풍경을 머릿속에 그릴 수 있다. 바람 한 점 없이 사뿐히 내려앉는 그림, 이어 먼 마을에서 새어 나온 불빛, 마침내 온통 하얗게 변한 눈의 나라 …….

그렇다면 다음 설명을 읽고 각자 묘사의 글을 써보자.

연습문제 - 묘사적 글쓰기

【설명】

준서가 수비수 두 명을 제치고 골을 넣어 우리 팀이 아슬아슬하게 2대 1로 이겼다.(친구가 골을 넣어 우리가 승리했다는 사실을 간략하게 설명했다)

【묘사적 글로 바꾸기】

Chapter 10

논술의 실제: 논술문 작성하기

세부 내용	• 좋은 논술문과 나쁜 논술문 이해하기 • 논술문 작성 절차 및 내용 이해하기 • 논술평가의 개념 이해하기 • 실제 논술 작성 연습하기	
학습 목표	• 논술문 작성 절차를 설명할 수 있다. • 논술평가의 원칙을 설명할 수 있다. • 주어진 문제를 분석하여 논술문을 작성할 수 있다.	
단계	교수 · 학습 활동	자료
도입 단계	• 논술문 작성하기에 대한 동기 유발 - 논술문 작성 경험을 통해 어려웠던 점을 떠올려보고 말해보기	
전개 단계	• 좋은 논술문과 나쁜 논술문 구분하기 • 논술문 작성 절차 및 방법 이해하기 • 논술평가 기준 및 평가표 만들기 • 주어진 문제 상황에 대하여 문제를 분석하고, 논술문을 실제 작성하기	원고지
정리 단계	• 수업 마무리 및 정리 - 연습문제 수행결과에 대한 2~3명 발표하기 - 논술 작성에 대하여 총괄 정리	

1. 좋은 논술문과 나쁜 논술문

좋은 논술문과 나쁜 논술문의 차이를 살펴보면 다음과 같다.

1) 좋은 논술문

좋은 논술문

구분	내용
주제와 문제점을 명확히 이해하여야 한다	• 논술문은 작성할 때 먼저 주의할 점은 주제와 문제점을 정확히 파악하여 출제자의 의도를 알아내야 한다.
논리적으로 작성해야 한다	• 논점의 일관성을 유지해야 한다. 하나의 논점에 초점을 맞추었다면 문제를 해결하는 과정에서 일관성을 유지해야 한다. 이를 위해서는 반드시 개요 작성을 거치면서 충분히 사고한 후에 논술문을 써야 한다.
논거가 적합하며 타당해야 한다	• 논술은 어떤 문제에 대하여 의견이나 주장을 펴는 글이다. 그리고 그 의견이나 주장은 남들이 수긍할 정도로 타당한 것이어야 한다. 또한, 진부하고 편파적인 결론이나 상식적인 결론을 피할 수 있도록 독창적인 답안을 생각해 내는 것도 중요하다.
간결하고 정확하게 표현해야 한다.	• 하나의 문장에는 하나의 사실이나 의견이 들어 있는 것이 좋다. 한 문장 속에 둘 이상의 사실이나 의견이 들어가면 문장이 길어지게 되어 그 문장에서 말하는 내용이 무엇인지 알기 어렵기 때문이다. 생소한 한자나 자신 없는 한자는 쓰지 않도록 한다.
어법이나 맞춤법, 띄어쓰기 등이 잘 되어 있어야 한다	• 문장을 작성할 때, 어법에 맞게 작성해야 하며 비문의 사용은 지양한다. 맞춤법 규정에 따라 띄어쓰기에도 유의하고, 오자나 탈자가 없도록 해야 한다.
글씨는 깨끗하게 써야 한다	• 글씨는 얼굴을 모르는 채점 위원과 작성자간의 첫 대면이다. 깨끗하고 바르게 쓰도록 하며, 특히 지저분하게 고친 것, 무성의한 글씨체는 감점요인이 된다.

2) 나쁜 논술문

나쁜 논술문

구분	내용
지나치게 감상적인 표현을 한 논술	• '이것을 어찌 개혁이라고 하는가?'와 같은 지나친 감정 표현은 논리를 요구하는 논술에는 전혀 적합하지 않다. 논술은 객관성을 갖춘 어조이어야 하기 때문이다.
의문문이나 권유문으로 쓴 논술	• 의문문은 서론이나 본론에서 주장을 위한 전제로써 한 번쯤 사용할 수는 있으나, 지나치게 의문문을 남발하면 논리적 주장을 약화시켜 적절한 방법이 되지 못한다.
저속한 용어나 저널리즘 용어를 쓴 논술	• 글을 통해 그 사람의 인격을 파악할 수 있으므로 '참으로 우스운 개혁이다.'와 같은 저속하거나 저널리즘 용어는 피해야 한다.
외국어를 많이 쓴 논술	• 외국어를 남발하는 문장은 논술에서는 바람직하지 못하다. 우리글을 모르는 것으로 오인당할 수 있고, 사대주의적 사고가 강한 사람으로 오인할 수 있다.
사적 경험을 많이 쓴 논술	• 사적 경험이나 신변담은 꼭 필요할 때 논지 설명을 위한 원인제공으로 쓸 수는 있으나, 수필이 아닌 논술에서는 적합한 방식이 되지 못한다.
긴 문장으로 쓴 논술	• 문장이 너무 길면 논지가 약해짐은 당연한 사실이다. 그리고 주어가 술어와 일치하지 않을 위험도 높다. 또는 읽는 이가 지루하다는 평을 받을 수도 있다. 따라서 처음부터 짧은 문장으로 쓰거나 긴 문장을 나누어 짧은 문장으로 쓰는 습관을 길러야 한다.

2. 논술문 작성 절차 및 내용

1) 주장은 강하게 하자

논술문은 주장이 담긴 글이다. 그러니 글쓴이의 주장이 빠진다면 알맹이가 없는 글이 돼 버린다. 반드시 주장을 담아야 한다. 그것도 아주 강력하게 주장을 해야 한다. 이것이 논술문을 쓸 때 염두에 둬야 할 첫 번째 원칙이다. 다만, 주장을 피력하는 데도 원칙이 있다는 점을 알아둬야 한다.

첫째, 우선 모호한 주장은 안 된다. 똑 부러지게 자신의 주장을 펼쳐야 한다.

둘째, 합리적인 주장이어야 한다. 도덕에 어긋나거나 사회 가치에 반하는 주장은 궤변일 뿐이다.

셋째, 주장은 글의 처음부터 끝까지 일관돼야 한다. 앞부분에서 강조했던 주장이 뒤로 가면서 슬쩍 사라지거나 정반대의 주장으로 변해 버리면 안 된다.

넷째, 여러 주장이 있으면 가장 중요한 '핵심 주장'을 위주로 써야 한다.

다섯째, 감정은 절제해야 한다. 내 주장을 강조하기 위해 반대 논리를 원색적으로 비난하는 것은 옳지 않다.

이제 주장을 제대로 펴는 법을 실제 사례를 통해 살펴보자. 초중고교생이 '학교에서 휴대폰을 사용해도 좋은가'에 대한 논술문인데, 지금 이 글은 제대로 주장을 펴고 있는지 알아보자.

초중고교생이 학교에서 휴대폰을 사용해도 좋은가(예문)

학교는 학생들이 공부하는 곳이다. 그런 학교에서 휴대폰을 사용한다면 문제라고 생각한다. 가끔 사용하는 것이라면 모를까, 휴대폰이 울리면 수업을 제대로 할 수 없다. 만약 수업시간에 휴대폰이 울린다면 휴대폰을 부수고, 그 학생을 퇴학 조치시켜야 한다.

학생이 휴대폰을 가지고 있을 때 선생님이 빼앗아서는 안 된다고 생각한다. 그런 행동은 학생의 인격을 침해하는 것이기 때문이다. 빼앗아야 한다고 주장하는 사람들은 세상 돌아가는 이치도 모르는 바보들이다. 제대로 판단하지 못하는 그런 주장들은 가치도 없다.

결론적으로, 휴대폰은 필요하지만 잘 조절해서 써야 한다. 그래야 휴대폰 중독에 걸리지 않고 건강하게 성장할 수 있다. 그렇게 하면 굳이 학교에 휴대폰을 가지고 갈 이유가 없고, 학교에서 휴대폰을 사용하지 않아도 된다.

출처: 김상훈(2016)

어떤가요? 글쓴이가 자신의 주장을 제대로 펴고 있다고 보는지요? 우선, 글쓴이의 핵심 주장이 뭔지 이해할 수가 없다. 처음에는 휴대폰을 학교에서 사용해서는 안 된다고 주장했는데, 바로 다음 문장에서는 가끔 사용하는 것은 괜찮다고 피력했다. '애매하게 주장하지 않기'를 어긴 거다. 그러다가 휴대폰을 잘 조절해서 쓰자며, 지금까지 없던 내용을 불쑥 집어넣었다.

게다가 결론은 '학교에서 휴대폰을 사용하지 않아도 된다.'로 마무리된다. 오락가락했다. '일관된 주장하기'를 지키지 않은 거다. 글쓴이의 핵심 주장이 도대체 뭔지 이해하기 어렵다. 핸드폰을 학교에서 사용해도 된다는 건지, 사용하면 안 된다는 건지 도대체 알 수 없다. 결국, 글쓴이는 '핵심 주장 위주로 쓰기'도 지키지 못했다.

수업시간에 휴대폰이 울린다고 해서 그 휴대폰을 박살내고 학생을 퇴학 조치한다는 것은 사회의 통념에 어긋난다. 합리적이지도 않고 논리적이지도 않다. 지나치게 과격한 주장이라서 설득력도 없다. '합리적인 주장하기'를 염두에 두지 못한 것이다.

글쓴이는 또 자신과 생각이 다른 사람에 대해 세상 이치도 모르는 바보라거나 그들의 주장을 들을 가치도 없다고 말했다. 상당히 감정적이다. 내 생각과 다르다고 해서 이렇게 인격 모독하는 건 안 된다. 결국, '감정 절제하기'를 어겼다.

주장을 제대로 하기 위한 다섯 가지를 모두 지킨다면 이 글을 어떻게 변할까요? 글쓴이의 주장이 '휴대폰을 학교에서 사용해선 안 된다!'라고 가정해 보자. 글이 어떻게 바뀌었는지 살펴보자.

휴대폰을 학교에서 사용해선 안 된다(수정 예문)

학교는 학생들이 공부하는 곳이다. 그런 학교에서 휴대폰을 사용하는 것은 옳지 않다. 가끔 사용하는 것도 안 된다. 휴대폰이 울리면 수업을 제대로 할 수 없다. 만약 수업시간에 휴대폰이 울린다면 휴대폰을 압수하고, 그 학생에 대해서는 주의 조치를 줘야 한다. 이런 일이 반복될 경우에는 더 강력한 조치가 필요하다.

그렇다고 하더라도 학생이 휴대폰을 가지고 있는 것까지 금지하는 것은 인권침해의 소지가 있다. 어떤 사람들은 원활한 수업을 위해 선생님이 휴대폰을 빼앗아야 한다고 주장한다. 하지만 학생도 인격이 있기에 존중해야 한다. 물론, 학생이 휴대폰을 소지함으로써 여러 문제가 발생한다면 휴대폰을 일시적으로 압수할 필요는 있다.

결론적으로, 어떤 경우에도 휴대폰이 학교 수업에 방해된다면 금지하는 게 옳다. 이와 더불어 학생들이 휴대폰을 잘 조절해 사용할 수 있도록 지속적인 교육이 필요하다. 그래야 휴대폰 중독에 걸리지 않고 건강하게 성장할 수 있다.

2) 주장의 근거를 명확하게 제시하자

이 글(수정 예문)에서는 글쓴이의 주장이 선명하게 드러나 있다. 글쓴이는 처음부터 끝까지 핵심 주장을 강조했다. 반대 주장에 대해서도 합리적인 수준에서 반론을 펼쳤다. 더불어 휴대폰 사용을 조절해야 한다는 의견도 제시했다.

한 번 싸움이 벌어졌다고 가정해 보자. 싸움판에서는 목소리가 큰 사람이 이긴다는 우스갯소리가 있다. 실제로는 그렇지 않다. 그래도 주장을 강하게 펴는 사람이 유리하다. 논설문에서도 그럴까요? 주장을 잘 펴기만 하면 될까요?

아니다. 사람들을 설득하려면 그 주장을 뒷받침하는 근거를 반드시 제시해야 한다. 그래야 독자들이 수긍할 수 있다. 논설문을 잘 쓰려면 지켜야 할 두 번째 원칙이 바로 '주장의 근거를 명확하게 제시하라.'이다.

앞서 예시로 들었던 글을 다시 인용해 보자. 글쓴이는 '학교에서 휴대폰을 사용하는 것은 옳지 않다'는 주장을 펼치고 있다. 그런데 글을 읽다 보면 이런 생각을 할 수도 있다.

'왜 학교에서 휴대폰을 사용하면 안 되지요?'

물론 앞의 글에서도 휴대폰을 사용하면 안 된다는 근거를 밝히긴 했다. '휴대폰이 울리면 수업을 제대로 할 수 없다' 하지만 이 정도는 누구나 아는 내용이다. 좀 더 구체적이면서도 논리적인 근거가 필요하다. 주장의 근거를 넣어 제시하면 다음과 같다.

주장의 근거를 넣은 수정문(예문)

학교에서 휴대폰을 사용하는 것은 여러 이유에서 옳지 않다. 무엇보다 휴대폰의 벨 소리나 통화 소리 등 소음이 수업과 학습을 방해한다. 한 여론조사에서는 선생님의 68%가 휴대폰 때문에 수업이 방해된 경험이 있다고 응답했다. 또 다른 조사에서는 청소년의 80%가 휴대폰 때문에 학업성적이 떨어지는 것으로 나타났다.

휴대폰 소지를 금지했더니 성적이 올랐다는 해외 연구결과도 있다. 영국에서 31만명의 학생을 대상으로 진행된 실험결과, 교내에서 휴대폰을 끄거나 아예 소지하지 못하게 한 학교가 휴대폰을 허용한 학교보다 성적이 좋은 학생 비율이 상승했다.

교내 휴대폰 사용을 금지해야 하는 이유는 또 있다. 학교에서까지 휴대폰을 사용하면 청소년들의 휴대폰 중독이 더 심해질 수 있다는 것이다. 현재 국내 청소년의 휴대폰 중독 비율은 26% 정도다. 휴대폰을 자주 사용할 경우 두통, 시력 저하, 암 등의 여러 부작용이 발생할 수 있다. 휴대폰은 대부분 고가 제품이다. 이 때문에 학교에서 휴대폰 분실이나 도난 사고도 종종 발생한다. 이를 막기 위해서라도 학교에서의 휴대폰 소지는 금지하는 게 옳다.

상황이 이런데도 휴대폰 소지를 금지하는 게 학생의 인권을 침해하는 것이라고 주장하는 사람들이 있다. 물론, 보는 시각에 따라 그렇게 주장할 수도 있다. 하지만 학교는 공동체다. 한두 사람의 편의를 위해 나머지 학생들을 희생시키는 것은 옳지 않다. 소수의 인권을 주장하기 전에 다수를 위한 민주주의 원칙을 먼저 떠올려야 한다. 이 모든 점을 고려했을 때 휴대폰의 교내 소지는 금지하는 게 타당하다.

휴대폰을 학교에 가지고 와서는 안 된다는 주장의 근거를 조목조목 대고 있다. 밑줄 친 부분이 바로 그 예이다. 국내 통계는 물론 외국의 연구 사례까지 찾아 인용했다. 또한, 반대 의견에 대한 반박도 잊지 않았다.

이처럼 논술문에서는 반드시 주장에 대한 근거가 필요하다. 그 근거는 누구나 이해할 수 있도록 합리적이어야 한다. 공신력 있는 데이터를 제시하는 것도 그 때문이다. 만약 이런 근거도 없이 주장을 편다면 독자는 글쓴이가 억지를 부리고 있다고 생각할 것이다.

강력한 주장과 그 주장을 뒷받침하는 타당하고 합리적인 근거가 요구된다. 이 두 가지만 갖추면 논술문의 기본 요건은 갖췄다고 할 수 있다. 보통 논술문에서는 주장을 '논제'라고 하고, 근거를 '논거'라고 한다. 논제와 논거를 갖췄으니 논설문의 모양새를 갖춘 셈이다.

주장을 펼 때와 마찬가지로 논거를 댈 때도 감정을 드러내선 안 된다. 나와 주장이 다른 사람들을 인격적으로 비하하는 발언을 해서도 안 된다.

3) '서론-본론-결론'의 삼단 구성을 갖추자

아무리 맘에 드는 옷이라 해도 몸보다 지나치게 크거나 작으면 입을 수 없다. 어른이 아동복을 입을 수 없으며, 남자가 치마를 입을 수도 없다. 공식 비즈니스 석상에 반바지 차림에 샌들을 신고 갈 수도 없다.

음식을 어떤 그릇에 담느냐에 따라 맛있는 음식이냐 그림의 떡이 되느냐가 결정된다. 몸에 맞고 격식에 맞는 옷이 가장 좋은 옷이다. 글도 마찬가지다. 글의 종류에 따라 어울리는 그릇이 따로 있고, 몸에 맞는 옷도 따로 있다.

논술문을 쓸 때도 가장 적합한 그릇과 옷이 있는데, 바로 '서론-본론-결론'의 삼단 구성이다. 논설문의 세 번째 원칙이다.

서론은 글의 머리를 차지하는 것으로, 주장의 내용을 밝히는 부분이다. 왜 이런 주장을 하게 됐는지 배경 설명도 곁들이면 좋다. 서론에서 이어지는 게 본론이다. 주장의 근거, 즉 논거를 밝히는 부분이 본론이다. 본론 다음에는 결론을 쓸 차례다. 결론은 서론과 본론의 내용을 요약하며, 해결방법을 제시하는 부분이다.

'서론-본론-결론'을 한곳에 모으면 한 편의 논술문이 완성된다. 앞 논술문의 제목은 '휴대폰은 교내 소지를 금지해야 한다.'로 앞서 제시한 논술문을 '서론-본론-결론'으로 나눠 봤다.

서론

요즈음은 거의 모든 학생이 휴대폰을 가지고 있다. 학교에까지 휴대폰을 들고 온다. 이에 따라 학생들이 휴대폰을 학교에서 사용하는 게 옳은지에 대해 논란이 일고 있다. 나는 학교에서 휴대폰을 사용하는 것은 옳지 않다고 본다.

☞ 서론이다. 최근 대부분 청소년이 휴대폰을 가지고 있고, 그것을 학교에까지 들고 오면서 논란이 일고 있다며, 논설문을 쓰게 된 이유와 배경을 밝혔다. 이어 자신의 주장을 명확하게 밝혔다.

본론

첫째, 휴대폰의 벨 소리나 통화 소리 등 소음은 학교 수업과 학생들의 학습을 방해한다. 한 여론조사에서는 선생님의 68%가 휴대폰 때문에 수업이 방해된 경험이 있다고 응답했다. 또 다른 조사에서는 청소년의 80%가 휴대폰 때문에 학업 성적이 떨어진 것으로 나타났다.

둘째, 학교에서까지 휴대폰을 사용하면 청소년들의 휴대폰 중독이 심해질 수 있다. 국내 청소년의 휴대폰 중독 비율은 26% 정도다.

셋째, 고가 제품인 휴대품을 학교에 가져 왔다가 분실되거나 도난 사고가 발생하면 학내 문제로 커질 우려도 있다. 애초에 학교에서 휴대폰 소지를 금지하면 이런 사고는 막을 수 있다.

휴대폰 소지를 금지하면 학업분위기가 개선돼 학생들의 성적이 좋아질 수도 있다. 이를 입증하는 외국의 연구결과도 있다. 영국에서 31만명의 학생을 대상으로 진행된 실험결과, 교내에서 휴대폰을 끄거나 아예 소지하지 못하게 한 학교가 휴대폰을 허용한 학교보다 성적이 좋은 학생 비율이 상승했다.

휴대폰 소지를 금지하는 것이 학생 인권을 침해한다는 주장도 있다. 하지만 한두 사람의 편의를 위해 나머지 학생들의 학습에 차질을 주는 것은 옳지 않다. 민주주의에서는 소수의 이익도 보호해야 하지만, 그보다는 다수의 행복을 추구해야 한다.

☞ 본론이다. 휴대폰의 교내 소지를 금지해야 한다는 주장의 논거로 세 가지를 제시했다. 휴대폰 소음이 학습 분위기를 해치고, 학교에서마저 휴대폰 사용을 허용하면 휴대폰 중독이 더 심해질 우려가 있으며, 분실과 도난 사고로 학내 문제로 커질 수도 있다는 점이다. 휴대폰을 금지했을 때 얻는 이익도 논거로 활용했다. 반대 의견에 대해서도 반박하는 논거를 제시하는 등 균형을 맞췄다.

결론

결론적으로, 휴대폰의 교내 사용을 허용하면 이처럼 여러 부작용이 발생하기에 전면 금지하는 게 가장 좋은 방법이다. 하지만 현재도 이를 허용하고 있는 학교들이 적지 않다. 이런 학교에 대해서는 교육 당국이나 학부모 단체가 부작용을 적극적으로 알리고 점차 금지토록 권해야 한다. 이 조치를 따르려 하지 않는 학생에 대해서는 설득과 제재를 병행해야 한다.

☞ 결론이다. 휴대폰을 학교에서 사용하지 못하게 하자고 다시 밝혔다. 이어 학교들에 부작용을 알리고, 점차 금지토록 해야 하며, 조치를 어기는 학생에 대해서는 설득과 제재를 병행하자는 해결방법을 제안했다.

한 편의 논술문이 완성되었다. 핵심 주장은 처음부터 끝까지 일관성을 유지하고 있고, 논거도 충실하게 전달하고 있다. 반대 주장을 하는 사람들을 비하하지도 않았고, 감정적인 단어도 쓰지 않았으니 충분히 절제한 글이다. 또한, '서론-본론-결론'의 삼단 구성을 완벽하게 구현했으니 좋은 논설문이라고 할 수 있다.

4) 논술에 적용하자

논술 문제를 해결하기 위해서는 평소 책을 많이 읽고, 글을 많이 써 보는 것 외에는 따로 비법이 없다. 다만, '독해형 논술'의 경우에는 알아 두면 좋은 요령들이 있다. 이런 논술은 말 그대로 학생이 얼마나 '독해'를 제대로 하고 있는지, 그 독해를 바탕으로 주장을 정확하게 펴고 있는지 평가하기 때문이다.

논술에서 가장 중요한 것은 '주장 펴기'는 아니다. 그보다는 '독해'가 훨씬 중요하다. 독해의 첫 번째 관문은 '문제 해석하기'이다. 논술작성의 실제에서는 문제 해석과 문제 해결관점에서 살펴보고자 한다.

3. 논술 평가의 원칙

일반적으로 논술 평가는 내용 · 논리 · 표현의 3대 영역으로 이루어진다.

논술 평가의 원칙

영역	하위 영역	내용
내용	문제 파악	• 문제의 핵심과 본질에 초점을 맞춘 논의
	사실의 이해	• 사실에 대한 정확하고 구체적인 이해
	해결의 능력	• 문제의 성격에 맞는 적절한 해결방법
	논지의 적절성	• 논술에 필요한 적절한 창의성과 보편성 • 결론 도출과정의 타당성과 결론의 적절한 가치
논리	논의의 일관성	• 논증에 쓰인 개념과 판단의 일관된 의미 유지
	논거 제시의 정확성	• 논거의 확실성과 참신성, 논증방식의 타당성 • 논리적 오류나 비약의 유무
표현	어휘의 정확성과 풍부성	• 사용한 의미의 정확성과 구어체 사용 여부
	문자의 정확성과 효율성	• 어법과 표기법에 맞는 문장 표현
	글의 단위성과 유기성	• 개개분단의 응집성과 단위성 • 글 전체의 단계와 유기성

4. 논술문 작성의 실제

1) 문제 부여

미래에는 창의성이 있는 사람이 성공한다. 그래서 21세기 교육의 방향은 창의성 개발에 초점을 두어 인적 자원을 육성하여야 국제사회의 경쟁에서 생존할 수 있다. 창의성 개발방안에 대해 교사의 역할을 논술하시오.(1,500자)

2) 채점 기준

구분	채점 내용	채점 기준	점수
서론	• 창의성 교육의 필요성 • 창의성 개념 및 구성요소: 유창성, 융통성, 독창성, 정교성 - 창의적인 사람의 특성: 자율성, 독립성, 독창성, 융통성, 호기심, 확산적 사고, 실험정신, 행동 특성으로 독자적이며, 타인의 욕구나 기대에 구애받지 않는 경향이 뚜렷하다. • 창의성을 저해하는 속성: 사고의 경직성, 지나친 논리성, 전통에 대한 고집, 동조성, 습관적 사고, 억압적 분위기	A(20) B(15) C(10)	
본론	• 창의성 개발을 위한 방안(기본 환경) - 창의성에 대한 전문가와 연구자가 있어야 한다. - 전문가가 마음 놓고 일하고, 교사와 학생이 유감없이 창의성을 교수-학습할 있도록 하고, 심리적 환경을 보장해야 한다. - 외적 동기보다 내적 동기 유발을 시킨다. 즉, 새로운 것, 이상한 것에 대한 흥미, 탐구적, 자발적 문제해결능력 신장 - 가정에서 충분한 사랑과 애정을 경험한 어린이가 낯선 사물과 상황에 긍정적이며 적극적 탐색을 한다. • 창의성 개발을 위한 교사의 역할 - 교사의 현명한 지도성이 필요하다. - 학생의 비범한 질문을 고무한다. - 교과학습의 기준으로 어린이를 판단, 평가하지 말고 새로운 관점에서 이해한다. - 창의적 사고를 하는 동안 무질서를 인정해 준다.	A(60) B(40) C(20)	
결론	• 교사의 전문적 지식 열성과 적극성 • 교사의 역할의 중요성 강조 - 동료교사나 전문가와 교류를 가지면서 창의성 교육에 대해 항상 새로운 지식과 프로그램을 연구, 개발하는 노력을 게을리하지 않는다.	A(20) B(15) C(10)	
		총100점	

1) 원고지에 논술문 작성하기

No. 1

Ⅰ. 서론

21세기는 급변하는 시대이며, 무한경쟁시대다. 국내외로 경쟁이 심해지는 현실에서 개인이나 국가가 살아남기 위해서는 기발하고 참신한 사고, 즉 창의성이 요구된다. 이러한 시대적 요구에 따라 창의성 개발 교육은 매우 절실하다.

창의성의 구성요소와 창의적인 사람이란 무엇인지 알아보자. 창의성의 구성요소는 유창성, 융통성, 독창성, 정교성이며, 창의적인 사람은 자율성, 독립성, 호기심, 확산적 사고,, 실험정신이 높으며, 행동 특성은 독자적이며, 타인의 욕구나 기대에 구애받지 않는 경향이 뚜렷하다. 반대로 창의성을 저해하는 속성은 사고의 경직성, 지나친 논리성, 전통에 대한 고집, 동조성, 습관적 사고, 억압된 분위기 등이다.

Ⅱ. 창의성 개발을 위한 기본 환경의 조건

첫째, 창의성이 존중되는 사회

우선 사회는 창의성을 존중하고 권장해야 하며, 창의성에 대한 전문가와 연구자가 있어야 한다. 그래서 전문가가 마음 놓고 일하고, 교사와 학생이 유감없이 창의성을 교수-학습할 수 있는 심리적 환경이 보장되어야 한다.

No. 2

둘째, 가정교육에서부터 창의성 교육의 중요성

연구에 따르면, 가정에서 부모로부터 충분한 사랑과 애정을 경험한 어린이가 낯선 사물과 상황에 긍정적이며, 적극적 탐색을 하는 것으로 밝혀졌다. 아이들이 가정에서 창의적 사고를 하는 동안은 좀 어질러 놓아도 부모는 야단치지 말고 무질서를 인정해 주는 것이 필요하다. 800

셋째, 부모와 교사는 아이의 내적 동기 유발

부모와 교사는 외적 동기보다 아동의 내적 동기유발을 시켜야 한다. 즉, 아동이 새로운 것, 이상한 것에 대한 흥미를 갖고, 탐구적, 자발적 문제해결 능력을 신장시킨다.

Ⅲ. 창의성 개발을 위한 교사의 역할 1,000

학생의 창의성을 발견하고 육성하는데 적극적인 교사는 현명한 지도성(leadership)을 갖추어야 한다. 즉, 학생지도기술을 갖추고, 학습 프로그램을 작성·운영할 수 있는 교육과정 기술이 요구된다. 그러면 교사의 창의성 교육 지도기술을 세부적으로 설명하면 다음과 같다.

① 다양한 재료로 자신을 표현할 수 있는 능력을 증진시킨다. ② 어떤 문제 1,200

No. 3

에 대해 여러 가지 가능한 해결책을 다양하게 발상하게 한다. ③ 대안 구상, 선택, 판단을 요하는 아이디어와 상황을 중요시하고 적절하게 평가한가. ④ 참신한 사고를 자극하는 열리고 고무적인 질문을 한다. ⑤ 충분하고 효과적인 의사소통 기회를 마련한다. ⑥ 비범한 질문을 고무하고 어린이의 아이디어의 가치를 교사가 존중한다는 것을 보여준다. ⑦ 항상 교사는 환경, 교재, 아동의 새로운 면을 발견하고 개선하도록 노력한다.

Ⅳ. 결론

Torrance 등 많은 창의성 교육 연구자에 따르면, 교사가 어떤 사람이냐에 따라 아동의 창의성이 일찍 꽃피고 오랫동안 동면하거나 아예 죽어버리는 행·불행이 좌우되는 수가 허다하다고 한다. 이렇듯 창의성 교육에서 교사가 차지하는 비중은 매우 크다. 교사는 학생의 비범한 질문을 고무하고, 상상적인 형태의 아이디어에 대해 칭찬하고, 학생의 이이디어의 가치를 교사가 존중한다는 것을 보여주며, 끝으로 동료교사나 전문가와 교류를 가지면서 창의성 교육에 대해 항상 새로운 지식과 프로그램을 연구·개발하는 노력을 기울여야 한다.

❖ 연습문제

1) 문제 부여

교사의 어떤 태도가 학생의 학업 성취에 긍정적인 영향을 미치는가?

2) 채점 기준표 작성

구분	채점 내용	채점 기준	점수
서론		A(20) B(15) C(10)	
본론		A(60) B(40) C(20)	
결론		A(20) B(15) C(10)	

참고) 모범답안 「부록 7」 참조 총 100점

3) 원고지에 논술문 작성하기

No. 1

200

400

600

No. 2

800

1,000

1,200

No. 3

1,400

1,600

1,800

PART 03

제11장 · 유아의 논리적 사고
제12장 · 유아 논리·논술 교육

유아를 위한 논리·논술교육의 실제

제3부 유아를 위한 논리 · 논술교육의 실제에서는 예비유아교사와 현장교사가 유아 논리 및 논술교육 활동을 위한 유아의 발달적 · 인지적 특징을 이해하고, 이를 적용할 수 있는 능력을 기르는 데 필요한 내용을 수록하였다.

11장에서는 유아의 논리적 사고와 인지적 · 발달적 특징과의 관계, 유아의 논리적 사고 지도 유형 및 방법 등에 대하여 제시하였으며, 12장에서는 유아의 논리 및 논술 실제 활동에 대하여 수업계획안과 함께 활용방법을 자세히 소개하였다.

제3부를 마치고 나면, 유아의 논리적 사고를 이해하고 논리 · 논술교육의 실제 활동을 적용할 수 있을 것이다.

Chapter 11

유아의 논리적 사고

세부 내용	• 유아의 논리적 사고의 개념 및 필요성 이해하기 • 논리적 사고와 유아의 인지적 · 발달적 특징을 이해하기 • 유아의 논리교육 유형과 지도법을 이해하기	
학습 목표	• 논리적 사고와 유아의 인지적 · 발달적 특징을 설명할 수 있다. • 유아의 논리교육 유형과 지도법을 설명할 수 있다.	
단계	교수 · 학습 활동	자료
도입 단계	• 유아의 논리적 사고에 대한 동기 유발 – 유아의 논리적 사고를 위한 활동으로 무엇이 있을까 이야기 해보게 한다.	
전개 단계	• 유아의 논리적 사고의 개념과 필요성 설명하기 • 논리적 사고와 유아의 인지적 · 발달적 특징 이해하기 • 유아의 논리교육 지도 방법 및 절차 이해하기	문제해결 워크시트
정리 단계	• 수업 마무리 및 정리 – 문제해결 워크시트 수행결과에 대한 2~3명 발표하기 – 논리적 사고와 유아의 관계: 요약 정리하기	

1. 유아의 논리적 사고의 의미

사고(思考, thinking)는 생각하고 궁리하는 것으로 문제 상황에 직면했을 때, 머릿속으로 그 해결방법을 찾아내는 과정에서 작용한다. 사고력(思考力)은 생각하고 궁리하는 과정에서 문제를 해결하고 새로운 것을 찾아내는 힘이다. 생각하는 힘은 때로 문제해결과정과 유사한 정신과정으로 간주한다.

어린 유아가 논리적으로 사고하는 것이 쉬운 일은 아니다. 그러나 유아가 '논리적으로 생각하는 것'이 어려운 것인지, 유아의 '논리적 사고력을 증진해 주는 교육'이 어려운 것인지 생각해 봐야 한다. 발달적으로 본다면, 유아기에 언어를 이해하고 산출하는 과정을 겪는 것 자체가 이미 논리적 사고를 하고 있다는 것을 증명한다. 아무리 어린 유아일지라도 생각할 줄 알며, 자기주장과 주장에 대한 근거를 제시하기 위하여 '왜'라는 질문을 한다. 간혹 '논리적'이라는 말의 무게 때문에 성인들만 논리적일 것으로 생각하겠지만, 유아들도 추론활동을 하는 과정에서 기존의 생각을 바꿀 줄 알고 좀 더 논리적으로 변하게 된다.

유아가 어떤 생각을 무조건 수용하거나 거부하기를 바라는 교사는 없다. 유아기부터 '누구'의 말이 옳은 것인지가 아니라 누구의 말이 '옳은 것인지'를 문제 삼을 줄 아는 논리교육이 중요하다.

2. 유아 논리교육의 필요성

정보화 · 세계화 시대에 합리적으로 사고 판단하고 논리적으로 생각하는 힘은 필수적이다. 유아기는 논리적 사고가 만들어지기 시작하는 시기로 자기 생각이나 주장을 논리적이고 설득력 있게 펼쳐가는 발판을 제공해주는 게 필요하다.

유아기의 논리교육 필요성은 뇌인지 발달 연구로 밝혀지고 있다. 출생으로부터 만 3세까지 활성화된 뇌 세포의 전정화가 만 3세에서 시작되어 만 6세 미만의 유치원 시기에 대부분 완성된다. 뇌 세포의 전정화를 통하여 형성되는 논리적 사고는 생애 전반의 핵심역량으로서 인적자원개발과 밀접하게 연계된다(김유미, 2007).

따라서 유아기의 논리적 사고를 기를 수 있는 교육환경 조성과 교사의 역할이 요구된다. 유아의 논리적 사고를 길러주는 방법으로 문학활동, 논리활동, 음악활동, 수·과학활동, 발문활동 등 다양한 형태가 있다.

이 같은 논리적 사고 활동을 통해 유아기의 다섯 가지 논리적 사고능력을 기를 수 있다. 이를 제시하면 다음과 같다.

유아기의 논리적 사고능력

논리적 사고능력	내용
① 초점에 맞추는 능력	문제 파악 및 해결 전략 탐색
② 정보의 수집 및 조작능력	필요한 정보 수집 및 조직
③ 분류 및 분석능력	순서화하기, 분류하기, 비교하기, 대조하기, 정의하기, 오류 확인, 속성과 구성요인 확인, 관계 양상 및 구조 파악, 요점과 요지 및 의도 파악
④ 추론적 사고와 논증능력	유추적 사고, 역유추사고, 귀납적·연역적 논리 전개, 문제해결 및 결론 도출
⑤ 비판적 사고능력	진위 판단, 가치 판단의 준거설정과 그 적용

3. 논리적 사고와 유아

1) 전조작기 유아의 논리적 사고의 특징: 피아제의 인지발달 이론

① 상징의 발달

② 추리의 발달

③ 분류행동의 발달

④ 의사소통의 발달

⑤ 보전 개념의 발달

⑥ 사회적 인지의 발달

2) 유아의 인지발달 특징

(1) 유아의 인지발달 특징

유아의 인지발발 특징

연 령	인지발달 특징
3~4세 유아	① 자기중심적 사고 ② '왜'라는 질문 증가 ③ 시간 개념 발달 ④ 수량의 많고 적음에 대한 이해 시작 ⑤ 상징적 기능이 발달하여 언어적 표현과 사고 가능 ⑥ 어떤 상황이든 실제 상황으로 인식
5~6세 유아	① 논리적인 생각이 발달해 감 ② 기억력 향상 ③ 인과관계를 파악하고, 단순한 사건의 개요 설명 가능 ④ 10 이내의 숫자개념 형성 ⑤ 동물, 식물, 이름 등에 관심이 있고, 사물에 대한 기초적인 지식 발생 ⑥ 책에 대한 관심이 높아짐

(2) 유아의 논리적인 특징

유아의 논리적인 특징

구 분	논리적인 특징
본능적으로 사고한다	• 어린 유아라도 어릴 때부터 주변을 파악하고 존재하는 많은 것들에서 한결같은 성질, 즉 일관성을 찾아내기 위하여 본능적으로 다양한 추론활동을 한다(Piaget, 1960). • 어린 유아들도 자신의 행동을 계획하고, 이에 대해 숙고하도록 격려받으면 사려 깊게 추론하여 문제를 해결할 수 있다(Chukovskii, 2006).
근거나 이유를 제시한다	• 유아의 논리적 사고 특성을 이해하기 위해서는 먼저 유아가 하는 주장과 그 주장에 대해 제시하는 근거나 이유와의 관계를 파악해야 한다. 근거나 이유를 나타내는 다양한 표현을 통틀어 '이유 표현'(causative expressions)이라 하는데, 결론적인 주장에 대한 근거나 이유 또는 원인을 나타내는 인과관계 표현을 의미한다(진정란, 2005). • '이유 표현'이 나타나는 논리적 표현과정에서 언어는 중요한 기능을 한다. 만 4세 유아는 자신의 결론적인 주장을 뒷받침하기 위하여 '~니까(요)', '~때문에', '~거든(요)' 등의 다양한 이유 표현을 사용하면서 자신의 주장에 대한 근거나 이유를 논리적으로 제시하려 한다(조선희, 2009).
급속한 뇌발달이 이루어진다.	• 언어기능을 담당하는 측두엽과 사고기능을 담당하는 전두엽은 상호작용하면서 동시에 발달한다. 2~3세경에 세 단어 문장을 사용할 수 있게 되면서 자신의 의사표현을 제대로 하게 되고, 논리적으로 따지기를 즐긴다. 3~6세경에는 합리적·종합적 사고와 창의력, 판단력, 감정의 뇌를 조절하는 전두엽이 집중적으로 발달한다(서유현, 2006).
이미지를 그린다	• 만 4, 5세가 되면 머릿속에 그림과 같은 영상, 즉 이미지를 떠올릴 수 있는 표상능력이 발달한다(정복분, 2009). 표상능력은 유아의 논리적 사고에 기초한다. 예) 도저히 손에 닿지 않는 찬장 위의 과자를 먹기 위해 끌고 온 의자 위로 올라가서 과자를 꺼낼 수 있다는 이미지를 머릿속으로 그려본다. 과자 먹는 방법을 머릿속으로 생각해 보는 것이다. 그 다음에 그 의자가 과연 그 높이까지 닿을 수 있을까를 생각해 보면서 높이를 추론할 수 있다.

4. 유아의 논리적 사고지도

1) 유아의 논리적 사고지도

유아의 논리적 사고 증진방법은 여러 가지가 있다. 이들을 살펴보면 다음과 같다(김영실 · 윤진주, 2012).

유아의 논리적 사고지도

유 형	내용
관찰하기	① 상황: '유치원 및 어린이집으로 등원하는 길'에 대하여 ② 교사의 사고지도: '무엇을 보았나요?', '어제는 없던 것이 있었나요? 등
분류하기	① 상황: '씨앗 분류하기', '정서를 표현하는 언어 분류하기'에 대하여 ② 교사의 사고지도: '정서 나타내는 카드를 분배하고 분류하도록 하고, 유아 각자가 왜 그렇게 분류했는지 근거를 제시해 보게 하기' 등
의사소통하기	① 상황: '쓰레기를 함부로 버릴 경우'에 대하여 ② 교사의 사고지도: '쓰레기 버리는 방법', '쓰레기 줄이는 방법' 등을 생각하게 한다.
예측하기	① 상황: '어떻게 될까?'에 대하여 ② 교사의 사고지도: '꽃에 물을 주지 않으면 어떻게 될까요?', '오랫동안 비가 내리지 않으면 어떻게 될까요?' 등
그림이나 글로 표현하게 해보기	① 상황: '글거리 모으기'에 대하여 ② 교사의 사고지도: 유아가 경험한 다양한 것(한 것, 본 것, 들은 것)들을 통해 느낀 점이나 생각을 글로 써보게 하기

2) 유아의 논리적 사고 증진방안

(1) 올바른 생각과 행동 보이기

유아가 논리적 사고를 습관화하기 위해서는 평소 교사의 모범적인 태도가 매우 중요하다. 교사는 유아를 지도할 때 차근히 설명하고, 자신이 스스로 이치에 맞는 생각과 행동으로 모범을 보여야 한다.

(2) 생각할 시간 주기

대화할 때 유아에게 즉답을 원한다면 그것은 유아의 생각을 빼앗는 것과 다름없다. 유아가 논리적인 사람으로 성장하기를 바란다면, 생각할 시간을 여유 있게 주어야 한다. 기다릴 줄 아는 교사는 유아를 깊고 넓은 생각을 할 줄 아는 사람으로 성장시킬 수 있다.

(3) 말의 논리적 관계 평가하기

교사는 유아가 하는 주장과 그 주장을 위해 제시한 이유와의 관계가 논리적인지 점검해야 한다. 이는 '그럴듯한 논증'과 '그럴듯하지 않은 논증'으로 구분된다. '그럴듯한 논증'은 자신의 주장에 대해 옳은 것 같거나 정당한 것 같은 느낌이 드는 이유가 제시되어 '주장+그럴듯한 이유'로 구성된 논증이다. '그럴듯하지 않은 논증'은 자신의 주장에 대해 부적절하거나 관련 없는 것 같은 느낌이 드는 이유가 제시되어 '주장+그럴듯하지 않은 이유'로 구성된 논증이다. 다음은 유아의 '그럴듯한 논증'에 나타난 이유 유형과 평가 기준이다.

유아의 논증관계 평가하기

이유 범주	이유 유형	평가기준
창의적 이유	독창성이 있는 이유	주장에 대한 독특하고 기발한 이유
	융통성이 있는 이유	동일한 주장에 대해 범주가 다른 아이디어를 포함하는 이유
	유창성이 있는 이유	동일한 주장에 대해 동일한 범주의 다른 아이디어를 포함하는 이유
	정교성이 있는 이유	앞서 제시된 이유에 새로운 아이디어를 더하여 자세하고 구체적으로 표현하는 이유
배려적 이유	가치부여적 이유	제시된 상황에 대한 가치를 포함하는 이유
	규범적 이유	규범을 고려한 당위성을 포함하는 이유
	정서적 이유	상대방에 대한 정서적 용어로 표현된 이유
	감정이입적 이유	상대방의 입장에서 공감을 표현하는 이유
	행동적 이유	제시된 상황에 대한 적극적인 행위나 표현을 포함하는 이유
객관적 정보 이유	개인적 경험 정보이유	유아의 개인적 경험에서 나온 객관적 정보를 포함하는 이유
	일반적 정보이유	일반적이고 객관적인 정보를 포함하는 이유

(4) 상황에 적절한 발문하기

교사가 유아와 맺는 언어적 상호작용은 매우 중요하다. 발문은 학습목표와 관련된 내용을 학습자가 생각하게 하여 언어적 반응을 불러일으키게 하는 교사의 질문방식이다(김영관, 1994). 교사가 유아와 상호작용하는 과정에서 사용하는 발문은 유아들이 생각해 보지 않았던 문제를 의식하게 하거나 표현하게 하는 교육적인 의도가 있다. 교사는 발문을 통하여 유아의 경험과 사고를 학습상황에 의미 있게 끌어들여 교육활동을 해야 한다. 이를 통해 유아의 학습 정도에 대한 정보를 얻어내고 학습과 사고를 자극할 수 있다(성은영 · 김은심 · 유선희, 2011).

다음은 논리적 사고와 언어적 표현을 격려하는 교사의 발문유형이다(정미라 · 이영미 · 권희경, 2010).

유아의 논리적 사고와 언어적 표현을 격려하는 교사의 발문유형

핵심내용	개념	예
문제핵심 파악하기	주어진 문제를 바르고 정확하게 알고 있는가를 묻는 발문	가족이란 무엇이냐?
이유나 근거 설명하기	근거를 요구하는 발문	왜, 그렇게 생각했냐?
상호관계 파악하기	비교를 요구하는 발문	강아지와 고양이의 같은 점과 다른 점은 무엇이냐?
근거를 토대로 결론 도출하기	결과를 예측하는 발문	사랑하는 사람을 가족이라고 한다면 선생님도 가족이 될 수 있을까요?

(5) 따질 것 따지게 하기

유아들이 '이것은 왜 그러느냐?', '저것은 왜 그러느냐'라고 꼬치꼬치 캐묻는 것은 바람직한 현상이다. 유아들이 문제의식을 느끼고 있다는 그 자체가 좋은 것이다. 교사의 말이 모두 옳다고 생각하고 완전히 수용하는 것보다 잘 모르면 물어보고, 의심이 나면 따져 보는 태도가 유아의 논리적 사고능력 발달에 도움이 된다. 교사가 전후관계와 인과관계를 이치에 맞게 설명해 주는 노력을 해야지만, 유아의 사고세계가 넓어질 수 있다.

❖ 연습문제

1. 유아의 논리적 사고의 특징에 대하여 설명해 보시오.
2. 유아의 논리적 사고지도법은 무엇인지 설명해 보시오.
3. 유아의 논리적 사고력 증진방안을 설명해 보시오.

Chapter 12

유아 논리 · 논술 교육

세부 내용	• 실제 논리·논술 교육활동 이해하기 • 수업계획안 작성 및 지도법 이해하기	
학습 목표	• 실제 논리·논술 교육활동을 이해하고 적용할 수 있다. • 수업계획안을 작성하고 활용할 수 있다.	
단계	교수·학습 활동	자료
도입 단계	• 논리·논술 교육활동에 대한 동기 유발 – 논리·논술 교육활동이 무엇이 있을지 생각해 보고 말해보기	
전개 단계	• 실제 논리·논술 교육활동 설명하기 • 수업계획안 작성 및 지도법 설명하기	유인물, PPT자료
정리 단계	• 수업 마무리 및 정리 – 논리·논술 교육활동에 대하여 총괄 정리	

1. 문학활동을 통한 유아 논리 · 논술 교육

1) 동화 읽기를 통한 유아의 논리 · 논술 능력 향상

유아의 논리적 사고 향상을 위해 브레인스토밍이나 상상력과 같은 창의성을 촉진하는 것은 중요한 요소로 간주하고 있다. 유아는 언어를 사용하는 가운데 항상 문학적으로 가는 '과정'에 있게 되므로 좋은 그림책을 활용한 통합적 접근은 유아의 문제해결력과 창의성을 길러주는 데 도움이 된다.

(1) 풍부한 교육 가능성을 가진 '동화'

① 유아의 상상력, 사고력, 창의력 등을 자극하고 언어나 인지 발달에 도움을 주어 지적 발달과 인성, 언어발달 등을 돕는다.

② 글 속의 인물들이 처한 상황을 생각하며, 그 해결책을 모색해 보고 공감할 수 있다. 이러한 경험은 유아의 문제해결능력과 공감능력을 발달시킨다.

③ 유아가 자신의 경험이나 생각을 표현하기 위해서는 언어를 사용해야 하는데, 동화를 통해서 새로운 단어나 어휘를 접하게 되면 자기 생각을 좀 더 다양하게 표현할 수 있다.

(2) 유아의 논리성을 증진하는 교수법

유아에게 주제와 관련된 동화를 들려주고 동화를 바탕으로 논리적 기법을 활용한 활동을 하게 함으로써 유아의 문제해결력, 합리적이고 논리적인 사고능력 등의 발달을 증진할 수 있다.

2) 그림책 읽기를 통한 유아 논리·논술 능력 향상

유아 그림책 읽기 지도의 목적은 책에 대한 바람직한 태도를 길러주고, 사고력과 상상력을 길러주며 심미적 감상력을 갖게 해주는 데 있다. 이런 이유로, 그림책 읽기 지도에 있어 교사나 부모의 발문은 유아에게 다음과 같은 점이 고려되어야 한다. 첫째, 글에 있는 내용 그 자체에 관심을 집중시키는 사실적 질문을 해야 하며, 둘째, 글에 있는 내용을 해석해야 하는 해석적 질문을 하며, 셋째, 글의 내용을 바탕으로 다른 사태나 상황으로 연계 지을 수 있는 적용적 질문을 해야 한다. 읽기 전·중·후의 활동과 함께 위의 세 가지 질문을 기초로 하여 유아들의 다양한 사고를 이끌어낼 수 있다.

[책을 읽기 전의 활동]

① 배경지식 이야기하기

② 음률활동

③ 표지탐색활동

④ 브레인스토밍

⑤ 내용과 관련된 다른 그림책 소개하기

⑥ 그림책 읽기 전 발문의 예(그림 삽화에 대하여, 제목에 대하여, 지은이에 대하여)

[책을 읽는 중의 활동]

① 질문 만들기

② 새롭고 재미있는 곳 표시하기

③ 개인적인 반응하기

④ 예측하기

⑤ 연상하기

⑥ 읽는 중에 대화하기

⑦ 읽는 중에 할 수 있는 독서 표현활동(문학지도, 인물지도, 감정표현 등)

⑧ 책을 읽는 중에 할 수 있는 발문(그림에 대하여, 인물에 대하여, 구성에 대하여)

[책을 읽은 후의 활동]

① 이야기의 내용과 유아의 경험 관련짓기

② 내용 요약하기

③ 이야기 나누기

④ 그림책에 관련된 장소 견학하기

⑤ 그림 그리기와 만들기

⑥ 글쓰기(독서 기록, 동시나 동화 짓기, 언어활동)

⑦ 극놀이 활동

⑧ 책을 읽은 후에 할 수 있는 발문(인물과 구성에 대하여, 이야기 내용에 대하여, 지은이에 대하여)

활 동 명	(문학 활동) 아기 곰의 가을나들이
활동 목표	1) 가족과 함께 풍성한 가을을 지낸다. 2) 가을 숲속 풍경을 안다. 3) 동화의 줄거리를 이해하며 감상한다.
누리과정 관련요소	1) 의사소통(듣기): 동화 듣고 이해하기 2) 사회관계: 가족을 소중히 여기기 3) 자연탐구: 가을 숲속의 자연현상 알아보기
활동 자료	 동화책 「아기 곰의 가을나들이」. 데지마 게이자부로. 서울: 보림출판사. 가을이 되어 엄마 곰과 아기 곰이 나들이를 나간다. 가을 숲속의 변화를 느끼고, 나무 꼭대기에서 가을 풍경을 보며, 아기 곰은 새로운 자연의 색에 감동한다. 또한, 연어를 잡아 보는 경험을 해본다.
활동 방법	1) '아기 곰의 나들이' 동화를 감상한다. 2) 그림만 다시 보면서 동화 내용을 회상한다. - 무슨 내용이 있었나? - 아기 곰은 가을나들이에서 무엇을 보았나? - 아기 곰에게 무슨 일이 일어났나? - 왜 숲속 가을이 제일 좋다고 했을까? 3) 숲속 가을이 좋은 이유와 풍성한 가을에 가족과 함께할 수 있는 일을 생각해보고 그림과 동시로 표현해 본다. - 가을을 내 느낌으로 말해 보자. - 가을이 되면 무엇이 좋니? - 가을은 왜 좋을까? - 풍성한 가을에 가족과 함께할 수 있는 일이 무엇일까? - 지금 이야기한 내용을 그림과 동시로 표현해 보자.
활동 평가	1) 가족과 함께 풍성한 가을을 지내는지 평가한다. 2) 가을 숲속 풍경을 이야기할 수 있는지 평가한다. 3) 동화의 줄거리를 이해하며 감상하는지 논리적 사고를 평가한다.
확장 활동	1) '아기 곰의 가을나들이'동화 그림을 언어 영역에 제시하여 유아들이 동화내용을 회상하면서 이야기를 지을 수 있도록 한다. 2) 유아들이 지은 그림과 동시는 교실 벽면이나 복도를 꾸며 주는 데 활용할 수 있다.

● 만 5세 유아의 동시 여행

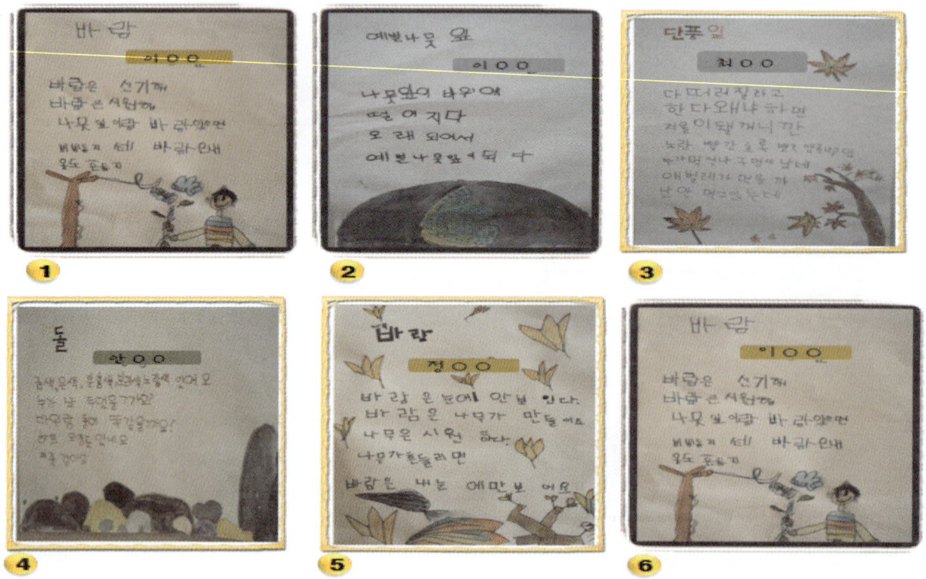

출처: 부산대학교 부설 어린이집(2013).

[그림 12-1] **유아의 가을 풍경 이야기**

2. NIE 활동을 통한 유아 논리·논술 교육

1) 유아의 NIE 필요성

글을 읽지 못하는 유아들도 신문의 그림과 사진을 통해서 사회현상을 알 수 있고, 자신에게 적합한 정보를 얻을 수가 있으며, 그것을 통해서 의사소통할 수 있다. 유아교육기관의 교육과정과 밀접한 사진이나 그림, 광고 등이 많아 이를 활용하여 NIE 수업을 진행할 수 있다. 신문의 여러 가지 사진이나 그림 등은 유아들의 감각과 상상력을 자극하고, 사회적 기사들은 유아들의 논리적 사고력과 합리적 문제해결력을 키우는 데 좋은 자료가 된다. 또한, NIE 그 자체가 유아의 창의성과 논리성을 기르는 수업의 좋은 소재라고 할 수 있다(김희수, 2009; 유구종, 2006).

2) 유아의 NIE 유의할 점

유아는 신문의 글자 크기가 작고 빼곡하기 때문에 신문이 어렵다고 느낄 수 있고, 이로 인해 자신이 관심 있는 부분을 찾고 보는 정도에서의 학습이 이루어질 수 있다. 어른 중심의 신문이 유아에게 의미 있게 접근되려면 생활주제에 맞는 기사, 사진, 그림 등을 선택하고, 이것을 유아 수준에서 제작하거나 꾸며볼 수 있게 해야 한다. 유아들이 기사나 사진을 보고 자신의 생각을 말하는 것부터 시작할 수 있다.

3) NIE와 유아의 발달

(1) 논리적 사고의 발달: 논리력을 키우는 교육은 언어에서부터 출발하며, 자기 의사를 말로 표현할 수 있는 5세 정도가 되면 유아 수준에 적합한 논리교육을

시작할 수 있다. 자신만의 생각이 나타난 주관적인 판단, 제3자의 입장에서 사물을 보는 객관적인 판단, 어떠한 사물을 보고 외연과 내연의 모습을 판단하고 구분하여 추리해보는 것, 서열화, 유사점과 차이점을 비교하기 등의 활동을 할 수 있다.

(2) 언어적 발달: 유아에게 NIE를 적용할 경우 어휘 수가 늘어날 뿐만 아니라 기사를 듣거나 읽고 제 생각을 말하면서 비판력과 글쓰기의 기초가 이루어진다.

(3) 수학적 개념의 발달: 일 대 일 대응과 도형, 순서대로 숫자 놓기, 분류하기, 서열화 등의 활동을 할 수 있다.

4) NIE를 활용한 수업활동

(1) 질문 만들기: 시사만평, 만화, 사진 그림 등을 활용한다.

(2) 토론 수업: 유아들은 대체로 자기중심적이고 한 방향으로 생각하는 경향이 있다. 교사가 유아의 반대 입장에서 질문해 보고 반대 측 입장도 나름대로 이유가 있음을 생각하게 하는 훈련을 할 수 있다. 이를 통해 사건의 양면성을 생각해 보거나 다양한 입장을 헤아려 볼 수 있는 능력을 기를 수 있다.

활동명	(NIE 수업활동) 만화 여행
활동 목표	1) 만화를 그리면서 논리적 생각을 한다. 2) 그림의 의미를 만든다.
누리과정 관련요소	1) 의사소통(말하기): 행성에 대하여 이야기 나누기 2) 사회관계: 친구와 함께 더불어 생활하기 3) 자연탐구: 행성 탐구하기
활동 자료	 신문지에서 다양한 만화 그림을 오려서 유아에게 제시해 준다.
활동 방법	교사는 우선 유아들이 신문에 실린 만화를 탐색할 수 있도록 도와주었다. 유아들은 신문에 실린 만화를 오려서 여러 가지 만화를 탐색하다가 만화마다 주인공이 특징이 있다는 것을 찾아냈다. 유아들은 모아 놓은 만화를 그대로 모방하여 첫 번째 만화를 그리기 시작했다. 점차 만화 그리기에 익숙해진 유아들은 자기의 그림으로 주인공을 만들어 만화를 창작해 나갔고 그림에 맞게 이야기를 지었다. ① 신문에는 어떤 만화가 있나요? ② 무슨 이야기인가요? ③ 그린 사람 이름도 있어요. ④ 글도 있는데 ……. ⑤ 어떤 이야기로 하지. ⑥ 어떻게 시작할까? ⑦ 내 만화에는 어떤 주인공을 만들까? ⑧ 그린 그림에 뒷이야기를 어떻게 꾸밀까? ⑨ 뭐라고 글을 적어 넣을까?
활동 평가	1) 만화 그림을 그리면서 논리적 사고하는지 평가한다. 2) 그림의 의미를 만드는지 평가한다.
확장 활동	1) 신문지에 만화를 보면서 친구와 이야기 나누기에 활용한다. 2) 유아들이 만화 그림을 그리고 이야기를 펼칠 수 있도록 한다.

출처: 이솝유치원(2014).

[그림 12-2] **유아가 꾸민 만화 이야기**

3. 숲 활동을 통한 유아 논리·논술 교육

1) 유아의 숲 활동 필요성

나날이 산업화와 시멘트화 되어가는 현대 사회환경 속에서 유아들은 운동부족 현상과 그로 인한 정상적인 발달이 장해를 받고 있다. 갈수록 자연에서 소외된 생활을 하는 등 신체적·정신적으로 유아의 타고난 순수함을 유지, 발달시켜 나가기가 어려운 현실이다. 이런 현실에서 유아들은 숲에서 자연체험 활동을 하면서 여러 가지 크고 작은 난관을 극복하는 방법을 몸소 피부로 느껴가며 자연스럽게 획득한다.

더 나아가 유아의 모든 감각기관이 숲의 생활을 통해 적절한 자극을 받아 촉진되게 되며, 숲속의 식물, 동물, 광물들이 유아의 더할 나위 없는 좋은 친구가 된다.

궁극적으로, 숲 활동은 유아의 원만하고 균형 있는 성격을 형성하는 데 도움이 되고, 더 나아가 숲 활동을 통해 논리적·창의적 사고를 기를 수 있다(곽노의, 2009).

2) 유아의 숲 활동 유의할 점

유아의 숲 활동은 자연스러운 활동이 되도록 교사가 인위적으로 수업을 이끌어서는 안 되고, 유아들이 숲 안에서 스스로 자연을 통해 보고, 듣고, 느끼고, 생각하게 하는 수업이어야 한다. 그러므로 교사는 숲 활동은 유아가 자유롭게 행동할 수 있도록 해야 하며, 숲 활동 이후에 유아들의 논리적·창의적 사고능력을 길러줄 수 있는 수업으로 연계시켜야 한다.

3) 숲 활동과 유아의 발달

논리력을 키우는 교육은 오감으로부터 출발하며, 자신의 오감을 통해 습득된 경험은 논리적으로 표현하고자 하는 욕구로 분출된다. 곽노의(2009)에 의하면, 5세 정도가 되면 유아 수준에 적합한 논리교육이 가능한 논리적 사고가 형성된다고 한다. 이를테면, 자신만의 주관적인 판단, 제3자의 입장에서 사물을 바라보는 객관적인 판단, 어떠한 사물을 보고 외연과 내연의 모습을 판단하고 구분하여 추리해내기, 서열화, 유사점과 차이점을 비교하기 등의 활동을 할 수 있다.

4) 숲 활동을 활용한 수업활동

(1) 이야기 만들기: 숲 활동의 이야기를 그림, 글 등에 담아 보도록 한다(논리적 사고).

(2) 토론 수업: 유아들은 대체로 자기중심적이고 한 방향으로 생각하는 경향이 있다. 숲 활동에 대하여 교사는 다양한 이야기가 나오도록 이끌고, 이를 통해 장면의 다양한 입장을 헤아려 볼 수 있는 능력을 기를 수 있게 한다.

활 동 명	(숲 활동) 숲 체험을 그림으로 표현하기
활동 목표	1) 숲에 대한 유아들의 생각을 창의적으로 표현한다. 2) 숲 체험을 그림으로 옮기며 논리적 사고 한다.
누리과정 관련요소	1) 의사소통(말하기): 숲 활동에 대하여 이야기 나누기 2) 사회관계: 친구와 함께 자연과 함께 더불어 생활하기 3) 자연탐구: 숲속의 자연현상 탐구하기
활동 자료	자연(숲), 크레파스, 물감, 종이
활동 방법	1) 유아들이 자연스럽게 숲 체험을 하게 한다. 2) 숲속 오솔길도 걷고, 비탈길도 걸으며, 협동심도 기른다. 그리고 숲에는 온갖 생명과 대상들이 유아들의 좋은 교재가 되어준다. 3) 유아들은 숲 체험을 하면서 느끼는 감정과 생각을 논리정연하게 그림으로 옮기며 한 권의 그림책을 만든다. 4) 그림책 속에는 유아들의 상상력과 논리적 사고가 그대로 녹아 들어간다.
활동 평가	1) 숲 활동을 논리정연하게 그림으로 옮길 수 있는지 평가한다. 2) 그림책의 의미를 만드는지 평가한다.
확장 활동	그림책을 친구와 이야기 나누기에 활용한다.

숲반이 되는 건 어렵지 않아요.
지금부터 어떻게 하면
숲반이 될 수 있는지
알려 줄게요.
책에 나온 것처럼
할 수 있는 친구들은
"대단한 숲반"이
될 수 있답니다.
1
숲에 가는 길에는
2
3
낭떠러지 있는 길
4

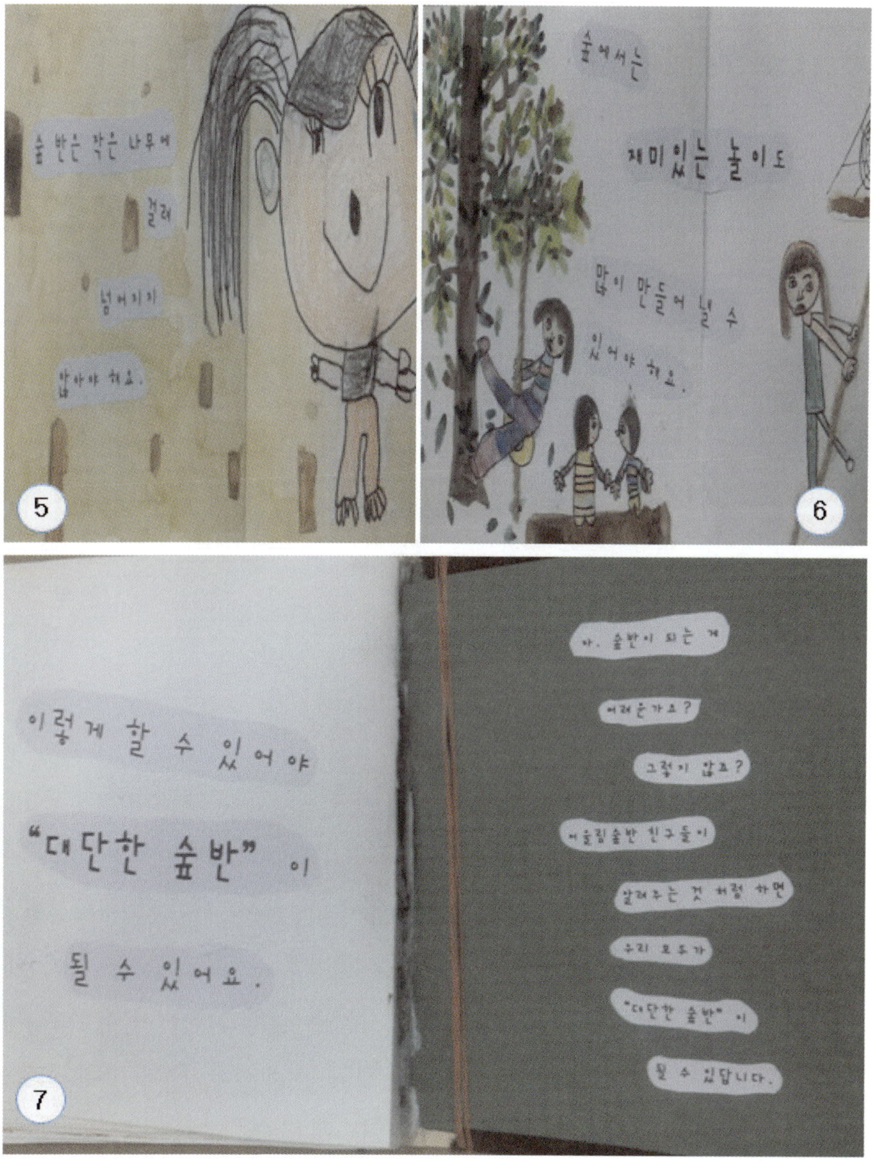

출처: 부산대학교 부설 어린이집(2013).

[그림 12-3] **유아 숲 활동 이야기 그림책**

4. 음악활동을 통한 유아 논리 · 논술 교육

1) 유아의 음악활동의 필요성

유아는 본능적이며 적극적으로 움직이고, 흥얼거리고, 노래하고, 음악을 듣고, 소리를 만들어 내는 것을 즐긴다. 이를 통해 유아기는 음악성 발달이 가장 활발하게 일어나는 시기임을 알 수 있다(정승은, 2001). 유아 혼자 또는 여럿이서 음악 개념을 토대로 음을 비교 · 변별해 가며, 곡을 창작하거나 연주를 할 때 논리적인 사고를 필요로 한다. 논리적 사고와 창의성을 함께 키울 수 있으며, 음악 교육 내용 중 어느 하나에만 국한되어서는 안 되며, 다양한 교수방법으로 음악의 여러 내용을 통합하여 활동하도록 할 필요가 있다.

2) 유아 음악활동 시 유의할 점

음악 수업이라고 해서 논리와 창의 중 창의성에만 관련 있는 게 아니다. 듣고 감지하기, 즉흥 연주하기, 음색 비교하기, 대조적 음고 이해하기, 리듬/가락 패턴 변별하기, 음악 독보하기, 창작하기 등의 음악활동은 유아의 논리적 사고, 문제해결력, 소리에 대한 이해력을 개발하고, 관계, 비교, 개념을 통합할 수 있도록 자극하기 때문에 논리적 사고 향상에도 도움이 된다. 따라서 교사는 이점을 고려하여 유아의 논리적 사고를 기르는 교수법 적용에 관심을 기울여야 한다. 특히, 교사는 유아의 느낌을 자유롭게 말하고 여러 가지 방식으로 표현할 수 있는 개방적인 분위기를 제공하며(김명순 · 조경자, 1998), 유아를 칭찬하고 격려함으로써 창조적 사고와 표현을 조장하는 데 초점을 두어야 한다.

3) 음악활동과 유아의 발달

음악은 유아의 발달 영역 전반의 진보를 돕는다. 창의성, 정서적 반응, 지적 성장, 언어발달, 인지발달, 신체발달, 사회성 발달, 자아개념 등에 큰 영향을 미친다(김혜경, 2001). 특히, 음악 경험은 탐색, 실험, 새롭고 다른 아이디어의 표현이기 때문에 노래 만들기, 음악 만들기, 마음대로 노래하기, 소리 탐색하고 느낌 말하기 등을 통하여 창의성 발달에 큰 영향을 미친다. 뿐만 아니라 음악 개념을 토대로 음을 비교·변별해 가며 곡을 창작하거나 연주를 할 때 논리적 사고의 발달을 돕는다.

4) 음악활동을 활용한 수업활동

(1) 예술 경험: 다양한 음악활동을 통해 창의성, 논리성을 표현하게 한다.

(2) 의사소통(말하기): 음악활동을 통해 느낌, 생각, 경험을 논리적으로 말해보도록 한다.

활 동 명	(음악활동) 불어서 나는 소리 탐색하기
활동 목표	1) 소리에 대해 관심을 둔다. 2) 물체의 특성을 이해한다.
누리과정 관련요소	1) 의사소통(말하기): 느낌, 생각, 경험을 말하기 2) 예술 경험: 예술 경험: 다양한 음악활동을 통해 창의성, 논리성을 표현하기
활동 자료	여러 가지 악기와 물건, 컴퓨터와 CD, 불어서 소리 낼 수 있는 자료(예: 병뚜껑, 빈 병, 빨대, 풀잎, 깡통, 비닐봉지, 종이 등)
활동 방법	1) 우리 주변에서 입으로 불어서 소리를 낼 수 있는 것을 탐색한다. - 입으로 불어서 소리가 나는 것에는 어떤 것이 있을까? 2) 유아들이 찾아온 것들의 소리를 듣고 비교해본다. - 어떤 것을 찾아왔나? - 어떻게 소리를 낼 수 있나? - 어떤 소리가 나나? - 무엇이 다르지? 3) 여러 가지 소리를 녹음한다. - 무슨 소리지? (사고 확장) - 누가 만든 소린지 알아낼 수 있겠니? (논리적 추론 사고) 4) 여러 가지 소리를 만들어 본다.  
활동 평가	1) 무슨 소리인지 알아맞힐 수 있는지 평가한다. 2) 입으로 불어서 소리 나는 악기를 알아맞힐 수 있는지 평가한다.
확장 활동	1) 소리 나는 음색에 노랫말을 만드는 활동을 할 수 있다. 2) 친구들과 여러 가지 소리를 합친 리듬 합주활동을 할 수 있다.

5. 놀이활동을 통한 유아 논리·논술 교육

1) 유아의 놀이활동의 필요성

놀이활동의 융통성 있고 실험적인 속성은 문제해결력과 밀접하게 관련된다. 유아는 놀이과정 중에 여러 가지 탐색활동을 하는데, 탐색하면서 사물에 대한 이해력이 증진되어 문제해결력이 발달한다(Piaget, 1982). 유아는 놀이 중에 새로운 사물을 접하게 되면, 그 사물의 속성을 탐색하고 적극적으로 실험해 본다. 이러한 실험과정 중에 시행착오를 겪으면서 다양한 반응을 보이고, 사물에 새로운 상징적 의미를 부여하면서 문제를 효과적으로 해결하려 한다. 이 과정에서 논리적 사고가 길러지므로 유아의 놀이활동은 논리적 사고 향상에 필요하다.

2) 유아 놀이활동시 유의할 점

교사가 유아의 발달 수준을 무시하거나 간섭적 놀이활동은 바람직하지 않다. 그 예를 들어 보면 다음과 같다. 블록 놀이를 처음 시작하는 유아에게 제한된 블록만 먼저 가지고 놀게 하여 성취감과 자신감을 심어 주어야 한다. 너무 많은 블록을 주면 오히려 유아에게 혼란과 좌절감을 줄 수 있기 때문에 10~20개 정도의 한정된 블록만을 가지고 놀게 하는 것이 좋다. 교사는 유아가 스스로 만들 수 있도록 조언하는 수준이 적당하며, 직접 만들어 주거나 지나치게 간섭하는 것은 바람직하지 않다.

3) 놀이활동과 유아의 발달

유아는 다양한 놀이활동에 능동적으로 참여하면서 경험의 폭이 넓어지고, 인지능력이 발달한다. 놀이를 통해 유아의 구체적 사고력은 추상적 사고력으로 전환되므로 논리적 사고력과 깊은 관련이 있다. 유아는 놀이활동을 통해 구체적인 사물 이외의 것에도 주목하게 되고, 새로운 연상과정을 거쳐 사고가 발달한다. 즉, 놀이활동을 통해 인지능력이 발달하고 '사리분별과 인내'라는 도덕성이 길러짐으로써 정서 및 사회성 발달에도 큰 도움을 준다.

4) 놀이활동을 활용한 수업활동

(1) 사회관계: 친구와 놀이를 통해 사회성을 기르도록 지도한다.

(2) 의사소통(말하기): 놀이활동의 느낌, 생각, 경험을 논리적으로 표현하게 한다.

활 동 명	(놀이활동) 가게 놀이
활동 목표	1) 가게에서 하는 일을 이해한다. 2) 가게에서 일어나는 문제를 해결한다(논리적 사고). 3) 자기 생각을 이야기로 표현한다(논리적 사고).
누리과정 관련요소	1) 사회관계: 친구와 놀이를 통해 사회성을 기른다. 2) 의사소통(말하기): 놀이 활동의 느낌, 생각, 경험을 논리적으로 표현한다.
활동 자료	블록, 역할놀이, 소품, 종이, 크레파스
활동 방법	1) 우리 동네의 여러 가지 기관과 가게에 대한 수업을 진행하며 역할 놀이에서 가게 놀이를 시작한다. 2) 가게를 만들어 가며 각자의 역할을 나누어 극 놀이를 진행한다. - 가게 놀이를 하려면 어떤 사람이 있어야 하나? 가게 놀이를 하려면 어떤 사람이 있어야 하나? 가게 놀이를 하려면 어떤 사람이 있어야 하나? - 가게 주인을 하려면 무엇을 알아야 할까? - 이 물건을 사려면 얼마가 필요할까? - 이 손님에게 얼마를 거슬러 주어야 하나? 3) 놀이를 진행하며 필요한 시설과 물건들을 만들고(가격표, 간판, 저울, 금고, 바구니, 계산기 등), 물건을 사고팔 때의 예의 등을 익힌다.  
활동 평가	1) 가게에서 하는 일을 이해하는지 평가한다. 2) 가게에서 일어나는 문제를 해결할 줄 아는지 평가한다. 3) 자기 생각을 이야기로 표현할 수 있는지 평가한다.
확장 활동	가게 놀이를 익힌 다음 역할극 놀이로 확장할 수 있다.

6. 수학활동을 통한 유아 논리 · 논술 교육

1) 유아의 수학활동의 필요성

논리적 사고력을 기르기에 최고의 교과목은 수학이다. 유아들은 본래 수학적 흥미가 있고, 일상생활의 경험에 기초하여 숫자, 유형, 형태, 양, 자료, 크기에 대한 복합적이고 비형식적인 사고들이 발달한다(라정숙, 2012; 한유미, 2009). 수학 학습과정에서 길러진 사고능력이 다른 분야에도 긍정적인 이바지를 하기 때문에 유아 수학활동은 필요하다. 즉, 유아가 수학 지식을 학습하는 과정에서 얻게 되는 논리적 사고력, 비판적 사고력, 창의적 사고력 등은 생활의 순간마다 요긴하게 쓰는 자산이 된다(박경미, 2006)

2) 유아 수학활동시 유의할 점

논리적 사고를 잘하기 위해서는 개념의 분류와 통합을 잘해야 한다(김영아, 2006). 분류는 주변의 사물들, 사건들의 특성을 파악하여 유사점과 차이점에 따라 나누는 활동이고, 통합은 같은 차원으로 모으는 것이다. 유아가 분류와 통합을 잘하기 위해서는 기준을 세워야 한다. 기준이란 다른 것과 구별되는 특징으로 사물, 사건의 특징에 따라 나누고 모으는 것은 정보를 체계화하는 과정이다. 따라서 교사는 이점을 고려하여 유아의 수업 지도를 해야 한다.

3) 수학활동과 유아의 발달

유아는 다양한 수학활동을 통해서 수학적 창의력과 인지능력이 발달한다. 수학적 창의력이란 새로운 관계를 지각하거나 비범한 아이디어를 산출, 또는 전통적 사고유형에서 벗어나 새로운 유형으로 사고하는 능력이다(서울대학교 교육연구소, 2011). 수학적 문제 상황에서 기존의 지식과 경험을 바탕으로 정형화된 틀에서 벗어나 문제의 요소와 수학적 아이디어가 새로운 방식으로 결합해 결과가 산출되어야 한다(신현용·한인기, 1999). 그리고 인지능력은 어떤 대상이나 사실을 느낌으로 알고 분별하며 판단하는 능력을 말한다. 지식을 구성하는 모든 의식적 과정과 관련되어 있다.

4) 수학활동을 활용한 수업활동

(1) 자연탐구: 수학적 탐구하기(수의 기초 개념과 기본 도형을 이해하기)

(2) 의사소통(말하기): 느낌, 생각, 경험 말하기

활 동 명	(수학활동) 빙글빙글 돌아가는 팽이
활동 목표	1) 수의 기초 개념을 알 수 있다. 2) 기본 도형의 이름을 알고 표현할 수 있다. 3) 다양한 기본 도형을 연결해서 움직이는 팽이를 만들 수 있다.
누리과정 관련요소	1) 자연탐구: 수학적 탐구하기(수의 기초 개념과 기본 도형을 이해하기) 2) 의사소통(말하기): 느낌, 생각, 경험 말하기
활동 자료	볼펜, 활동지, 다양한 팽이가 들어 있는 비밀 주머니
활동 방법	1) 도형의 명칭과 개념을 알아본다. - 이 도형의 이름은 무엇이니? 2) 도형의 모형과 사용하는 방법을 알아본다. - 이 모형은 어떤 모양인가요? 같은 도형끼리 짝지어 볼까요? - 어떻게 연결할 수 있을까요? - 여기 있는 도형으로 무얼 만들고 싶나요?  3) 팽이의 모양과 움직임에 대해 알아본다. - 팽이 모양은 어떤가요? - 팽이는 어떻게 움직이나요? 4) 팽이를 만든다. - 어떤 도형을 사용해서 팽이를 만들 수 있을까요? - 다양한 도형으로 여러 가지 모양의 팽이를 만들어 볼까요? 5) 대칭에 대하여 알아본다. - 팽이의 모양이 어떤가요? 마주 보는 모양이 같은가요? 6) 균형에 대하여 알아본다. - 팽이를 돌려 볼까요? 팽이가 어떻게 돌아가는 것 같아요? - 왜 팽이는 한쪽으로 넘어져서 안 돌아갈까요?

활동 평가	1) 수의 기초 개념을 평가한다. 2) 기본 도형의 이름을 알고 표현할 수 있는지 평가한다. 3) 다양한 기본 도형을 연결해서 움직이는 팽이를 만들 수 있는지 평가한다.
확장 활동	수 영역에서 팽이에서 사용된 도형을 그려본다.

❖ 연습문제

1. 유아에게 〈개구리 대 탐험〉을 들려주고, 들은 내용을 토대로 동시나 동화를 지어보도록 활동 계획서를 작성해 봅시다.

2. 숲 체험을 통해 유아의 논리적 사고를 향상시킬 활동이 무엇이 있을지를 생각해 봅시다.

3. 유아 논리·논술교육은 크게 3~4세와 5~6세로 나누어 볼 수 있는데, 각각 인지발달의 특징을 말해보고, 어떻게 논리·논술 지도가 이루어져야 할지 생각해 봅시다.

부록

1. 자기소개서 작성법
2. 설명문 작성법
3. 기사문 작성법
4. 칼럼 작성법
5. 수필 감상(1): 엄마/피천득
6. 수필 감상(2): 봄을 여는 두레박/김희수
7. 논술 연습문제 모범 답안(제10장)

1. 자기소개서 작성법

1) 자기소개서의 개념

대부분의 학생은 자기소개서에 대하여 잘못 알고 있다. 단순히 자기를 알리는 글이 자기소개서가 아니다. 회사나 대학에서 필요한 인재상, 즉 준비된 인재상이라는 것을 글로 명쾌하게 옮겨 보여주는 것이 자기소개서이다. 단순히 경력이나 업적을 나열하는 것이 아니라 구체적인 인생목표를 갖고 이를 실현하기 위해 선택한 곳이 귀사나 귀대학이라는 것을 분명하게 보여줘야 한다. 물론, 자신만의 이미지를 부각할만한 근거(스펙)을 마련하는 게 선행되어야 한다.

학생들에게 자기소개서를 써오라 하면 어떻게 방향을 잡아나갈지 고민하는 이들이 적지 않다. 그러한 문제에 당면하게 되는 이유는 간단하다. 목표가 정해지지 않았기 때문이다. 목표가 정해지면 그 회사나 대학원에 대한 다양한 정보를 수집, 이를 사전에 검토하고, 그곳에서 원하는 인재상이 무엇인지, 내가 무엇을 준비해야 하는지 등의 배경지식을 가지고 준비를 해두었다가 거기에 맞춰 기술하면 된다. 20여 년이 넘는 이야기를 다 적을 수는 없다. 그 중 지원동기에 맞추어 내용을 선별해야 한다.

자기소개서는 보통 기입식과 작문식 두 종류가 있다. 대부분 학교나 회사는 작문식보다는 한눈에 내용별로 평가할 수 있는 기입식을 선호한다. 기입식에 들어갈 기본 내용은 성장과정, 성격, 대학생활 및 경력사항, 장점 및 특기, 지원동기 및 포부 등이다. 내용별로 지원동기와 연계해 작성하는 것이 좋다. 또한, 내용별 분량도 맞추는 것이 좋다. 한 부분만 양을 많이 차지해서는 안 된다. 특히, 주의할 점은 지원동기에 구체적인 회사 정보와 자신의 준비된 경험이 잘 드러나야 한다. 또한, 동종업계의 자료를 수집 검토한 후 자신이 회사의 발전을 위해 어떤 일을 할지 기획한 내용도 추가하는 것이 좋다(고경민 외, 2015).

2) 자기소개서 작성 및 유의점

자기소개서를 어떻게 작성해야 취업 및 진학에 성공할 수 있을까? 막상 컴퓨터 앞에 앉아서 자기소개서를 쓰려면 눈앞이 깜깜하다. '지피지기(知彼知己) 백전불패(百戰不敗)'라 했다. 고민하지 말고 회사나 진학에 대한 다양한 정보를 다시 한번 살펴보자. 실마리가 보일 것이다. 회사나 진학 정보를 알고 나를 알면 자기소개서 작성이 한결 쉬어질 것이다.

성공적인 자기소개서를 작성할 때 고려해야 할 점을 제시하면 다음과 같다(고경민 외, 2015).

① 구체적인 진술이 필요하다. 보통 학생들은 항목별 기술에 있어서 개괄적인 내용만 쭉 나열한다. 성장과정이나 경력활동 등에 일화나 사례가 없다. 그러다 보니 분량도 짧고, 글의 생명력도 없다. 어떤 인사 담당자가 감동을 하겠는가. 감동까지는 아니더라도 면접 당시 질문거리도 없다. 지원동기와 관련해 중요한 일화나 사례를 적극적으로 활용하자.

② 문장을 간결하게 써야 한다. 특히 여학생들의 경우 만연체를 많이 사용해 의미 파악이 안 되는 경우가 허다하다. 글이 길면 인사담당자가 끝까지 읽어 보겠는가 말이다. 문장 중간에 적절한 표지(지시어, 접속어 등)를 사용해 글의 간결성과 명확성을 높일 필요가 있다.

③ 창의성이 드러나도록 해야 한다. 대부분 자기소개서를 보면 비슷하다. 물론, 학생들 대부분이 평범한 가정과 교육환경 속에서의 보편적인 삶을 살았기 때문에 그럴 수도 있지만, 자기만의 이미지를 만들 필요가 있다. 차별화된 전략 없이 어찌 취업에 성공하겠는가. 회사에서도 개성이 강한 창조적인 인재상을 선호한

다. 광고회사에 지원하고자 하는 학생들은 자기소개를 광고로 만들어 첨부하는 것도 좋을 것이다.

④ 진실성이 드러나도록 해야 한다. 고루한 표현이나 과장된 표현은 오히려 면접 때 감점의 요인이 될 수 있다. 현상에 집착하기보다는 그 너머의 본질적인 내용을 넣어 인사담당자에게 강한 인상을 남기자. 가령, 아버지의 죽음이 자신에게는 가장 행복한 일이 될 수 있다. 역설적인 이야기겠지만, 아버지의 부재 속에 가족에 대한 사랑을 느꼈다면 불행은 곧 새로운 인생의 전화위복(轉禍爲福)이 될 수 있다.

⑤ 객관적인 입장에서 기술해야 한다. 자기소개서는 회사나 학교 인사담당자 입장에서 글을 써야 한다. 일부 학생들은 경어체를 사용하지 않는 경우도 있다. 자기소개서를 읽는 사람은 자기보다 높은 연령대이다. 그리고 줄임말이나 은어, 인터넷 언어 등도 자제하는 것이 좋다.

다음으로 자기소개서 작성 후 점검사항에 대해 살펴보자(고경민 외, 2015).

① 맞춤법이나 띄어쓰기가 잘 되었는지 확인한다. 요즘 대학생들은 사전을 장 활용하지 않는다. 글을 쓰다 의심이 나면 반드시 사전을 찾아 올바른 표기법에 맞게 고쳐야 글이 살아난다. 인터넷 사전만 활용해도 비문이 치료된다. 아무리 내용이 좋아도 형식이 부족하면 인사담당자에게 불편함을 줄 수 있다.

② 중복되는 내용은 삭제하고, 어휘는 다른 말로 바꾼다. 특히 대다수 학생이 성격과 장점을 혼동해 이를 되풀이하는 경우가 많다. 또한, 한 문장에 같은 어휘를 되풀이하는 경우도 있는데, 이는 다른 말로 바꾼다. 굳이 한자를 고집하지 말고 일상에서 쓰는 쉬운 우리말로 쓰자.

③ 문맥이 자연스럽게 연결되었는지 확인한다. 자기소개서는 말하고자 하는 바가 논리성이 있어야 의미 전달을 분명하게 할 수 있기 때문에 문장과 단락의 연결

에 신경을 써야 한다. 이를 위해 연결어나 지시어, 접속어 등의 의미를 명확하게 알고 글을 써야 한다. 또한, 한 단락에 하나의 주제어를 가지고 이야기를 풀어나가는 것이 좋다.

④ 회사나 학교에서 요구하는 인재상을 잘 드러냈는지 확인한다. 자신의 입사나 진학을 위해 준비한 스펙을 적재적소에 배치해 준비된 인재라는 것을 부각했는지 점검해야 한다. 또한, 회사나 학교를 위해 내가 할 수 있는 일들을 구체적으로 밝혔는지도 확인하는 것이 좋다. 필요하다면 기획안이나 학업계획서의 내용을 적극적으로 활용하는 것도 좋다.

매사 불여튼튼이라 했다. 학생들은 취업 시즌이 다가오면 급하게 자기소개서를 쓰는 경우가 있는데, 이는 오타 및 비문, 비논리성 등의 문제를 일으킨다.

그러므로 자기소개서는 여유 있게 준비하는 게 좋다. 충분한 시간을 갖고 자기소개서를 작성하지 않으면 자신이 진정으로 말할 중요한 내용을 넣지 못해 서류전형에서 불합격할 확률이 높다. 준비된 삶만이 기회를 잡을 수 있다는 말을 명심해야 한다.

자기소개서의 내용별 학생이 작성한 글(예문)을 제시하면 다음과 같다.

예문 - 1. 성장과정

일찍 철이 든 아이, 그러면서 확고해진 가치관

저는 일찍 철이 든 편입니다. 장사로 밤낮없이 고생하시는 부모님의 힘든 모습을 어렸을 때부터 지켜본 저는, 다른 친구들처럼 가지고 싶은 것을 사달라고 조를 수도 없었습니다. 오히려 고생하시는 부모님을 기쁘게 해드리려고 엇나가는 행동을 하지 않기 위해 노력했습니다. 가정의 어려움은 저에게 있어 삶에 대한 좌절과 안주가 아닌 인생의 성공에 대한 목표의식을 갖게 해주었습니다. 단순히 돈을 많이 벌겠다는 것보다는 성공을 통해 그 결과물을 가난한 이웃과 나누며 살겠다는 생각을 하게 된 것입니다. 항상 가슴속에 새겼던 이러한 생각은 힘들 때마다 정신적으로 저를 풍요롭게 해주었습니다.

1등 인생, 꼴등 인생 그리고 현재

중학교 시절부터 제 이름 앞에는 '전교 1등'이라는 수식어가 붙었습니다. 3년 동안 실장뿐만 아니라 전교 일등을 놓치지 않는 우등생이었습니다. 당시 저는 특목고에 진학하고자 열심히 공부했습니다. 하지만, 사실 저의 목표는 특목고가 아니었습니다. 특목고를 가야 좋은 대학에 간다는 부모님과 선생님들의 격려와 바람에 보답하고자 했던 것입니다. 결국, 저는 특목고에 입학했지만, 진정한 목표를 상실한 채 학교생활에 적응하지 못하고 방황만 했습니다. 결과는 전교 꼴등이었습니다. 당시 저는 인생의 목표에 대해 다시 한번 고민하지 않을 수가 없었습니다. 이후 대학에 들어와 인생을 위한 재도약의 기회를 얻게 되었고, 지금은 나름의 목표를 이루기 위해 열정과 도전정신으로 무장한 준비된 삶을 살고 있습니다.

예문 - 2. 성격과 강점

저요! 제가 하겠습니다

"누가 한 번 책을 읽어볼래?" "저요! 제가 하겠습니다."

학창시절부터 저는 수업시간에 선생님께서 해보라는 일들은 잘하든 못하든, 무조건 손을 들고 적극적으로 행동했던 학생이었습니다. 이러한 저의 적극성은 무슨 일을 하든지 망설임 없이 행동으로 실천하는 성격을 갖게 해주었고, 현재 다양한 활동을 하며 대학생활을 보람 있게 지내게 된 계기가 되었습니다. 1학년을 마치고 꿈에 대해 몸소 경험해 보고 싶어 망설이지 않고 휴학을 했을 때도, 그리고 복학을 하고 독서 모임을 주체적으로 만들었을 때도 저의 성격이 크게 작용했습니다.

생각이 상황을 만든다

친구들은 저를 '김조증'이라고 부릅니다. 조울증에서 '울'은 없고 항상 긍정적이고 밝은 모습을 보여주기 때문에 그러한 별명이 생겼습니다. 저는 '생각이 상황을 만든다.'고 생각합니다. 매사 긍정적인 사고는 긍정적인 행동으로 이어져 좋은 결과를 가져옵니다. '행복해서 웃는 게 아니라, 웃어서 행복하다'는 말처럼 어려운 상황에서도 긍정적인 마인드는 희망을 볼 수 있기 때문입니다. 저의 이러한 마인드는 귀사의 부서에 시너지를 줄 수 있을 것입니다. 저의 작은 실천으로 사내구성원들의 얼굴에 미소를 드리우고 싶습니다.

예문 - 3. 특이사항

12kg 감량, 대인기피증을 극복하다

저는 어렸을 때부터 좋지 않은 식습관으로 소아 비만에 걸렸습니다. 이를 극복하기 위해 대학시절 많은 노력을 했습니다. 결국, 3개월 동안 12kg을 감량하였고, 날씬해진 몸매를 보며 스스로 대견해 했습니다. 하지만 다시 살이 찌면 안 된다는 강박관념에 정신적인 스트레스가 찾아왔고, 폭식증까지 오면서 결국 요요를 겪었습니다. 살이 다시 찌면서 대인기피증까지 생겨났습니다. 건강한 육체와 정신을 회복하기 위해 고민하던 저는 남들에게 보여주는 삶이 진정한 삶이 아니라는 것을 깨닫고, 행복한 운동을 통해 지금은 건강한 학교생활을 하고 있습니다.

책 읽는 여자

저는 2년째 독서토론을 하고 있습니다. 책을 읽으며 사람들과 토론을 하고 깊은 사고를 통해 삶에 대한 성찰과 올바른 가치관을 정립하고 있습니다. '나는 누구인가?', '나는 앞으로 무엇을 하며 살아갈 것인가' 끊임없이 생에 대한 고민이 생길 때마다 독서를 통해 그 답을 얻고 있습니다. 책에 대한 사랑은 블로그 활동, 동아리 창설 등으로 이어졌습니다. 남은 대학생활 역시 책과 함께 하루하루 성장할 계획입니다.

예문 - 4. 나를 한 마디로 표현한다면?

SMART

Smart: 현명한 생각과 올바른 지식으로
Mission first: 위치가 아닌 저에게 주어진 미션을 우선시하고
Active: 주어진 일과 내가 하고자 하는 일에는 적극적인 자세로
Responsibility: 모든 것에 책임을 지며
Thankful: 주어진 모든 것에 감사하며 살아가는 OOO입니다.

저는 'SMART'라는 단어로 저 자신을 소개하곤 합니다. 이 단어에는 저를 표현할 수 있는 의미가 다 들어있습니다. 저는 목표를 향해 달려가는 대학생입니다. 제 꿈인 국제개발협력 관련 일을 더 배우고자 작년에 휴학하고, 유엔평화대학원 산하 대학생 커뮤니티에서 공부하였습니다. 집안 사정이 좋지 않았기 때문에 고시텔에서 거주하며 방값은 물론 생활비 모두 아르바이트를 하며 스스로 해결했습니다. 현재는 복학하여 꿈을 이루기 위해 학업에 전념하고 있습니다. 항상 제 생각과 행동을 존중하며, 적극적인 삶에 대한 자세와 모든 것에 감사하는 마음은 앞으로도 계속될 것입니다.

예문 - 5. 지원동기

지금 하는 일이 즐겁다면 그곳이 낙원이다

고등학교 때 IVY club에서 주최한 '미래형 교복 디자인' 공모전에 참여한 경험이 있었습니다. 그때 디자인을 전공하는 친구가 디자인을, 제가 시장조사와 콘셉트 설정을 맡았었습니다. 경영학을 전공하기 전이라 SWOT와 같은 전문적인 분석을 한 것은 아니었지만, 교복시장, 경쟁회사, 학생들의 교복 선호도 등의 조사를 통해 미래의 트렌드를 예측하기 위해 노력했습니다. 당시 공모전을 준비하면서 디자이너와의 갈등, 자료조사의 한계, 미숙한 아이디어 등으로 많은 어려움이 뒤따랐지만, 저는 그러한 모든 과정이 나름의 가치 있고 재미있던 경험이었습니다.

그렇게 패션업계에 관심을 두고 인생 목표로 삼은 것을 계기로 대학에 와서도 'LG패션 크리에이티브 파티' 공모전을 준비하면서 다시 한번 상품을 기획하고 전략을 짜는 일에 매력을 느꼈습니다. 이제는 Real Business 현장이라는 낙원에서 제 꿈을 실현하고자 합니다.

예문 - 6. 활동사항 및 학교생활

경험이 곧 지식이다

이 말은 학창시절에 가슴에 새긴 좌우명입니다. 저는 이를 실천하기 위해 다양한 경험을 했습니다. 고등학교 시절부터 학급 임원과 신문연합 활동을 하며, 다른 학교 학생들과 인적·지적 교류를 활발하게 했습니다. 대학 입학 후에도 학과 임원, 단과대학 학생부장, 동아리 임원, 가상기업 홍보팀장, 교내외 프로그램 참여, 패션 소모임 등 누구보다도 다양한 활동을 하며 견문을 넓히고 배경지식을 습득했습니다.

그리고 KT&G 마케팅스쿨 과정을 이수하며 마케팅 실무를 익혔고, 패션인재개발원에서 시행한 '기획 MD 수업'을 들으며, 기획 MD 실무에 대해 배웠습니다. 또한, 일에 대한 총괄적인 업무지식외 사람들과의 친화력도 배울 수 있었습니다.

고등학교 때부터 다양한 활동을 했지만, 특히나 패션업계와 관련된 일을 가장 많이 해 봤습니다. 그 중에서 '파미힐피거' 아르바이트가 기억에 남습니다. 매장과 행사장에서 옷을 판매하면서 다양한 경험으로 터득한 CS기술로 직원보다 매출을 많이 올려 정식 직원 제의를 받기도 했었답니다. 의류 판매 현장에서는 주로 한 가지 상품을 사러온 고객에게 다른 상품까지 파는 cross-selling을 했습니다. 그 과정에서 요즘같이 다양한 판매하는 토탈 브랜드가 매장이 많아진 시점에서 다양한 상품을 기획해 배치하는 것이 중요하다는 것을 깨닫게 되었습니다.

저의 이러한 경험은 패션에 대한 열정과 함께 귀사의 패션기획에도 큰 도움이 되리라 생각했습니다.

예문 - 7. 입사 후 포부

빅데이터와 패션

입사 후 저의 포부에 대한 핵심 키워드입니다. 모든 것이 데이터화되고, 많은 양의 데이터 속에서 패턴을 발전해 내는 소비자의 수요와 욕구를 예측한다는 '빅데이터'에 매력을 느끼며, '패션에 빅데이터를 결합한다면 어떨까'라는 생각을 하게 되었습니다. 기획 MD는 시즌을 기획하기 이전 시장에 대한 전반적인 상황과 소비자에 대한 이해가 있어야 합니다. 그리고 패션은 정보산업에도 속하므로 이해하는 것에서 나아가 소비자에 대한 분석과 예측이 매우 중요합니다. 소비자의 욕구를 파악한다는 것은 그들이 지금 원하는 욕구와 더불어 그들이 미래에 원하게 될 잠재적인 욕구 또한 포함합니다. 그러므로 빅데이터를 통해 트렌드 예측을 뛰어넘고 싶습니다.

저는 무한한 가능성을 가지고 성장하고 있는 중국시장에 관심이 많습니다. 그 때문에 지난겨울 중국으로 단기 어학연수를 다녀온 적이 있었는데, 당시 백화점과 시장을 수시로 돌아다니며 중국 사람들의 소비성향과 트렌드에 대해 살펴보기도 했습니다. 입사 후 단기적인 목표는 중국어를 익혀 그들 시장에 진입하는 것입니다. 또한, 중국시장에 대한 빅데이터를 이용해 현지에 맞는 전략과 상품을 기획해 성공적인 중국진출과 점유율을 높이는 데 이바지하는 것입니다.

진로를 설정하고 제가 꿈꾸는 브랜드에 대해 청사진을 그려둔 것이 있습니다. 내용은 제가 추구하는 스타일에 대한 스크랩북, 브랜드 네임, 브랜드 이미지 등입니다. 저는 입사 후 업무를 배우며 경험을 쌓고 제 청사진을 구체화하는 것이 장기적인 목표입니다. 이는 귀사의 패션사업부를 위한 '글로벌 브랜드 프로젝트'를 실현하기 위한 방안이 될 것입니다.

3) 자기소개서 작성 연습

위의 내용을 기초로 성공적인 자기소개서를 내용별로 작성해보자.

연습하기 - 1. 성장과정

연습하기 - 2. 성격과 강점

연습하기 - 3. 특이사항

연습하기 - 4. 나를 한 마디로 표현한다면?

연습하기 - 5. 지원동기

연습하기 - 6. 활동사항 및 학교생활

연습하기 - 7. 입사 후 포부

2. 설명문 작성법

1) 설명문의 개념

정보 전달을 목적으로 하는 글이다. 설명문은 객관적인 정보를 그 정보를 모르는 대상에게 알려 주는 글이다. 따라서 설명문은 객관성을 확보하는 것이 가장 중요하다. 설명문을 쓸 때는 머리말, 본문, 맺음말의 형식을 갖추어야 하는데, 1) 머리말에서는 설명의 대상에 대한 간략한 설명과 글을 쓰는 이유 등을 밝힌다. 2) 본문에서는 전달하려는 정보에 대한 자세한 설명과 함께 필요할 경우 ① 정의(같은 근거를 가진 두 개의 선택지 사이에서 하나를 택해야 하는 어려움을 우리는 딜레마라고 한다),

② 예시(봄에 피는 꽃에는 철쭉, 개나리, 목련 등이 있다), ③ 비교(시와 소설은 모두 언어로 표현된 예술 형식이다), ④ 대조(시는 운문이고, 소설은 산문이다), ⑤ 분류(방언은 지역적 요인에 의한 지역 방언과 사회적 요인에 의한 사회 방언이 있다) 등의 설명 방법을 활용하여 읽는 이가 이해하기 쉽도록 설명한다. 3) 맺음말은 머리말과 본론을 연계하여 요약하고 글쓴이의 생각과 느낌을 간단히 적는다. 주변에서 쉽게 찾아볼 수 있는 설명문에는 전자제품 사용설명서, 놀이동산 안내도, 아파트 단지 안내도, 약도 등이 있고, 과학적 원리나 이론 등에 관해서 설명하는 논리적인 글도 포함된다.

2) 설명문의 실제

(1) 정의

예문(1) - 정의

딜레마

① 같은 근거를 가진 두 개의 선택지 사이에서 하나를 택해야 하는 어려움을 우리는 딜레마라고 한다. ② 인간이라는 것 자체가 이미 우리에게는 하나의 딜레마다. ③ 한편으로는 다른 생물들과 다를 바 없는 본능과 충동을 부여받고 있으면서도 또 다른 한편으로는 자신의 본능적 삶을 초월하여 이성적으로 생각하고 사려 할 줄 알 뿐 아니라, 자기 자신의 근본에 관해 묻기도 하고, 자신의 과거와 현재와 미래를 의식적으로 반성하는 능력도 갖춘 존재이기도 하니까 말이다. ④ 인간의 양면성을 특징짓는 말을 든다면 〈이성 능력을 갖춘 동물〉, 아리스토텔레스의 표현을 빌려 말하면 이성적 동물쯤이 될 것이다. ⑤ 인간이 동물이라는 것은 기정사실이다. 인간을 이성적 존재로 규정하는 이유 또한 충분하다. 인간이 자연에 구속되어 있다고 말할 근거도 있으며, 인간 스스로 이룩한 문화를 통해 자연으로부터 해방되었다고 여길 만한 이유도 넉넉하다. 딜레마는 바로 여기에 있다.

출처: 김영철 역(1999).

〈예문 1〉의 ①에서는 '딜레마'에 대한 정의 기법을 사용하고 있다. 여기서 '딜레마'는 같은 근거를 가지 두 개의 선택지 사이에서 하나를 택해야 하는 '어려움'으로 규정되고 있다. ①에서의 정의를 참고하여 ②에서도 또 다른 정의가 등장하는데, 그것은 '인간은 하나의 딜레마'라는 것이다. ②의 정의가 타당성을 갖게 된 이유는 '인간'과 '딜레마'간 관계가 ①에서 '딜레마'에 대해 내려진 정의, 즉 '같은 근거를 가진 두 개의 선택지 사이에서 하나를 택해야 하는 어려움'의 속성을 서로 공유하고 있기 때문이다. ②에 대한 구체적인 근거를 뒤이어 ③과 ④에서 제시하고 있다. 그것은 '인간'이 지닌 '양면성', 즉 '본능과 충동', '반성적 의식' 등의 모습이 발견된다는 점(③)으로 모아지며, 이는 아리스토텔레스가 일찍이 '인간은 이성적 동물'이라고 정의 내린 것(④)에서도 찾을 수 있음을 통해 증명된다. ⑤에서 지금까지의 논의를 재확인하면서 또다시 화제를 전환해 논의를 좀 더 발전시켜 나가고 있다. 그것은 인간이 '자연에 구속'되어 있으면서 동시에 '자연으로부터 해방'되었다고 볼 수 있다는 점에서 '자연'과 '문화'에 기초한 '양면성'의 측면이 나타나고 있음을 보이고 있다.

반복되는 '정의' 속에서 이를 뒷받침하는 자세한 설명이 자연스럽게 뒤따라오면서 중심 내용이 강조될 수 있다. 특정 대상에 대하여 집중적인 설명이 이루어지는 글쓰기를 할 경우 이처럼 형식을 활용한 단락 구성은 매우 효과적인 방식이라 할 수 있다(함종호 · 김문수, 2015).

(2) 비교 · 대조

예문(2) - 비교 · 대조

사회적 기업

사회적 기업은 ① 취약계층에게 일자리나 사회 서비스를 제공하는 등 사회적 목적을 추구하기 위해 설립되고 운영되는 기업이며, ② 창출한 수익은 사회적 목적에 따라 환원하거나 재투자해야 한다. 이처럼 사회적 목적을 추구한다는 점에서는 비영리 자선기관과 유사하지만, 상품이나 서비스의 생산과 판매 같은 영업활동을 주로 하고, 그 수익을 주요한 재원으로 한다는 점에서 전통적인 자산방식과는 다르게, ③ 시장지향성을 가지고 있다.

하지만 그 주요 동기는'사회적 목적 실현'이기에 일반 기업과는 크게 차이가 있다. ④ 사회적 기업은 정부나 시장의 실패로 인해 해결되지 않는 사회 문제와 충족되지 않는 사회적 요구에 대한 남다른 해결책과 대안을 낸다. 빈곤과 양극화, 환경문제, 불평등, 실업 등이 사회적 기업이 다루는 중요한 이슈다.

출처: 김정래(2012).

〈예문 2〉는 '사회적 기업'이 가지고 있는 주요 특징을 설명하기 위해 작성된 글이다. 설명의 목적을 원활히 이루기 위해 이 글은 '사회적 기업'을 '비영리 자선기관'과 '일반 기업' 등과 비교 · 대조하고 있다. 이때 사용된 비교 · 대조의 기준은 '사회적 기업'의 목적과 동기 등이며, 이를 적용했을 때 발견된 특징은 ①부터 ③까지의 내용이다. 그 결과, '사회적 기업'에 ④와 같은 의의와 가치를 부여할 수 있게 되었다. 이처럼 비교 · 대조 방식이 글쓰기에서 적극적으로 활용될 때 비로소 좀 더 발전적인 논의가 전개될 수 있다.

그러므로 동일 범주 내 대상간 외형적인 특징이나 내적 속성 등을 충분히 고려하여 이를 비교 · 대조의 다양한 기준으로 삼는다면 대상을 통해 새롭게 발견되는 의미를 쉽게 강조할 수 있을 뿐만 아니라 글을 자연스럽게 전개해 나갈 수 있다.

(3) 분석

예문(3) - 분석

탈춤

탈춤 전체는 세 부분으로 이루어져 있다. 이제 각 부분을 지칭하는 용어를 확정해서 정리를 해보자. 서두에 '앞놀이'가 있고, 중간에 '탈놀이'가 있으며, 나중에 '뒷놀이'가 있다. '앞놀이'와 '뒷놀이'를 할 때는 놀이패와 관중 사이에 아무런 구별이 없이, 모두 대등한 자격으로 함께 어울려 춤을 추면서 즐거움을 나눈다. '탈놀이'를 할 때는 탈을 쓴 놀이패가 등장인물들의 배역을 나누어 하면서 서로 싸우고, 관중은 관중석에서 구경하면서 그 싸움에 이따금 개입한다.

'탈놀이'가 진행되는 동안에, 일정한 간격을 두고 '춤대목'이 있어, 서로 싸우던 등장인물들이 함께 어울려 춤을 춘다. 관중이 '앞놀이'와 '뒷놀이'에 참여하고, '탈놀이'에 개입하고, '춤대목'의 의미를 자기 나름대로 해석할 수 있는 재량권을 갖고 있다, 탈춤이 완성되어 닫힌 구조일 수 없고, 미완성의 열린 구조인 원리가 그런 세부에서까지 잘 갖추어져 있다.

출처: 조동일(2005).

〈예문 3〉에서는 '탈춤'에 관한 분석을 통해 설명을 보여주고 있다. '탈춤'을 구성하는 각 요소는 전개 흐름과 관중의 참여형식에 따라 서로 다른 특징을 가지고 있는 것으로 분석되고 있다. 그러므로 '탈춤'의 구성요소들은 변별적 자질을 내재하고 있으며, 이로 인해 그 자체로 독립적인 지위가 부여될 수 있다. 더욱이 이들 구성요소는 이 글에서 궁극적으로 전달하고자 하는 특징적인 의미와 주제의식을 심화시키는 계기를 마련해줄 뿐만 아니라 좀 더 발전적인 논의로 나아갈 수 있게 하는 요인으로 작용한다. 〈예문 3〉의 마지막 문장에서 이를 압축적으로 제시하고 있는데, '탈춤'이 열린 구조로 되어 있을 수밖에 없는 이유는 그것을 구성하는 세부적인 요소들 때문이라는 것이다.

3) 설명문의 작성 연습

(1) 정의

정의 - 작성 연습

민주주의 개념

(2) 비교 · 대조

비교 · 대조 - 작성 연습

음식: 한식과 양식

(3) 분석

분석 – 작성 연습

계절에 대하여

3. 기사문 작성법

1) 기사문의 개념 및 특징

기사문이란 어떤 사건이나 사실을 독자에게 전달하기 위해 사실 그대로 적은 글을 말한다. 글쓴이의 언어능력과 정보수집능력, 사건을 대하는 시각 등이 기사에 반영되므로 같은 사실을 전달하는 기사라 하더라도 모두 다른 개성적인 글이 된다. 또한, 기사는 사회적인 글이라고 할 수 있다. 글쓴이는 사회 구성원으로서 독자가 알고 싶어 하거나, 독자에게 알려야 한다고 생각하는 시의적절한 기삿거리를 발굴하여 기사를 쓰기 때문이다.

어떠한 정보를 독자에게 이해하기 쉽도록 전달하기 위해서는 다음의 세 가지가 요구된다.

첫째, 기사문은 정확해야 한다. 기사문은 정보를 전달하는 글이기 때문에 객관적인 입장에서 정확한 정보를 가지고 작성되어야 한다.

둘째, 기사문은 간결해야 한다. 될 수 있으면 짧은 문장으로 쓰는 것이 복잡한 내용을 간결하고 이해하기 쉽게 전달할 수 있다.

셋째, 기사문은 명확해야 한다. 전달하고자 하는 내용을 잘 전달할 수 있도록 표현이 모호하지 않고 명확해야 한다.

2) 기사문의 구성

(1) 표제

표제(head)는 기사의 제목으로 기사의 핵심이 되는 어구를 집약해 놓은 것이다.

단일 표제로 나타낼 수 없을 때는 부제를 두기도 한다. 표제는 기사의 내용을 잘 표현해야 할 뿐만 아니라 독자의 호기심을 유발할 수 있도록 해야 한다. 같은 내용의 기사라도 표제를 어떻게 붙이느냐에 따라 전혀 다른 기사처럼 보일 수도 있고, 독자의 반응도 달라지므로 적절한 표제를 붙이는 것이 중요한 일이다. 그러므로 보통 표제는 기사를 다 작성한 다음에 붙이게 된다.

(2) 전문

전문(read)은 본문의 중요 내용을 요약해 놓은 부분으로 기사를 이끌어 가는 역할을 한다. 그러므로 기사의 핵심적 요소를 잘 찾는 것이 중요하다. 전문을 잘 쓰면 기사를 쉽게 쓸 수 있지만, 전문을 잘못 작성하면 기사 전체가 잘못되는 일이 많다. 전문은 보통 한 문장으로 구성되지만, 경우에 따라 두세 문장을 덧붙이는 경우도 있다.

(3) 본문(body)

본문은 전문을 제외한 기사의 나머지 부분을 말한다. 보도하는 사실이나 사건에 대한 구체적이고 상세하게 서술하는 부분으로 전문에 이어 중요하다고 생각되는 것에서 덜 중요하다고 생각되는 것 순으로 작성한다. 일반적으로 원인이나 배경, 사건과 관련된 사항을 언급한다. 전문을 잘 작성하였다 하더라도 본문의 문장들이 이를 잘 뒷받침해주지 못한다면 좋은 기사문이 될 수 없다.

3) 기사문의 내용 작성

기사문의 내용은 육하원칙에 따라 구체적인 사실을 전하는 부분과 이러한 사실을 제공해 준 취재원을 밝히는 부분으로 구분한다.

(1) 육하원칙

'누가, 무엇을, 언제, 어디서, 왜, 어떻게'의 6가지 질문에 맞추어 기사를 작성하면 기사가 전하려고 하는 사실을 간결하게 작성할 수 있다. '누가'는 기사가 전하려고 하는 사실을 간결하게 작성할 수 있다. '누가'는 기사에서 다루는 행위의 주체를 말하고, '무엇'은 행위나 사건의 내용을 말한다. '언제'와 '어디서'는 사건이 발생한 시간과 장소를 뜻하고, '어떻게'는 사건의 구체적인 모습을 의미한다. '왜'는 사건이 발생한 이유를 밝히는 부분이다. 실제 기사문에서는 이 여섯 가지가 똑같은 비중으로 다루어지는 것은 아니다. 가장 중요하다고 판단되는 것이 전문에 제시되고, 나머지 요소들은 비중에 따라 적절히 배치된다. 기사문의 내용에 따라서는 생략되는 요소도 있다.

(2) 취재원

취재원은 기사를 쓰기 위해 기자가 만나거나 전화로 통화한 사람이나 기관을 말한다. 사건을 정확히 파악하여 전달하기 위해서는 사건 현장에 있던 사람이나 경찰, 전문가 등의 증언이 필요하므로 취재원은 기사를 구성하는 중요한 요소이다. 기사의 객관성과 신뢰도를 위해 기사에서 취재원을 밝혀야 한다. 주로 '○○에 따르면', '○○는 ~라고 말했다.'는 문장으로 표현한다. 특정한 사안이나 논란의 여지가 있는 사안에는 객관성과 공정성을 확보하기 위해 두 사람 이상의 취재원이 필요하다.

4) 기사문 작성의 실제

예문 - 친구 명의 빌려 무작위 협박문자 3만 건 발송

친구 명의 빌려 무작위 협박문자 3만건 발송 '일자리도 알아봐 줬는데 내 직업 무시' 격분	표제
서울 종암경찰서는 20일 자신을 무시한 친구의 전화번호를 도용해 무려 3만건의 무작위 협박 문자를 보낸 혐의(협박)로 정 모(34) 씨를 불구속 입건해 조사 중이다.	전문
경찰에 따르면 정 씨는 자신의 직업을 무시한 친구 A씨가 경찰의 수사를 받게 하려고 A씨 명의로 대량 문자 발송 사이트에 가입한 뒤 인터넷에서 수집한 3만건의 휴대전화 번호로 '죽여 버린다' 등의 협박 문자를 발송한 혐의를 받고 있다. 정 씨는 현재 무직인 A씨가 '계속 집배원 일이나 하라'는 등 직업을 무시하는 말을 하자 화가 나 범행을 저질렀다고 진술했다. 정씨는 문자 3만건을 보내는 데, 건당 10원씩 30만원을 지출한 것으로 알려졌다. 조사결과, 정씨는 10년 넘게 친구로 지내온 A씨에게 집배원 일자리를 소개해 주기도 했으나, A씨는 이내 그만뒀다. 경찰은 정씨가 문자를 보낸 3만여건의 휴대전화 번호를 회수하고, 출처와 여죄 등을 조사하고 있다. - 김지현, '친구 명의 빌려 무작위 협박문자 3만건 발송', 연합뉴스, 2012.08.20.	본문

4. 칼럼 작성법

1) 칼럼의 특징

신문은 대중적인 이슈가 크거나 일반인이 쉽게 공감할 수 있는 주제를 다룬다. 따라서 신문 칼럼의 주제 역시 이러한 틀 안에서 선정되어야 한다. 최대한 대중적이고

이슈가 깃든 사안으로 주장을 펼치는 것이 좋다.

신문은 지면의 한계가 있다. 그래서 단문 위주로 최대한 짧게 작성하는 것이 좋다. 문장이 길어지면 신문 편집자가 문장을 손질할 가능성은 크고, 어느 구간의 주장이 삭제되거나 수정될지 알 수 없다. 또, 문장이 난해하여 편집자가 수정하기 곤란한 경우 게재가 취소되거나 재작성 요청을 해올 수도 있다. 이를 방지하기 위해서는 완성된 글을 꼼꼼하게 점검하여 쉽게 이해되고 공감할 수 있는지 살펴봐야 한다.

또 한 가지는 될 수 있으면 두괄식으로 기술하는 것이다. 결론을 앞에 쓰고, 이에 대한 근거를 후술하는 형태는 문장이 넘쳤을 때 편집자가 중요하지 않은 뒷부분부터 수정할 수 있도록 해주기 때문에 자신의 주장을 그대로 관철할 수 있고, 독자들의 이해도 빠르게 구할 수 있다.

또, 결론(주장)에 대한 근거를 후술할 때에는 첫째, 둘째…와 같이 항목을 정리하여 문장의 가독성을 높여주는 것이 좋다.

칼럼에 요구되는 고려요소를 제시하면 다음과 같다(김희수, 2013).

① 99%를 칼럼 구상·기획·자료조사에 할애한다.

② 주어+술어 관계를 명확히 하고, 최대한 단문을 사용한다.

③ 객관적 내용으로 기술한다.

④ 의미전달의 오류·변질·왜곡을 차단한다.

⑤ 결론을 먼저 작성한다.

⑥ 격식을 갖추고 쉬운 문장으로 표현한다.

⑦ 좋은 주제를 선택하고, 주제를 설득력 있게 뒷받침한다.

⑧ 가장 적합한 단어·문장을 선택한다.

2) 칼럼 기고문

예시

대학·인재 서울 집중 심각, 시장 자율경쟁 재고해야

공교육의 수월성은 사회 재생산을 위한 교육의 불균형 해소, 교육의 상대적 차별 금지로부터 출발한다.

이는 교육이 추구하는 궁극적 목표인 지역간, 사회간, 계층간 불평등을 제거하고 모든 국민이 교육을 통해 자기계발 및 행복추구권을 가질 기회를 제공하고자 함이다.

이런 측면에서 대학교육은 어떤 수준의 교육보다 교육의 수월성이 더 요구되는데, 이는 대학이 커뮤니티 칼리지로서의 지역균형발전의 일정 부분을 담당해야 하기 때문이다.

그런데도 우리나라 대학의 지역간 불균형 구조문제의 핵심은 대학의 극심한 서울권 집중구조이다. 이것이 대학간 서열구조와 인재의 독과점구조가 형성되고 심화되는 불공정경쟁 시스템의 결정적 측면이다.

지방대학은 지방에 소재한다는 이유만으로 서열이 아래로 떨어지고, 비서울지역의 인재는 대입 때의 1차 유출, 대졸 후의 2차 유출을 통해 수도권으로 몰린다. 비서울지역 대학은 원천적으로 불공정한 경쟁과 심각한 소외를 겪지 않을 수 없다.

대학과 인재의 서울 집중화 현상은 첫째, 한국자본주의의 권력과 경제력의 지역적 독점과 집중구조, 그 집중적 표현으로서 정치·경제·사회·문화·교육 등 모든 중추 관리기능의 서울 일극(一極) 집중체제에 기인한다. 둘째, 이러한 대학과 사회의 서울 집중구조를 바로잡기보다는 오히려 시장자율경쟁의 핑계로 서열화, 집중화, 독과점화를 꾀하는 정부의 안일한 대학정책 때문이다. 그 한 예로, 수도권 대학 중심의 연구중심 대학화(일류화), 모든 비서울지역 대학은 교육중심 대학화(이삼류화)라는 세계에 유례가 없는 비정상적인 이분법적 구도를 강요해 왔다.

따라서 비서울지역의 대학은 그 기능이 쇠퇴하고, 이로 말미암아 교육기능, 사회봉사적 기능, 지역균형발전적 기능도 상실해 가고 있다. 이에 지금까지 대학과 사회의 서울 집중구조와 이를 심화·확대시켜 서울권과 비서울지역 대학간의 불공정경쟁으로 내몬 정부의 교육정책에 이의를 제기하지 않을 수 없다. 얼마 전 새 정부도 대학 개혁의 목적으로 시장자율경쟁을 표명하였다. 글로벌시대의 흐름에 맞추어 대학들 스스로가 변화하지 않으면 그 안정성을 담보하지 않겠다는 일종의 경고 메시지인 셈이다. 그러나 여기서 짚고 넘어가야 할 점은 그동안 불균형경쟁에서 초래된 비서울지역의 대학들도 예외 없이 그 잣대를 들이댈 것인가이다.

그리고 서울지역의 대학들에 시장자율경쟁 권한을 온전히 부여한다면 이는 부익부, 빈익빈 현상이 더욱 증대되는 한 요인이 될 것이다. 이로 인해 지역 대학의 붕괴라는 초유의 사태가 발생할 수 있고, 그 경우 피해는 고스란히 지역과 지역 주민들의 몫으로 남게 될 것이다.

이런 관점에서 새 정부는 시장자율경쟁 체제의 대학 정책기조를 신중히 검토해 추진해야 할 것이며, 시행할 경우 지역 대학을 살릴 방안도 함께 모색해야 함을 간과해서는 안 될 것이다.

– 김희수의 칼럼 〈강원일보 4면〉(2010.9.7)

5. 수필 감상(1)

엄마

마당으로 뛰어 내려와 안고 들어갈 텐데 웬일인지 엄마의 얼굴은 보이지 않았다. '또 숨었구나!' 방문을 열어 봐도 엄마가 없었다. '옳지, 그럼 다락에 있지.' 발판을 갖다 놓고 다락문을 열었으나, 엄마는 거기도 없었다. 건넌방까지 가 봐도 없었을 때는 앞이 아니 보였다. 울음 섞인 목소리는 몇 번이나 엄마를 불렀다. 그러나 마루에서 재깍대는 시계 소리밖에는 아무 대답도 들리지 않았다. 나는 두 손으로 턱을 괴고 주춧돌 위에 앉아서 정말 엄마 없는 아이같이 울었다. 그러다가 신발을 벗어서 안고 벽장으로 들어갔다. 나는 그날 유치원에서 몰래 빠져 나왔었다. 순이한테 끌려다니다가 처음으로 혼자 큰 행길을 걷는 것이 어떻게나 기뻤는지 몰랐었다. 금시에 어른이 된 것 같았다. 잡화상 유리창도 들여다보고 약 파는 사람 연설하는 것도 듣고, 아이들 싸움하는 것도 구경하고 그러느라고 좀 늦게야 온 듯하다. 자다가 눈을 떠보니 캄캄하였다. 나는 엄마를 부르면서 벽장문을 발길로 찼다. 엄마는 달려들어 나를 끌어안았다. 그때 엄마의 가슴이 왜 그렇게 뛰었는지 엄마의 팔이 왜 그렇게 떨렸는지는 몰랐었다.

'너를 잊은 줄 알고 엄마는 미친년 모양으로 돌아다녔다. 너는 왜 그리 엄마를 성화 먹이니, 어쩌자고 너 혼자 온단 말이야. 그리고 숨기까지 하니 너 하나 믿고 살아가는데, 엄마는 아무래도 달아나야 되겠다.' 나들이 간 줄 알았던 엄마는 나를 찾으러 나갔다. 나는 아무 말도 아니 하고 그저 울었다.

그 후 어떤 날 밤에 자다가 깨어보니 엄마는 아니 자고 앉아 무엇을 하고 있었다. 나도 일어나서 무릎을 꿇고 엄마 옆에 앉았다. 엄마는 아무 말도 아니하고 장롱에서 옷들을 꺼내더니 돌아가신 아빠 옷 한 벌에 엄마 옷 한 벌씩 짝을 맞춰 차곡차곡 집어넣고 내 옷은 따로 반닫이에 넣고 있었다. 그것을 보고 나도 모르게 슬퍼졌지만, 엄마 품에 안겨서 잠이 들었다. 그 후 얼마 안 가서 엄마는 아빠를 따라가고 말았다.

엄마가 나의 엄마였다는 것은 내가 타고 난 영광이었다. 엄마는 우아하고 청초한 여성이었다. 그는 서화에 능하고 거문고는 도(道)에 가까웠다고 한다. 내 기억으로는 그는 나에게나 남에게나 거짓말한 적이 없고, 거만하거나 비겁하거나 몰인정한 적이 없었다. 내게 좋은 점이 있다면 엄마한테 받은 것이요. 내가 많은 결점을 지닌 것은 엄마를 잃어버려 그의 사랑 속에서 자라지 못했기 때문이다.

엄마는 아빠가 세상을 떠난 후 비단이나 고운 색깔을 몸에 대신 일이 없었다. 분을 바르신 일도 없었다. 사람들이 자기보고 아름답다고 하면 엄마는 죽은 아빠에게 미안한 생각이 들었을 것이다. 여름이면 모시, 겨울이면 옥양목, 그의 생활은 모시 같은 섬세하고 깔끔하고, 옥양목같이 깨끗하고 차가웠다. 황진이처럼 멋있던 그는 죽은 남편을 위하여 기도와 고행으로 살아가려고 했다. 폭포 같은 마음을 지닌 채 호수같이 살려고 애를 쓰다가 바다로 가고야 말았다.

엄마가 이 세상에서 마지막으로 한 말은 내 이름을 부르는 것이었다. 나는 그 후 외지로 돌아다니느라고 엄마의 무덤까지 잃어버렸다. 다행히 그의 사진이 지금 내 책상 위에 놓여있다. 삼십 시대에 세상을 떠난 그는 언제나 젊고 아름다웠다. 내가 새 한 마리 죽이지 않고 살아온 것은 엄마의 자애로운 마음이요, 햇빛 속에 웃는 나의 미소는 엄마한테 배운 웃음이다. 나는 엄마의 아들답지 않았을 때가 많으나, 그래도 엄마의 아들이다.

나는 엄마 같은 애인이 갖고 싶었다. 엄마 같은 아내를 얻고 싶었다. 인제 와서는 서영이나 아빠의 엄마 같은 여성이 되기를 바랄 뿐이다. 그리고 또 하나 나의 간절한 희망은 엄마의 아들로 다시 태어나는 것이다.

"꼭꼭 숨어라, 머리카락 보인다."

엄마와 나는 숨기 내기를 잘하였다. 그럴 때면 나는 엄마를 금방 찾아냈다. 그런데 엄마는 오래오래 있어야 나를 찾아냈다. 나는 다락 속에서 있는데, 엄마는 이방 저방 찾아다녔다. 다락을 열고 들여다보고서도 "여기도 없네." 하고 그냥 가 버린다. 광에도 가보고 장독 뒤도 들여다보는 것이 아닌가. 하도 답답해서 소리를 내면 그제야 겨우 찾아냈다. 엄마가 왜 나를 금방 찾지 못하는지 나는 몰랐다.

엄마와 나는 구슬치기도 하였다. 그렇게 착하던 엄마도 구슬치기할 때는 아주 떼쟁이였다. 그런데 내 구슬을 다 딴 뒤에는 그 구슬들을 내게 도로 주었다. 왜 구슬들을 내게 도로 주는지 몰랐다.

한번은 글방에서 몰래 도망왔다. 너무 이른 것 같아서 행길을 좀 돌아다니다가 집에 돌아왔다. 내 생각으로는 그만하면 상당히 시간이 지났다. 그런데 집에 들어서자 엄마는 왜 이렇게 일찍 왔느냐고 물었다. 어물어물했더니, 엄마는 회초리로 종아리를 막 때린다. 나는 한나절이나 울다가 잠이 들었다. 자다 눈을 뜨니 엄마는 내 종아리를 만지면서 울고 있었다. 왜 엄마가 우는지 나는 몰랐다.

나는 글방에 가기 전부터 '추상화'를 그렸다. 엄마는 그 그림에 틀을 만들어서 벽에 붙여 놓았다. 아직 우리나라에는 추상화가 없을 때라, 우리 집에 도는 손님들은 아마 우리 엄마가 좀 돌았다고 생각하였을 것이다.

엄마는 새로 지은 옷을 내게 입혀보는 것을 참 기뻐하였다. 옷 입히는 동안 내가 몸을 가만두지 않는다고 야단이었다. 작년에 접어 넣었던 것을 다 내어도 길이가 짧다고 좋아하였다. 그런데 내 키가 지금도 작은 것은 참 미안한 일이었다.

밤이면 엄마는 나를 데리고 마당에 내려가 별 많은 하늘을 쳐다보았다. 북두칠성을 찾아 북극성을 가르쳐 주었다. 은하수는 별들이 모인 것이라고 일러주었다. 나는 그때 그것을 이해할 수가 없었다. 불행히 천문학자는 되지 못했지만, 나는 그 후로 하늘을 쳐다보는 버릇이 생겼다.

엄마는 나에게 어린 왕자 이야기를 하여 주었다. 나는 왕자를 부러워하지 않았다. 전복을 입고 복건을 쓰고 다니던 내가 왕자 같다고 생각하여서가 아니라 왕자의 엄마인 왕후보다 우리 엄마가 더 예쁘다고 믿었기 때문이었다. 그렇게 예쁜 엄마가 나를 두고 달아날까 봐 나는 가끔 걱정스러웠다. 어떨 때는 나의 정말 엄마가 아닌가 걱정스러운 때도 있었다. 엄마가 나를 버리고 달아나면 어쩌냐고 물어보았다. 그때 엄마는 세 번이나 고개를 흔들었다. 그렇게 영영 가버릴 것을 세 번이나 고개를 흔들었는지 지금도 나는 알 수가 없다. (끝)

– 피천득(수필가 · 시인)

6. 수필 감상(2)

봄을 여는 두레박

여기저기서 생명이 잉태하는 봄의 소리가 들린다. 겨우내 잊고 지내던 귀에 익은 새소리도 꽃처럼 새롭게 피어난다. 자연의 질서와 순환의 흐름은 이렇듯 어김없다. 먼지와 온갖 공해로 뒤덮인 번잡한 우리들의 주변에서, 어김없이 생명의 향연을 펼쳐 보이는 나무들과 새싹들을 보면 반갑고 경이롭기 그지없다.

누가 피어나라고 재촉한 것도 아니지만, 때가 되니 자신의 몫을 한다. 그 모진 추위 속에서도 뿌리와 줄기는 끊임없이 일한 것이다.

나무와 뿌리는 생명을 간직하고픈 목적 외에는 그 어떤 마음도 갖지 않았다. 줄기는 줄기대로, 뿌리는 뿌리대로 나무 끝까지 정직하게 물을 펴 올리는 두레박 역할을 했을 뿐. 얼마 전 우리 곁을 떠나신 김수환 추기경님이 종교와 이념을 떠나 누구에게나 사랑받고 존경받는 분이 될 수 있었던 것도 같은 맥락일 게다. 아름다운 세상을 열고자 스스로 두레박 같은 삶을 살았음이다.

우리가 처한 세상을 희망으로 꽃 피우려는 것은 낮은 마음의 시작이다. 생각해 보자. 마실 물이 없다면 어떻게 될 것인가. 또, 숨 쉴 공기가 없다면 어떻게 될 것인가. 상상만으로도 끔찍한 일이다. 그런데 우리 주변은 벌써 개발이다 뭐다 해서 자연의 질서가 크게 위협받고 있다. 우리나라도 머지않아 기후 변화로 봄의 정겨움도 느끼지 못할 수 있다고 한다. 뿐만 아니라 공해로 마음 놓고 마실 물도 공기도 점점 줄어들 것이라는 예측이 나오고 있다.

최근에는 현실로 나타나고 있다. 심각하게 생각해보지 않을 수 없다. 그 모든 문제의 중심에 인간이 서 있기 때문이다. 인간이 한 장소를 더럽히면 그 오염은 전체로 퍼진다. 마치 암세포 바이러스가 온몸으로 퍼지는 것과 같다.

인간이 변해야 산다. 인간의 마음이 자연의 생명을 키우는 온전한 두레박이 되어야 한다. 한 번쯤 깊이 생각해보자. 마음의 단장은 어떻게 할 것인가. 아이러니하게도 억지로 꾸미려 하지 않고 지나친 욕심을 지울 때 비로소 우리는 진정한 마음의 단장을 하게 될 것이다.

맹자는 "행해서 안 될 것은 행하지 말고, 원해서 안 될 것 역시 원하지 말아야 한다. 다른 방법이 있는 게 아니다. 단지 이 방법 외에는 없다."라고 하였다. 즉, 자연질서를 무시하거나 자기의 분수와 능력 범위 또는 자신의 소유가 아닌 것을 억지로 구하는 것, 이것이 바로 욕심이다. 욕심은 결국 억지를 부르고, 억지는 자신과 타인의 마음을 갈기갈기 찢어놓고 만다.

스스로가 소박한 마음을 갖고 또 매일 자기 자신을 거울로 들여다볼 때 우리의 마음은 온전한 두레박이 되는 것이다. 꾸미지도 않고 억지도 없으니 힘이 없을 것 같은 두려움이 먼저 솟아오른다고 할 수도 있다. 하지만 앞서 김수환 추기경의 삶에서 볼 수 있듯이, 오히려 마음은 단단해지고 뿌듯함으로 가득 차게 된다. 어디를 가도 자신이 있다. 말도 행동도 넉넉해진다.

나를 찾자. 나를 발견하자. 도래하는 봄에는 순한 나의 마음을 찾아 나무에 귀 기울여 보자. 우듬지로 물 퍼 올리는 두레박 소리가 첨벙첨벙 우레로 들려온다. (끝)

– 김희수(시인 · 문학평론가)

7. 논술 연습문제 모범 답안(제10장)

1) 서론: 현대사회 특징과 학생의 적응

현대사회의 특징은 전문화·분업화가 가속화되는 가운데 학생은 이러한 현실에 적응하지 못하여 갈등과 혼란을 겪고 있으며, 신체적으로는 급속하게 성장하지만, 정신적으로는 이에 뒤처져 있다. 이러한 측면에서 학생의 행동(智, 義, 體) 향상을 위한 교사의 어떤 태도가 좋겠는지 알아보겠다.

2) 본론: 관련학자의 주장과 이론

학생의 학업성취에 영향을 주는 교사의 태도와 관련된 학자의 주장을 알아보는 것이 의미 있으므로 그들의 주장을 살펴보면 다음과 같다.

(1) 교사의 태도와 학생의 학업성취

레빈(Lewin) 등은 교사의 유형을 민주형, 전제형, 방임형으로 구분하고, 이 유형이 학생의 학업성취에 미치는 영향을 규명하였으며, 코간(Cogan)은 교사의 따뜻하고 친절한 태도가 학생의 독창성과 예술적 능력을 신장시켜 준다고 하였다. 또한, 리드(Read)는 교사의 온화하고 동정적인 태도는 학생들의 학습흥미를 크게 증진하여 준다고 역설하였다. 그리고 하일(Heil)은 교사의 인성적 특성이 정돈형일 때 학업성취가 높다고 주장하였다. 박용헌은 학생이 학습목표를 분명하게 이해하고, 그 목표가 학생 개개인의 욕구와 직결되어 있을 때는 교사 중심의 민주적 풍토가 효과적이고 학생의 성격이 자율적이고 독립심이 강할 때는 학생 중심의 민주적 풍토가 유리하다고 하며, 학생의 과거 경험 여하에 따라 민주형이 유익할 수도 있고 그렇지 않을 수도 있다고 발표하였다.

(2) 교사의 관점과 학생의 학업 성취

학생의 학업성취는 교사의 학생 개개인에 대한 관점에 따라 학업성취가 크게 달라진다. 이를 증명한 이론으로 'Pygmalion effect', 'Rosenthal effect', '교사의 자기충족예언' 등에서 찾아볼 수 있다. 이 이론은 교사가 학생을 능력 있는 학생으로 기대하고, 그것에 따라 대해 주면(상호관계) 학생의 능력은 더욱 신장되며, 그와 반대로 능력 없는 학생으로 낙인찍으면 그들의 능력은 신장되지 못한다고 주장한다.

3) 결론: 교사는 긍정적 생각과 적극적 사고를 하자

교사의 사고는 학생에게 직간접적으로 영향을 준다. 그러므로 교사는 학생에게 많은 영향을 준다는 것을 인지하고, 고정관념에서 벗어나 새로운 가치관을 확립하여야 한다. 그 가운데 교사의 태도에 관한 새로운 가치는 다음과 같다. 첫째, 교사가 먼저 학생을 사랑하여야 한다. 둘째, 학생의 행동에 대하여 긍정적인 관점으로 접근하여야 한다. 셋째, 학생의 입장에서 생각하는 자세를 가져야 한다. 넷째, 학생의 개인적 특성을 파악하여 그와의 상호관계를 유지 발전시켜야 한다. 다섯째, 수업에서는 동기유발 및 개념 이해를 쉽고 흥미 있도록 하여야 한다. 이러한 교사의 태도는 학생으로 하여금 학업에 대하여 긍정적이고 적극적으로 대처하게 하고, 학생의 학업성취도 향상하리라 생각한다.

출처: 우종하 외(2013).

참고문헌

고경민 외(2015). 사고와 글쓰기. 서울: 쿠북.

고성환, 이상진(2010). 글쓰기. 서울: 한국방송대학교 출판부.

고연경 외(2012). 유아 논리 논술 교육. 서울: 동문사.

곽재용(1997). 열린 국어교육의 이론과 적용. 초등교육연구, 7, 진주교대 초등교육연구소.

교육과학기술부(2009). 유치원 지도서 총론.

구인환, 윤재천, 이성교(1992). 신문장론. 서울: 형설출판사.

김동기 외(2001). 새로 쓴 사고와 표현. 대전: 문경출판사.

김상훈(2016). 10주 글쓰기 완전정복. 서울: 카시오페아.

김영실 · 윤진주(2012). 논리 · 창의 · 논술교육. 파주: 공동체.

김우창 외(2010). 대학 참살이의 길. 서울: 학지사.

김희수(2010). 대학 · 인재 서울 집중 심각, 시장 자율경쟁 재고해야. 강원일보, 2010.9.7일자, 4면.

김희수(2011). 지방대학 변화와 혁신만이 살길이다. 강원일보, 2011.5.4일자, 6면

김희수(2012). CSQ3Rs 학습전략이 중학생의 국어교과 학습흥미와 학습태도에 미치는 효과. 교육종합연구, 10(4), 53-79.

김희수(2013). 유아교과 논리 및 논술. 서울: 태영출판사.

노순규(2003). 글쓰기 방법과 글짓기 실습. 한국기업경영연구원.

도리스 브렛, 김인옥 옮김(2009). 은유적 이야기 치료. 서울: 여문각.

류성기(2001). 국어과 교육의 실제화 연구. 서울: 교육과학사.

박수자(1994). 독해와 읽기 지도. 서울: 국학자료원.

박종인(2016). 기자의 글쓰기. 서울: 북라이프.

박찬영(2016). 잘못된 문장부터 고쳐라! 서울: 리베르.

박찬욱 외(2012). 유아교사를 위한 논리 · 창의교육. 파주: 정민사.

서울대학교 대학국어편찬위원회(2013). 대학국어. 서울대학교 출판문화원.

서울특별시교육청(2007). 유치원 교직실무편람, 1-3.

신라대학교 교수학습개발센터(2007). 교양인을 위한 글쓰기 이론.

신라대학교 교수학습개발센터(2007). 함께하는 언어생활.

실용글쓰기연구회(2015). 직무능력 향상을 위한 한국 실용 글쓰기. 서울: 웅비.

양민정 외(2013). 대학 글쓰기의 이론과 실제. 서울: 한국외국어대학교 출판부.

양승수(2014). 글쓰기 클리닉. 서울: 비즈니스북.

우종하 · 이달우 · 이병승(2013). 교육학 논술 특강. 서울: 학지사.

유시민(2015). 유시민의 글쓰기 특강. 서울: 생각의 길.

윤희중 · 신인호(2002). 알기 쉬운 현대시. 서울: 밝은누리.

원훈의(1996). 국어과 교육연구. 서울: 국학자료원.

이경화 외(2015). 글쓰기 동기전략. 서울: 교학사.

이상욱(2012). 예비교사를 위한 논리와 논술. 서울: 학지사.

이재승 외(2012). 글쓰기 어떻게 가르칠 것인가. 서울: 박이정.

이정자 외(2003). 글쓰기의 이론과 방법. 서울: 한울출판사.

이정하(2016). 글쓰기 어떻게 시작할까. 서울: 스토리닷.

이태준(2003). 문장 강화. 서울: 창작과 비평사.

전상국 · 김훈 외(2001). 글쓰기의 원리와 실제. 서울: 북스힐.

장하늘(2009). 글쓰기 표현사전. 경기: 다산 북스.

정은혜(2006). 글쓰기의 창. 경기: 비사원.

정희모 · 이재성(2005). 글쓰기의 전략. 서울: 들녘.

채종옥 · 이경화 · 김소양 · 김연진(2010). 영유아를 위한 놀이지도. 파주: 양서원.

천태윤(2013). 속독전략과 시험전략. 서울: 삼현출판사.

최현섭 외(1996). 국어교육학개론. 서울: 삼지원.

탁희성 외(2014). 대학생을 위한 글쓰기. 서울: 태학사.

하정연 · 이연주(2009). 월별로 살펴보는 생태유아교육 프로그램. 고양: 공동체.

함종호 · 김문수(2015). 글쓰기 차별화 전략. 서울: 글로세움.

허재영(2010). 국어과 교육론. 서울: 역락.

Brown, H. D.(1987). Principles of language learning and teaching, 2nd, Prentice-Hall, Inc.

저자소개

■ 김 희 수

중앙대학교 대학원 교육학과 졸업(박사학위 취득)

현재) 동원과학기술대학교 유아교육과 교수, 교학처장, 시인·문학평론가

주요 경력 한국21문인협회 회원, 한국비평문학회 회원
한국실천유아교육학회 편집위원장, 한국열린유아교육학회 편집위원 등

주요 저서 (시 집) 「조팝나무 꽃이 되어」(2009, 천우) 외 2집
(번역시집) 「내가 한 마음의 상처를 잊게 할 수 있다면」(2003, 양피지)
(평 론 집) 「한국 민족문학과 민족시인론」(2001, 푸른사상)
(학 술 서) 「교육심리학」(2011 문화체육관광부 우수학술도서 선정) 외 다수

■ 하 정 연

부산대학교 대학원 유아교육과 졸업(박사학위 취득)

현재) 동원과학기술대학교 유아교육과 교수, 보육정보센터장

주요 경력 부산대학교 부설 어린이집 원장, 부산대학교 유아교육과 강사 등

주요 저서 세상에서 가장 행복한 아이들(2013)
아이들과 함께 하는 산책(2009) 외 다수

■ 최 정 선

명지대학교 대학원 아동학과 졸업(박사학위 취득)

현재) 대구미래대학교 유아교육과 교수

주요 경력 한국보육학회 이사, 한국실천유아교육학회 이사 등

주요 저서 NCS 기반 글쓰기 클리닉(2016, 동문사, 공저)
교육학개론(2015, 동문사, 공저) 외 다수

유아교사를 위한 논리 및 논술

초판 1쇄 인쇄 / 2017년 8월 21일
초판 1쇄 발행 / 2017년 8월 31일

•

공저자 / 김희수 · 하정연 · 최정선
발행인 / 이 중 수
발행처 / **동 문 사**

•

서울특별시 서대문구 홍제원 1길 12
(홍제동 137-8)
Tel: 02)736-3718(대), 736-3710, 3720
Fax: 02)736-3719
등록번호: 제9-17호
가격: 18,000원

•

ISBN: 978-89-8251-952-9 (93370)
E-mail: dong736@naver.com
www.dongmunsa.com